MICHAEL COLLINS PIPER

L'EMPIRE ROTHSCHILD
LA NOUVELLE BABYLONE DE CEUX QUI RÈGNENT EN MAÎTRE

Les pharisiens des temps modernes et les origines
historiques, religieuses et économiques
du Nouvel Ordre Mondial

OMNIAVERITAS®

MICHAEL COLLINS PIPER

Michael Collins Piper était un écrivain politique américain et animateur de radio. Il est né en 1960 en Pennsylvanie, aux États-Unis. Il était un collaborateur régulier de The Spotlight et de son successeur, American Free Press, des journaux soutenus par Willis Carto. Il est décédé en 2015 à Cœur d'Alène, Idaho, aux États-Unis.

L'Empire Rothschild – La nouvelle Babylone de ceux qui règnent en maîtres
Les pharisiens des temps modernes et les origines historiques, religieuses et économiques du Nouvel Ordre Mondial

The New Babylon – Those who reign supreme
The Rothschild Empire: The Modern-Day Pharisees and the Historical, Religious and Economic Origins of The New World Order

Première impression aux États-Unis : Juin 2009 American Free Press

Traduit et publié par
Omnia Veritas Limited

OMNIA VERITAS.
www.omnia-veritas.com

TABLE DES MATIÈRES

Les parasites nomades quitteront Londres pour s'installer à Manhattan. Et cela sera présenté sous le camouflage de slogans nationaux. Ce sera présenté comme une victoire américaine. Ce ne sera pas une victoire américaine.

Tant que l'on ne sait pas qui a prêté quoi à qui, on ne sait rien de la politique, on ne sait rien de l'histoire, on ne sait rien des querelles internationales.

- Ezra Pound

À propos de la couverture : Cette œuvre classique de 1926 de l'artiste allemand George Grosz (1893-1959), intitulée "Eclipse de soleil", dépeint la corruption de la République de Weimar, décrite par l'écrivain Ian Baruma comme étant sous l'emprise de "magnats des médias autocrates, généraux mécontents, élites bornées, réactionnaires fondamentalistes et comploteurs ultranationalistes".

Ce tableau - et l'évaluation de Weimar par Baruma - reflètent assez fidèlement la corruption rampante de l'élite du Nouvel Ordre Mondial, les Nouveaux Pharisiens, qui opèrent dans la sphère de l'Empire Rothschild aujourd'hui. Nous contestons toutefois l'expression "comploteurs ultranationalistes" car, bien entendu, l'aristocratie juive mondiale n'a rien de nationaliste et est au contraire très internationaliste, œuvrant à la réalisation du vieux rêve talmudique de l'Utopie juive. Ces bellicistes, ces rois de la finance, tous prédateurs ploutocratiques, devraient et doivent être stoppés dans leur élan et traités comme les parasites qu'ils sont. Ce livre, *La nouvelle Babylone*, retrace leur histoire sordide.

FRANCOIS GENOUD

(1915-1996)

DÉDICACE

Au Grand Stratège de la Résistance Globale et du Combat contre le Nouvel Ordre Mondial

FRANCOIS GENOUD-"SHEIK FRANCOIS"

Peu de gens connaissent le nom de "François Genoud". Pourtant, pendant une soixantaine d'années, ce banquier, éditeur et géopoliticien suisse - autrefois décrit comme "l'homme le plus mystérieux d'Europe" - a été le stratège par excellence - bien que dans l'ombre - qui a œuvré à la coopération mondiale entre les nationalistes de la planète qui cherchaient à déloger l'implacable volonté de l'empire Rothschild d'instaurer un nouvel ordre mondial impérial, ce vieux rêve dynamisé par les enseignements infernaux du Talmud de Babylone.

Dans les derniers jours de la Seconde Guerre mondiale et par la suite, Genoud a joué un rôle déterminant dans l'évasion de réfugiés européens anticommunistes dont le seul crime était de défendre leurs nations face aux forces communistes et judaïques assoiffées de vengeance qui envahissaient le continent.

Il y a peut-être des milliers de personnes qui vivent aujourd'hui sur la planète et qui doivent leur existence au fait que Genoud a sauvé leurs ancêtres de la torture et de l'exécution prévues par la justice des vainqueurs.

Dès 1936, le jeune Genoud a forgé ce qui est devenu une amitié et une relation de travail pour la vie avec le Grand Mufti de Jérusalem, le chef spirituel des musulmans de Palestine qui - avec leurs frères chrétiens - ont finalement subi la grande catastrophe de 1948 connue sous le nom de Nakba, le vol de leur terre natale, chassés de leurs maisons ancestrales sous la menace d'une arme à feu pour s'exiler, beaucoup d'entre eux dans des cloaques sordides à ciel ouvert - appelés "camps de réfugiés" - dans lesquels tant de leurs descendants se languissent encore.

En 1958, Genoud a fondé la Banque Commerciale Arabe à Genève, à partir de laquelle il a géré les finances des forces nationalistes du monde arabe qui cherchaient à s'affranchir des entreprises impériales dominées par l'empire Rothschild. Genoud a notamment joué un rôle majeur en facilitant l'avènement de la République arabe d'Algérie indépendante.

Dans les années qui ont suivi, Genoud, fervent défenseur de la cause palestinienne, a travaillé avec les fondateurs chrétiens du célèbre Front Populaire de Libération de la Palestine, George Habash et le Dr Waddi Haddad, qui surnommait affectueusement son collègue suisse "Cheik François". Il va sans dire que Genoud a été l'un des principaux mécènes de l'Organisation de Libération de la Palestine.

De concert avec d'autres amis - tels que le nationaliste américain Willis Carto et l'ancien général allemand Otto Remer - Genoud a également cherché à faire avancer la cause de la vérité historique - en particulier celle qui entoure les événements de la Seconde Guerre mondiale - pour qu'elle corresponde aux faits. Avec un autre associé de longue date, l'avocat français au franc-parler Jacques Verges, le dynamique Genoud est resté une force dans la lutte contre l'impérialisme sioniste mondial jusqu'à la fin de sa remarquable carrière.

Quel homme - Cheik François !

- MICHAEL COLLINS PIPER

Ci-dessus, les cinq frères Rothschild répartis par leur père, Meyer Amschel (en médaillon), dans les capitales financières d'Europe : Londres, Francfort, Paris, Naples et Vienne. Suivant l'inspiration de leur père, dont l'état d'esprit, selon un biographe admiratif, était d'être un homme d'affaires, les frères Rothschild sont partis à l'aventure. Guidés par les principes du Talmud, les cinq frères ont forgé un remarquable réseau financier qui a mis en place l'empire mondial des Rothschild.

Il est peut-être possible de séparer les intérêts juifs des intérêts israéliens, mais le tour n'est pas encore joué. Ce qui touche Israël touche le judaïsme mondial, et vice versa. Les puristes et les théoriciens peuvent débattre de la séparation de l'Église et de l'État, des Juifs et des Israéliens, du judaïsme et du sionisme, mais dans le monde réel, le lien est solide, rapide et apparemment indivisible.

- Gerald Krefetz, auteur juif américain dans
Les Juifs et l'argent : The Myths & the Reality

Il faut reconnaître, comme c'est rarement le cas dans l'histoire des Juifs, que [les] ressentiments exprimés et les accusations portées contre les Juifs n'étaient pas des calomnies entièrement fictives ou des stéréotypes malicieusement ravivés et activés, simplement diffusés par des marchands de haine paranoïaques à partir du bagage du passé pré-moderne antisémite. Il y avait juste assez de vérité empirique dans ces images négatives, exagérées et générées à l'excès pour leur donner une force persuasive.

- Dr. Norman Cantor *La chaîne sacrée : L'histoire des Juifs*

Quand on parle de la religion juive, on ne pense qu'à la Bible, à la religion de Moïse ; c'est une illusion ; les juifs du Moyen Age étaient talmudistes ; ils n'ont pas tous cessé de l'être. Aujourd'hui encore, le Talmud prime en autorité sur la Bible. Les *Archives israélites* reconnaissent l'autorité absolue du Talmud sur la Bible et l'*Univers israélite* dit : "Pendant 2000 ans, le Talmud a été et est encore un objet de vénération pour les Israélites dont il est le code religieux".

-Vicomte Léon de Poncins, *Les pouvoirs secrets derrière la révolution*

Meyer Rothschild était un croyant zélé du Talmud et le choisissait comme seul principe directeur de toutes ses actions.

-S. J. Cohen

La vie exemplaire du banquier immortel M. Meyer Amschel Rothschild

Cette étrange peinture de 1849 (à gauche) représentant une cérémonie religieuse juive au palais londonien de la dynastie Rothschild a en fait été commandée par la famille elle-même, démontrant ainsi sa fidélité inébranlable aux principes de sa foi. Il n'est donc pas surprenant que cette dynastie, la plus riche du monde, soit devenue "la" famille royale de la communauté juive internationale.

Le fondement de leur immense richesse a continué à être la base des affaires juives mondiales.

Ci-dessous, un rabbin enseigne à un étudiant la philosophie du Talmud, fondement indéniable de la religion juive. C'est dans le Talmud que se trouve l'origine de ce que l'on appelle souvent aujourd'hui le "Nouvel Ordre Mondial".

LE BUT DE CE LIVRE ...

Alors que l'on parle beaucoup aujourd'hui d'un concept connu sous le nom de "Nouvel Ordre Mondial", le fait pathétique reste que la plupart de ceux qui parlent du Nouvel Ordre Mondial refusent - et refusent catégoriquement - de s'attaquer à ses véritables origines, à sa véritable nature.

Au fil des ans, de nombreux documents ont été publiés pour expliquer ce qu'est le Nouvel Ordre Mondial et l'objectif de ce volume est d'assimiler et de rassembler les documents qui décrivent correctement le Nouvel Ordre Mondial et la philosophie sur laquelle il est fondé.

Une quantité extraordinaire d'informations erronées et de désinformations délibérées sur le nouvel ordre mondial circule aujourd'hui, en grande partie sur l'Internet, dont l'influence ne cesse de croître.

Malheureusement, une grande partie de ce matériel totalement fallacieux est promulgué par des "patriotes" autoproclamés qui ignorent ou suppriment la vérité inconfortable, froide et dure, selon laquelle les origines du Nouvel Ordre Mondial se trouvent dans la série de commentaires religieux juifs connus sous le nom de Talmud, un ouvrage occulte souvent vil qui est la base de la pensée religieuse juive aujourd'hui, tout comme il l'était lorsqu'il est apparu pour la première fois pendant la "captivité" juive à Babylone.

La conquête du monde est le but ultime. Notre Amérique, le sang de ses jeunes et notre trésor national sont utilisés pour faire avancer cet agenda par le biais de guerres impériales qui ont ouvert une ère dans laquelle l'humanité pourrait être confrontée à un holocauste nucléaire.

Notre objectif ici est de définir les fondements philosophiques du Nouvel Ordre Mondial tel qu'il est institué et tel que ceux qui le désirent voudraient qu'il soit mis en place.

Les origines du nouvel ordre mondial sont indubitablement claires et les forces qui le font naître sont facilement visibles. Ses partisans ont des visages et des noms bien réels. Ces pharisiens des temps modernes ne se cachent pas derrière des entités obscures et impossibles à cerner, telles que les "Illuminati" ou une "secte allemande de la mort", comme certains voudraient nous le faire croire.

Les forces du Nouvel Ordre Mondial se sont regroupées autour de l'empire international de la dynastie Rothschild dont les tentacules s'étendent désormais jusqu'aux plus hauts niveaux du système américain. Le Nouvel Ordre Mondial est réel et c'est de cela qu'il s'agit. Je suis personnellement redevable à tous ceux qui m'ont précédé dans l'exploration de ce sujet troublant en termes clairs. J'espère avoir rendu justice à leur travail.

[Les Juifs] ont vu le peuple vivant en sécurité, tranquille et sans méfiance, ne manquant de rien sur toute la terre et possédant des richesses.

Lève-toi [disent les Juifs] et allons à leur rencontre, car nous avons vu le pays, et c'est un pays fertile.

Ne tardez pas à prendre possession du pays, car c'est un peuple qui ne se doute de rien. Le pays est vaste, oui, et Dieu l'a remis entre nos mains ; il ne manque de rien sur la terre.

-Juges 18:7-18:10

Bien que les Juifs aient appris à ressembler aux autres Américains, à parler et à s'habiller comme eux, ils ne sont pas totalement assimilés, que ce soit dans leur propre esprit ou aux yeux de leurs voisins...

Pour ne rien arranger, les Juifs se considèrent souvent, secrètement ou non, comme moralement et intellectuellement supérieurs à leurs voisins... En effet, les Juifs sont des marginaux extrêmement performants qui ont parfois l'audace de s'en moquer.

- Le professeur Benjamin Ginsberg, juif américain, écrit dans
The Fatal Embrace : The Jews and the State

Cette œuvre d'art du XVe siècle illustre l'incinération publique du Talmud juif en 1207, à Albi, en France. Dominique, fondateur de l'Ordre des Prêcheurs (plus tard appelé l'Ordre des Dominicains), dirige l'affaire. Dominique sera plus tard élevé au rang de saint par l'Église catholique romaine. La révélation des délires et des enseignements haineux et antichrétiens du Talmud a suscité un profond dégoût parmi les chrétiens d'Europe et a donné naissance à ce que l'on appelle souvent "l'antisémitisme".

Il est important de noter que le Talmud n'a pas été modifié d'un iota par ceux qui suivent ses enseignements depuis l'époque où il était brûlé par des chrétiens indignés.

C'EST NOTRE THÈSE ...

Pour comprendre ce qui se passe dans notre monde aujourd'hui, il faut d'abord reconnaître qu'il y a un problème. Nombreux sont ceux qui ne le reconnaissent pas. Cependant, identifier la source du problème devient un problème en soi, puisque les médias et les universités (auprès desquels nous cherchons à obtenir des connaissances) sont contrôlés par les forces qui constituent le problème. En outre, nous sommes confrontés au triste fait que même de nombreuses bonnes personnes qui tentent d'attirer l'attention sur le problème ne comprennent pas la situation dans son ensemble.

Bien que de nombreuses personnes aient pris connaissance de ce que l'on appelle le "nouvel ordre mondial" et comprennent que des forces financières prédatrices travaillent à sa mise en place, beaucoup moins nombreuses sont celles qui comprennent les enseignements bizarres et mystiques qui sont à la base du fondement philosophique du nouvel ordre mondial.

Et si certains reconnaissent que la famille bancaire Rothschild joue un rôle clé dans l'instauration d'un nouvel ordre mondial, cette dynastie fait encore l'objet de nombreuses informations erronées et d'une désinformation délibérée. Nombreux sont ceux qui insistent sur le fait que les Rothschild ne sont "qu'une partie" du problème et que "les Rothschild ne représentent pas tous les Juifs", et ceux qui disent que "les Rothschild ne sont même pas de vrais Juifs". Mais nous y reviendrons plus tard.

La vérité est qu'une encyclopédie entière pourrait être constituée sur la dynastie Rothschild et son impact sur le cours de l'histoire, sur sa manipulation de pratiquement toutes les nations de la planète, sur son exploitation parasitaire de la finance et de l'industrie, sur son influence pernicieuse sur les médias, les universités et d'autres moyens de façonner l'opinion publique depuis plus de 200 ans.

L'objectif de cet ouvrage n'est pas de présenter une énième histoire des Rothschild. De nombreux ouvrages ont été consacrés à ce sujet, décrivant les intrigues de cette dynastie, ses relations avec la royauté et l'aristocratie européennes, les récits étonnants de l'immense richesse de cette famille, de ses élégants palais et de ses remarquables collections d'art et de littérature, ainsi que son extraordinaire rayonnement mondial.

La famille Rothschild est le "roi des rois", ne serait-ce qu'en raison de son immense richesse. Et ils sont, sans aucun doute, la famille royale de la juiverie. Ce n'est donc pas une coïncidence si, le 2 janvier 2009, Moses L. Pava, professeur juif d'éthique des affaires, a admis candidement dans le journal juif *Forward* que :

> "Nos communautés juives, qui honoraient autrefois les rabbins et les érudits, honorent aujourd'hui presque exclusivement ceux qui ont les plus gros comptes en banque. Et ceux qui ont les plus gros comptes en banque sont les Rothschild."

Bien que, dans les pages de *La Nouvelle Babylone*, nous nous concentrions sur la dynastie Rothschild, nous devons dire d'emblée que s'il n'y avait pas un seul Rothschild encore en vie aujourd'hui, le nom "Rothschild" symboliserait toujours une force particulière, un phénomène qui s'étend bien au-delà d'une seule famille.

Mais pour comprendre le concept de ce que l'on appelle communément "le nouvel ordre mondial" - l'idée d'un gouvernement "unique" ou "mondial" - nous devons reconnaître ces facteurs essentiels :

- QUE les origines de ce grand projet, le Nouvel Ordre Mondial, se trouvent (sans l'ombre d'un doute) dans les anciens enseignements du Talmud juif ;

- QUE, en fin de compte, le Nouvel Ordre Mondial est la réalisation du rêve talmudique de ce qui a été appelé "l'Utopie Juive", c'est-à-dire un Imperium Juif global, la domination de la planète par l'élite juive ;

- L'essor du mouvement sioniste consacré à la création d'un État juif - l'État d'Israël - en tant qu'entité géographique et politique a fait partie intégrante du projet de Nouvel Ordre Mondial, fondement philosophique de l'Imperium juif ;

- QUE la montée en puissance de la finance juive internationale et l'émergence conséquente de la dynastie Rothschild en tant que principale influence dans ce domaine sont au cœur du programme visant à faire progresser le Nouvel Ordre Mondial ;

- QUE la consolidation du pouvoir des Rothschild sur l'Empire britannique a jeté les bases du Nouvel Ordre Mondial ;

- QUE les États-Unis sont aujourd'hui - du fait de l'influence des Rothschild en leur sein - le moteur virtuel du pouvoir des Rothschild, qu'ils constituent "la nouvelle Babylone" dans la vision juive du monde, la force à utiliser pour réaliser le nouvel ordre mondial.

Dans *La nouvelle Babylone*, nous explorerons tout cela, et bien plus encore. Nous examinerons en détail les principaux acteurs - les nouveaux pharisiens - qui agissent en tant que satellites de la dynastie Rothschild, en particulier en Amérique, afin de faire progresser l'utopie juive.

Nous tenons à souligner que nous ne suggérons pas que "les Rothschild", "les Juifs" ou "les Sionistes" contrôlent *entièrement* le mécanisme du pouvoir dans le monde d'aujourd'hui. Cependant, leur niveau d'influence est si important qu'ils peuvent, dans un certain sens, être considérés comme le point d'appui sur lequel repose l'équilibre du pouvoir moderne : Chaque jour, ils travaillent sans relâche pour s'assurer qu'en fin de compte, ils obtiendront le pouvoir absolu.

Il existe encore des forces, même à des niveaux élevés, qui résistent à l'utopie juive.

Cependant, de nombreuses puissances non juives ont fini par accepter l'influence juive comme une réalité avec laquelle il faut composer. Ces éléments ont donc capitulé et permettent à leur propre désir de pouvoir de dicter leur coopération avec le Nouvel Ordre Mondial, dans l'espoir, nous le supposons, de se voir accorder quelques miettes lorsque l'Utopie Juive verra le jour.

Mais ils se trompent eux-mêmes, car ils ne comprennent pas les intentions philosophiques du Nouvel Ordre Mondial si clairement décrites dans les enseignements juifs. En vérité, le rêve juif séculaire d'un Nouvel Ordre Mondial - énoncé dans le Talmud et même dans l'Ancien Testament avant lui - a été, dans un sens définitif, la force motrice derrière la montée de l'Empire Rothschild.

En ce sens, et non à la légère, nous pourrions rappeler la question séculaire : "Qu'est-ce qui est arrivé en premier ? La poule ou l'œuf ?"

Allons maintenant de l'avant et affrontons le Nouvel Ordre Mondial et ce qu'il constitue. Et vainquons-le grâce à la connaissance que nous avons devant nous...

Il s'agit d'une reproduction du tableau de Robert Fleaux de 1851, "Assaut du quartier juif de Venise", commémorant un soulèvement de citoyens vénitiens au XVe siècle contre les marchands et les prêteurs juifs qui en étaient venus à prédominer dans les affaires commerciales et publiques de cette ville-État italienne. Des événements similaires ont eu lieu dans toute l'Europe lorsque les citoyens ont découvert que leurs économies respectives étaient tombées entre les mains d'une élite juive de plus en plus puissante et interconnectée. Finalement, vers la fin du XVIIIe siècle et dans les premières années du XIXe siècle, l'empire Rothschild s'est imposé et s'est établi comme la force principale au sein de la puissance monétaire juive internationale et est devenu le moteur du réseau financier et politique que nous connaissons aujourd'hui sous le nom de Nouvel Ordre Mondial imminent.

Les années viendront

Les années passent

Les royaumes s'élèvent et s'effondrent

Le moment est venu de prendre le contrôle

Le monde nous appartient

- Extrait d'une chanson populaire récente
intitulé "Le monde nous appartient"

Bien que la destruction du Temple de Jérusalem en l'an 70 par les Romains dirigés par le grand général Titus ait été un événement décisif dans l'histoire juive (voir ci-dessus), le peuple juif s'est rapidement ressaisi et, au cours des siècles suivants, il a étendu son influence dans le monde entier. Il n'en reste pas moins que, plusieurs centaines d'années auparavant, les Juifs, même sous une prétendue "captivité", avaient accédé à une grande puissance à Babylone. C'est à Babylone que la philosophie juive de conquête du monde a été élaborée dans la série collective d'enseignements et de débats connue sous le nom de Talmud, qui reste à ce jour la force motrice du Nouvel Ordre Mondial.

PRÉFACE

L'Amérique, la "nouvelle Babylone"

La série de livres populaires "Left Behind" de l'évangéliste télévisuel Tim LaHaye, largement promue et best-seller, décrit "la nouvelle Babylone" comme une métropole étincelante construite sur l'ancienne ville de Babylone en Irak, connue dans l'Antiquité sous le nom de Mésopotamie.

Dans la vision des événements futurs de LaHaye, la Nouvelle Babylone devient le siège du pouvoir mondial - des médias, du commerce, du gouvernement, de la base d'une religion mondiale unique - dirigé par l'Antéchrist : la capitale du Nouvel Ordre Mondial. À la fin, Dieu détruit la Nouvelle Babylone et le Royaume du Christ règne sur la Terre.

Bien que, de l'avis des théologiens chrétiens traditionnels, les fondements théologiques de LaHaye soient au mieux douteux, son évaluation contextuelle de la Nouvelle Babylone en tant que centre d'un Nouvel Ordre Mondial est tout à fait pertinente. Mais c'est là tout ce qui concerne l'exactitude ou la fiabilité de LaHaye.

Alors que LaHaye et ses semblables voudraient nous faire croire que les dirigeants de la Nouvelle Babylone sont les ennemis du peuple juif, la vérité est tout autre. Et alors que l'ancienne Babylone de l'histoire était située dans ce qui est aujourd'hui le monde arabe, nous découvrirons dans les pages de ce volume que la *nouvelle* Babylone se trouve dans un tout autre endroit et qu'elle est déjà en place.

Les dirigeants de cette nouvelle Babylone bien réelle sont les forces de la finance juive internationale, une élite très soudée opérant dans la sphère d'influence de la dynastie Rothschild. Ce sont les éléments qui travaillent à la mise en place du Nouvel Ordre Mondial - la domination mondiale juive.

Ce n'est pas un hasard si la vision tordue du monde de LaHaye reçoit une si grande publicité dans la presse écrite et audiovisuelle dominée par les juifs, car LaHaye - comme une foule d'autres leaders soi-disant "chrétiens" (dont John Hagee et Pat Robertson) - se prosterne devant l'autel de l'État d'Israël et considère en fait le peuple juif comme le Messie. Ces soi-disant

Les "leaders" sont des boucs de Judas qui mènent leur troupeau à l'abattoir.

Il faut toujours garder ce point à l'esprit : Babylone occupe une place centrale non seulement dans l'histoire juive, mais aussi dans les enseignements théologiques juifs.

Pour comprendre tout cela, il faut se plonger dans un passé lointain.

Le département de religion et de philosophie de l'université britannique de Cumbria nous offre un aperçu de l'histoire du séjour juif à Babylone :

L'histoire des Juifs de Babylone commence avec l'Exil babylonien qui a débuté dans les dernières décennies du VIe siècle [avant Jésus-Christ]. En 588-597 [avant J.-C.], Nabuchodonosor, roi de Babylone, assiège les murs de Jérusalem, dévaste la ville et ordonne la déportation d'une grande partie de la population juive à Babylone. Sur le site Babylone, les déportés juifs s'en sortent plutôt bien. Ils conservent leur liberté et sont autorisés à exercer et à développer leur profession. Comme ils avaient apporté avec eux leurs écritures sacrées, ils ont pu conserver leur identité religieuse distincte plutôt que de s'assimiler à la population environnante.

Après la chute de l'empire babylonien au profit du roi perse Cyrus en 538 [av. J.-C.], les Juifs ont été autorisés à retourner en Palestine.

Alors que les milliers de Juifs qui retournent en Palestine retrouvent une région complètement dévastée par la guerre, ceux qui restent à Babylone continuent à bien se porter sous leurs nouveaux dirigeants perses.

Les Juifs participaient pleinement à la vie économique de l'empire perse, accédaient parfois à de hautes fonctions politiques et, bien que n'ayant probablement pas de temple comme point central de la vie religieuse, évitaient la tentation d'abandonner les croyances juives traditionnelles.

Des difficultés sont apparues dans la deuxième décennie du deuxième siècle de l'ère commune, lorsque les Juifs se sont soulevés à Babylone en rébellion contre l'empire romain.

À la suite de cette rébellion, une autre plus grave, menée par Siméon Ben Kochba, éclate en 132 [après J.-C.] à la suite de la décision prise par l'empereur Hadrien [117-138 après J.-C.] de construire un temple à Jupiter Capitolin sur le site des ruines du second temple.

Lorsque la rébellion inspirée par Ben Kochba est écrasée par les Romains en 135 [après J.-C.], de nombreux Juifs se réfugient à Babylone, ce qui revitalise la communauté juive dans cette ville.

En fait, comme le montrent les archives, c'est à Babylone que sont apparus les fondements du judaïsme tel que nous le connaissons aujourd'hui. L'université de Cumbria nous propose un résumé du judaïsme babylonien :

Le judaïsme babylonien adhère aux principes fondamentaux de la foi juive : la croyance en un Dieu créateur unique ; la croyance qu'Israël est le peuple élu de Dieu, d'où viendra le Messie, ou oint de Dieu, pour unifier le peuple juif sur la terre d'Israël ; et l'autorité de la Torah. C'est de la communauté babylonienne qu'est né le Talmud de Babylone, un commentaire de la Mishna (recueil de lois rabbiniques compilé vers 200 [après J.-C.] par Rabbi Juda).

Le Talmud de Babylone a été édité à la fin du 5e siècle. Le matériel talmudique se compose de deux éléments : la Halakha, qui traite des questions juridiques et rituelles, et l'Aggadah, qui traite des questions théologiques et éthiques.

Les juifs traditionnels sont tenus d'observer la Halakha du Talmud de Babylone.

Le fait que le Talmud de Babylone soit au cœur de la religion juive et qu'il ait continué à guider sa philosophie au cours de ces nombreux siècles est un point essentiel qui ne peut tout simplement pas être nié. Né en Finlande, Dimont est arrivé aux États-Unis en 1930 et a ensuite servi dans les services de renseignement américains en Europe. En 1962, son livre *Jews, God & History* (*Juifs, Dieu et Histoire*) a été publié avec un grand succès populaire et a été décrit par le *Los Angeles Times* comme "incontestablement la meilleure histoire populaire des Juifs écrite en langue anglaise".

L'ouvrage stupéfiant de Dimont propose une étude provocante et franche du peuple juif, de son histoire, de sa foi et de son attitude envers "l'autre", c'est-à-dire ceux que les Juifs appellent les Gentils ou les "Goyim", terme qui, dans le contexte où les Juifs l'entendent, signifie simplement "bétail". En d'autres termes, les non-Juifs - tous les non-

Juifs de toutes races, croyances et couleurs - ne sont rien de plus que des bêtes, des animaux, des êtres inférieurs.

L'ouvrage de Dimont, *Jews, God & History*, reste un testament standard et très apprécié du triomphe juif à travers les âges et sur ce que l'on considère comme les civilisations mortes du passé des Goyim, pour ainsi dire, et les civilisations en décomposition du présent des Goyim. Il réfléchit à la domination juive ultime de la terre et de ses peuples. À propos de l'exil des Juifs à Babylone, Dimont note :

> "De nombreux livres d'histoire juive dressent un tableau de l'exil à Babylone : De nombreux livres d'histoire juive décrivent la captivité des Juifs à Babylone sous l'angle de la tristesse et de la désolation. Heureusement, cette image est inexacte. Au sixième siècle avant J.-C., la Babylonie était gouvernée par une série de rois éclairés qui traitaient leurs captifs avec tolérance."

Les Juifs qui "pleuraient au bord des fleuves de Babylone" n'étaient qu'une poignée de fanatiques ; le reste des Juifs s'est épris du pays, a prospéré et s'est cultivé.

Les routes commerciales babyloniennes ont conduit les Juifs dans tous les coins du monde connu, faisant d'eux des hommes de commerce et d'échanges internationaux. Dans les bibliothèques de Babylone, les Juifs ont trouvé un trésor mondial de manuscrits. Ils acquièrent l'amour des livres et le goût de l'apprentissage.

Ils ont acquis les bonnes manières, la grâce et le raffinement.

Le poète inconnu qui, dans le Psaume 137, chantait : "Si je t'oublie, Jérusalem, que ma main droite oublie sa ruse, si je ne me souviens pas de toi, que ma langue s'attache au palais", exprimait peut-être un sentiment courant au début de l'exil. Si je ne me souviens pas de Toi, que ma langue s'attache au palais", a peut-être exprimé un sentiment courant au début de l'exil, mais certainement pas un sentiment prévalent 50 ans plus tard. Entre-temps, les mots et l'air avaient changé.

Lorsque le traîneau de l'histoire juive a fait demi-tour pour retourner à Jérusalem, peu de Juifs babyloniens étaient à bord.

Puis, bien sûr, lorsque Cyrus a offert aux Juifs le droit de retourner à Jérusalem, a noté M. Dimont, "cela a suscité des émotions et des loyautés contradictoires". Selon M. Dimont, les Juifs ont posé la question suivante : "Pourquoi retourner à Jérusalem ? "Pourquoi retourner à Jérusalem où seuls la désolation, la pauvreté et le dur labeur incessant nous regardent en face ?

Cette situation, selon M. Dimont, peut être comparée à celle des juifs américains confrontés à la création de l'État moderne d'Israël en 1948. "Comme le juif américain d'aujourd'hui, le juif babylonien a dit : "Je suis un bon Babylonien [américain], pourquoi devrais-je partir ?

En fait, comme l'a souligné M. Dimont :

> Les Juifs n'avaient pas seulement prospéré dans l'exil babylonien et s'étaient raffinés, ils s'étaient aussi multipliés. Alors qu'au début de l'exil, il y avait à peine 125 000 Juifs dans le monde entier, ils étaient 150 000 en Babylonie même. Environ un quart d'entre eux décida de profiter de l'édit [du souverain perse] et de retourner à Jérusalem.

Après leur libération, le séjour des Juifs à Babylone, note Dimont, était entièrement "volontaire". Les intellectuels juifs qui sont restés ont créé la première capitale culturelle de la diaspora juive à Babylone et, de là, ils ont commencé à influencer la vie juive dans la lointaine Jérusalem.

Dans son dernier ouvrage, *Les Juifs indestructibles*, Max Dimont décrit l'existence florissante des Juifs à Babylone :

> Les routes commerciales babyloniennes ont guidé les juifs aventureux à travers le monde connu de l'époque, les transformant d''"hommes de paroisse" en citoyens cosmopolites. Leurs comptoirs commerciaux sont devenus les centres de communautés juives prospères. Dans les bibliothèques de Babylone, les intellectuels juifs ont trouvé un nouveau monde d'idées nouvelles. En l'espace de cinq décennies, les Juifs exilés se sont hissés au sommet de la société babylonienne, dans les entreprises commerciales, dans le monde universitaire, dans les cercles de la cour.

Ils sont devenus des chefs d'entreprise, des hommes de lettres, des conseillers de rois, mais ils sont restés juifs.

En fait, comme nous le verrons, le statut des Juifs à Babylone reflète précisément le rôle des Juifs en Amérique (et dans une grande partie de l'Occident) aujourd'hui.

En 1937, le journaliste Ferdinand Lundberg (qui n'était d'ailleurs pas juif, malgré son nom) a fait sensation avec son livre *America's Sixty Families*, la première étude complète sur l'accumulation croissante de vastes richesses et d'influence par un petit groupe d'Américains - beaucoup de familles mariées ou liées entre elles par des relations d'affaires - qui en était venu à dominer la république américaine. Lundberg a écrit :

> Les États-Unis sont aujourd'hui détenus et dominés par une hiérarchie composée des soixante familles les plus riches, soutenues par pas plus de quatre-vingt-dix familles moins fortunées. En dehors de ce cercle ploutocratique, il y a peut-être trois cent cinquante autres familles, moins définies en termes de développement et de richesse, mais qui représentent la plupart des revenus de 100 000 dollars ou plus qui ne reviennent pas aux membres du cercle intérieur. Ces familles sont le centre vivant de l'oligarchie industrielle moderne qui domine les Etats-Unis, fonctionnant discrètement sous une forme de gouvernement démocratique de *jure*, derrière laquelle un gouvernement de facto, absolutiste et ploutocratique dans ses lignes, a progressivement pris forme depuis la guerre civile.

Ce gouvernement de *fait* est en réalité le gouvernement des États-Unis - informel, invisible, obscur. C'est le gouvernement de l'argent dans une démocratie du dollar. Sous leurs doigts avides, et en leur possession, les soixante familles détiennent la nation la plus riche jamais façonnée dans l'atelier de l'histoire...

Les grands propriétaires américains d'aujourd'hui dépassent historiquement la fière aristocratie qui entourait Louis XIV, le tsar Nicolas, l'empereur Guillaume et l'empereur François-Joseph, et exercent un pouvoir bien plus grand.

À l'époque où Lundberg écrivait, il existait un solide noyau de richesses juives substantielles parmi les "soixante familles" répertoriées. Les temps ont changé, cependant, et la richesse et l'influence juives ont augmenté de façon exponentielle, mais le sujet est resté largement tabou, à l'époque comme aujourd'hui.

Quelque 30 ans après la publication de *America's Sixty Families*, Lundberg est revenu avec une suite. Ce nouveau volume, intitulé *The Rich and the Super-Rich (Les riches et les super-riches)*, est une vue d'ensemble de la situation actuelle dans le monde largement secret des super-riches sur les côtes américaines.

Dans *The Rich and the Super-Rich*, Lundberg dresse un bilan plutôt intéressant de la situation dans l'Amérique du milieu des années 1960 : La plupart des Américains - citoyens du pays le plus riche, le plus puissant et le plus idéal du monde - ne possèdent, dans une très large mesure, rien de plus que leurs biens ménagers, quelques gadgets rutilants tels que des automobiles et des téléviseurs (généralement achetés à tempérament, souvent d'occasion) et les vêtements qu'ils portent sur le dos. Une horde, voire une majorité d'Américains, vit dans des cabanes, des taudis, des taudis, des maisons victoriennes de seconde main, des taudis branlants et des immeubles d'habitation branlants... En même temps, une poignée d'Américains est dotée de moyens extravagants, comme les princes des contes des Mille et Une Nuits.

Aujourd'hui, au XXIe siècle, l'élite d'aujourd'hui : Ce sont des princes, mais ils ne sont pas arabes. Les médias américains parlent de la richesse des cheiks arabes, mais la richesse accumulée par la communauté juive américaine - et l'influence politique qui en découle - éclipse celle de ces princes arabes.

S'il est admis, dans une certaine mesure, qu'il existe un puissant "lobby israélien" à Washington - parfois même appelé "lobby juif" par des personnes moins prudentes - l'image publique de ce lobby est celle d'un lobby exclusivement dévoué aux intérêts de l'État d'Israël. Les journaux juifs discutent librement de la question de l'influence de la communauté juive et de son impact sur la politique étrangère des États-Unis, mais même les journaux et magazines dits "grand public" s'intéressent parfois à ce sujet.

Ce que peu d'Américains savent, en revanche, et que la communauté juive préférerait garder secret, c'est le poids financier, culturel et social croissant de la communauté juive américaine. S'il existe des juifs pauvres, la vérité est que les juifs américains sont en train de devenir des prétendants au titre d''"élite américaine", sans exception.

Les Juifs américains sont en effet les équivalents modernes des princes des contes des Mille et une nuits. Et même s'ils ne constituent pas une majorité, *en soi*, des super-riches du célèbre "Forbes 400", leur richesse combinée rivalise certainement avec celle de l'élite non juive (ou la dépasse très probablement).

Cette élite juive opère dans la sphère directe de la dynastie Rothschild, le colosse financier d'abord basé à Francfort, qui a ensuite étendu son influence à la Grande-Bretagne et à toute l'Europe, puis au monde entier.

Alors que l'Empire britannique a d'abord été le mécanisme de la portée impériale de Rothschild, les États-Unis - au fil de l'histoire - sont maintenant apparus comme le moteur central du pouvoir de Rothschild. Et le pouvoir des Rothschild a été le point culminant de l'ascension générique de la finance juive internationale. La dynastie Rothschild est issue de ce réseau financier juif pour régner en maître.

Ce n'est pas une erreur, ni un choix frivole de termes, que dans *Juifs, Dieu et Histoire*, Max Dimont se réfère directement aux États-Unis, dans un chapitre entier portant ce titre, comme étant "la nouvelle Babylone". Il explique que "le centre de la vie intellectuelle juive s'est déplacé de l'Ancien au Nouveau Monde, tout comme le centre de la vie intellectuelle juive à l'époque biblique s'était déplacé de la Palestine à la Babylonie après la chute de Juda...". Dimont s'est interrogé sur ce point : S'agit-il d'une ressemblance superficielle avec des événements passés ou d'une véritable répétition de l'histoire ? Au sixième siècle avant J.-C., les Babyloniens ont détruit le centre palestinien du judaïsme, tout comme au vingtième siècle après J.-C., Hitler a détruit le centre européen du judaïsme. Mais l'idée du judaïsme n'est pas morte avec ces deux destructions.

Lorsque l'histoire a présenté aux Juifs de Babylone un passeport leur permettant de retourner dans une Palestine reconstituée, ils ont décliné l'invitation, tout comme les Juifs américains ont décliné une invitation similaire à retourner dans un Israël reconstitué. Par ce refus, les Juifs de Babylone ont créé la diaspora. Par leur refus, les Juifs américains ont perpétué la diaspora. En Babylonie, le judaïsme de la diaspora a lentement pris l'ascendant intellectuel sur le judaïsme palestinien.

Au XXe siècle, l'histoire a placé le sceptre du judaïsme de la diaspora entre les mains volontaires des Juifs américains.

Dimont a demandé si le judaïsme américain pouvait "produire une série de géants intellectuels capables de marteler les idées nécessaires à la survie de la diaspora" ? Il est tout à fait possible, a-t-il affirmé, que les États-Unis jouent le rôle de Babylone pour le judaïsme du 21e siècle. "Peut-être commençons-nous déjà à voir l'émergence d'un nouveau judaïsme sur le sol américain", a demandé M. Dimont, "tout comme un nouveau judaïsme a émergé sur le sol babylonien ...". a demandé M. Dimont : "Le rôle historique du judaïsme américain sera-t-il d'inaugurer la phase universaliste [du judaïsme] ?"

L'existence d'une diaspora a donc été la seule condition essentielle à la survie des Juifs au-delà de la durée de vie normale d'une civilisation. S'ils n'avaient pas été exilés, s'ils étaient restés en Palestine, ils ne représenteraient probablement pas plus une force culturelle dans le monde d'aujourd'hui que les restes des Karaïtes [une secte de Juifs qui ont rejeté le Talmud comme fondement du judaïsme].

Aujourd'hui, comme autrefois, nous avons à la fois un État d'Israël indépendant et la Diaspora. Mais, comme par le passé, l'État d'Israël est aujourd'hui une citadelle du judaïsme, un refuge, le centre du nationalisme juif où vivent seulement deux millions des douze millions de Juifs du monde. La diaspora, bien qu'elle se soit déplacée à travers les âges au gré des civilisations, reste l'âme universelle du judaïsme.

En d'autres termes, l'État d'Israël n'est pas "l'âme universelle" du peuple juif. Le peuple juif n'a pas de frontières. Le monde appartient aux Juifs.

Comme l'affirmait une chanson populaire : "Les années viendront. Les années s'en iront. Les royaumes s'élèvent et s'effondrent. Le temps est venu de prendre le contrôle. Le monde nous appartient". Telle est la philosophie du Nouvel Ordre Mondial.

Ainsi, alors que, dans un ouvrage précédent, *La nouvelle Jérusalem,* nous avions soulevé la question de savoir si les États-Unis étaient devenus "la nouvelle Jérusalem" - la capitale spirituelle du judaïsme demeurant dans cette ville de Palestine - les faits historiques, religieux et économiques que nous explorerons rétrospectivement dans ce nouveau volume suggèrent que les États-Unis peuvent être décrits plus correctement, à tous égards critiques, comme "la nouvelle Babylone".

Thomas Jefferson : Le judaïsme est une "religion dépravée".

Bien que l'auteur bien-aimé de la Déclaration d'indépendance, Thomas Jefferson, ait été un fervent défenseur de la liberté religieuse en Amérique pour les Juifs et tous les peuples, ce qui a été soigneusement censuré dans les livres d'histoire est le fait absolu que Jefferson considérait clairement la religion juive comme tout à fait abominable. Dans une lettre adressée à John Adams le 13 octobre 1813, cet intellectuel très lu commente le Talmud et d'autres enseignements juifs : "Quelle misérable dépravation des sentiments et des mœurs a dû prévaloir pour que de telles maximes corrompues aient pu obtenir du crédit ! Il est impossible de tirer de ces écrits une série cohérente de doctrines morales".

Se décrivant comme "un vrai chrétien, c'est-à-dire un disciple des doctrines de Jésus", Jefferson écrivit à William Short (le 31 octobre 1819) qu'il considérait Jésus comme "le plus grand de tous les réformateurs de la religion dépravée de son propre pays", ajoutant dans une lettre ultérieure à Short (le 4 août 1820) que si le Christ prêchait "la philanthropie, la charité et la bienveillance universelles", les Juifs suivaient des enseignements qui leur inculquaient "l'esprit le plus antisocial à l'égard des autres nations". Jefferson a écrit que Jésus, en tant que "réformateur des superstitions d'une nation", se trouvait dans une position "toujours dangereuse" en s'opposant aux "prêtres de la superstition" - les Pharisiens - qu'il décrivait comme "une race assoiffée de sang ... cruelle et sans remords comme l'Être qu'ils représentaient comme le Dieu de la famille d'Abraham, d'Isaac et de Jacob, et le Dieu local d'Israël". S'il vivait aujourd'hui, Jefferson lutterait contre le Nouvel Ordre Mondial : le rêve d'un imperium juif global.

Le pèlerinage du sénateur John McCain et de son bon ami juif Joe Lieberman (tous deux à gauche) au siège londonien de Lord Jacob Rothschild (à droite) symbolise la pénétration de l'empire Rothschild sur les côtes américaines. Ces deux élus américains comptent parmi les principaux partisans du Nouvel Ordre Mondial aujourd'hui.

AVANT-PROPOS

Ceux qui règnent en maîtres : John McCain, un disciple américain parmi tant d'autres de l'empire Rothschild

Certains cyniques affirment que la visite du sénateur John McCain à Londres au printemps 2008 pour assister à une collecte de fonds en faveur de sa candidature à l'élection présidentielle, organisée par Lord Jacob Rothschild de l'empire bancaire international, pourrait avoir été tout simplement un cas où McCain s'est adressé directement à Rothschild pour recevoir ses ordres plutôt que de les faire transmettre par l'un des nombreux serviteurs de Rothschild qui se font un devoir de dire aux hommes politiques du monde entier ce qu'ils doivent faire, quand et comment le faire.

Comme pour souligner ses allégeances, avant de rendre visite à Rothschild, McCain s'est rendu en Israël, l'État du Moyen-Orient qui compte la famille Rothschild parmi ses principaux mécènes, au point qu'un Rothschild antérieur, Edmond, de la branche parisienne de la famille bancaire internationale, est aujourd'hui honoré sur la monnaie israélienne.

Il n'est peut-être pas surprenant que M. McCain ait été accompagné au gala Rothschild (et en Israël) par son bon ami juif et fervent défenseur d'Israël, le sénateur Joseph Lieberman (I-Conn.), qui a soutenu M. McCain et a souvent été cité comme colistier de M. McCain à la vice-présidence ou comme probable secrétaire d'État dans une administration M. McCain.

Bien que le sponsor de McCain, Lord Rothschild (en tant que citoyen britannique) n'ait pas été autorisé par la loi américaine à contribuer directement à la campagne de McCain, Rothschild a été autorisé à organiser une réception de collecte de fonds de grande envergure pour McCain, à laquelle ont assisté des Américains de Londres appartenant à la sphère d'influence de Rothschild et prêts à payer un minimum de 1000 dollars par personne pour avoir le privilège de côtoyer le candidat américain qui était alors clairement le favori de la famille Rothschild pour l'investiture du Parti républicain américain.

Que l'empire Rothschild soutienne McCain n'est pas une surprise pour ceux qui connaissent les antécédents de ce dernier.

Tout d'abord, McCain est un membre de longue date du Conseil des relations extérieures (CFR). *Le* 30 octobre 1993, *le Washington Post* décrivait le CFR comme "ce qui se rapproche le plus d'un establishment dirigeant aux États-Unis", affirmant qu'il s'agissait des "personnes qui, depuis plus d'un demi-siècle, gèrent nos affaires internationales et notre complexe militaro-industriel", "Ce que le *Post* n'a pas dit, c'est que le CFR n'est en fait qu'une division basée à New York de l'Institut Royal des Affaires Internationales, qui a fonctionné comme le bras armé de la politique étrangère de la dynastie Rothschild, longtemps le principal moteur, dans les coulisses, des entreprises impériales de la Grande-Bretagne, la véritable force derrière ce qu'on appelle l'Empire "britannique".

Par conséquent, ceux qui préfèrent parler du CFR comme étant la force motrice du Nouvel Ordre Mondial - mais qui évitent de mentionner la connexion Rothschild - sont, au mieux, malhonnêtes.

En outre, les relations qu'entretient McCain dans les coulisses de son État d'origine, l'Arizona, sont tout aussi intrigantes et mettent encore plus en évidence les raisons pour lesquelles les Rothschild s'intéressent à McCain.

Comme l'a souligné l'*American Free Press - qui est le premier* et le seul média à l'avoir fait -, le défunt beau-père de McCain, Jim Hensley, était une figure de proue du réseau du crime organisé entourant un certain Kemper Marley, qui servait de façade en Arizona à la famille Bronfman - acteurs clés d'un puissant syndicat du crime juif que l'on appelle souvent (bien qu'à tort) "la Mafia" - qui utilisait Marley pour contrôler les deux principaux partis de cet État.

La famille Bronfman est depuis longtemps alliée aux Rothschild comme l'un des principaux mécènes milliardaires d'Israël et du mouvement sioniste mondial, à tel point qu'Edgar Bronfman, le chef de la dynastie, a été pendant de nombreuses années le président du Congrès juif mondial (CJM), qui est aujourd'hui dirigé par son fils Matthew, qui est président du conseil d'administration du CJM. (En 2000, lorsque McCain s'est présenté pour la première fois à l'élection présidentielle, Edgar Bronfman a contribué à sa campagne. À l'époque, McCain comptait parmi ses plus proches conseillers l'omniprésent porte-parole des intérêts juifs, William Kristol, de la revue néo-conservatrice *The Weekly Standard*, résolument pro-israélienne, dont le propriétaire, le baron des médias Rupert Murdoch, a accédé à la richesse et au pouvoir grâce au parrainage des familles Rothschild et Bronfman.

Il convient de noter que Kristol a assisté aux réunions secrètes de Bilderberg, parrainées chaque année par la famille Rothschild en partenariat avec ses hommes de main américains, la famille Rockefeller. (Pour une histoire complète du Bilderberg par le seul journaliste qui a parcouru le monde pendant 30 ans pour suivre leurs activités, voir Jim Tucker's *Bilderberg Diary*). Le lien McCain-Bronfman-Rothschild est donc intime à de multiples niveaux et explique en grande partie la tendance de longue date de McCain à défendre fiévreusement les intérêts israéliens (et juifs).

McCain a déclaré qu'il était "guidé" par les "principes wilsoniens", c'est-à-dire la philosophie internationaliste selon laquelle la puissance militaire américaine doit être utilisée pour faire respecter ce qui, en fin de compte, est bien le Nouvel Ordre Mondial.

Le dossier montre que McCain fait depuis longtemps partie d'un groupe d'élite qui promeut l'action militaire américaine pour défendre Israël. Selon le numéro du 2 août 1996 du *Jewish Chronicle*, basé à Londres, McCain était membre de l'autoproclamée Commission sur l'intérêt national de l'Amérique, qui a publié un rapport classant Israël comme un intérêt de premier ordre pour les États-Unis, méritant que l'on "y consacre des trésors et du sang" - une conclusion que beaucoup pourraient remettre en question. Le rapport place la survie d'Israël "au même niveau que la prévention des attaques nucléaires et biologiques contre les États-Unis en tant qu'intérêt vital américain". Le *Chronicle* a résumé le rapport, en citant le groupe, en le titrant : "Les Américains devraient faire la guerre pour défendre Israël".

En 2006, pour ses efforts enthousiastes en faveur d'Israël, l'Institut juif pour les affaires de sécurité nationale (JINSA) a décerné à McCain son "prix du service distingué", nommé en mémoire de feu le sénateur Henry M. Jackson (D-Wash.), un autre "Goy" qui, comme McCain, a travaillé sans vergogne 24 heures sur 24 pour défendre les intérêts juifs et israéliens alors qu'il siégeait au Congrès.

Le fait d'être salué par le JINSA est toutefois un honneur douteux, dans la mesure où plusieurs personnes associées au JINSA, dont son fondateur Stephen Bryen, et l'ami proche de Bryen, Richard Perle (un autre participant régulier aux réunions du groupe Bilderberg susmentionné) ainsi que Paul Wolfowitz (brièvement, et plus récemment, président de la Banque mondiale) ont tous fait l'objet d'une enquête du FBI au cours des dernières années, soupçonnés d'espionnage pour le compte d'Israël.

Au printemps 2008, McCain a reçu le soutien officiel et public de la famille royale du sionisme international, les Rothschild.

Plus tard, comme pour souligner ce point, Lynn Forrester de Rothschild, l'épouse née aux États-Unis d'Evelyn de Rothschild - un autre des Rothschild basés à Londres - a quitté son poste au sein du comité politique national du parti démocrate (où elle avait soutenu les ambitions présidentielles d'Hillary Rodham Clinton) et a soutenu McCain plutôt que le candidat démocrate à la présidence Barack Obama.

Ironiquement, dans ce même contexte, il convient de noter qu'Edgar Bronfman, partisan de longue date de McCain (et satellite de Rothschild), a refusé de soutenir McCain après que le candidat républicain à la présidence a choisi la controversée gouverneure de l'Alaska Sarah Palin comme colistière. Bien que Mme Palin soit une fervente partisane d'Israël, Bronfman a trouvé cette femme déplaisante et a choisi de soutenir Barack Obama.

Mais le fait est qu'Obama lui-même - en dépit des rumeurs suggérant qu'il n'était pas très amical envers Israël - a toujours opéré sous la tutelle de puissants intérêts juifs liés à Israël et au syndicat du crime organisé juif, à savoir les familles Crown et Pritzker, basées à Chicago (dont nous reparlerons plus loin dans ces pages).

En définitive, lors de l'élection présidentielle de 2008, la dynastie Rothschild et les nouveaux pharisiens ont exercé un contrôle effectif sur les deux candidats à la présidence des principaux partis des États-Unis.

En tout état de cause, il convient de préciser qu'il ne fait aucun doute que les Rothschild constituent la "famille royale de la juiverie internationale". L'écrivain israélien Amos Elon, dans son livre *Founder : A Portrait of the First Rothschild and His Time*, publié en 1996, rapporte l'histoire d'un certain juif qui, lorsqu'on lui demanda pourquoi les juifs étaient si fiers alors qu'ils n'avaient pas de princes et qu'ils ne participaient à aucun gouvernement, répondit : "Nous ne sommes pas des princes, et pourtant nous sommes une famille royale : "Nous ne sommes pas des princes, mais nous les gouvernons.

Le rabbin Joseph Telushkin, éminent arbitre religieux juif moderne et porte-parole des préoccupations juives, a écrit : "À ce jour, les Rothschild restent les aristocrates de la vie juive... 'les' symboles de la richesse." (Étonnamment, par souci d'exactitude, Telushkin a néanmoins affirmé que les Rothschild ne sont plus la famille la plus riche parmi les Juifs - une affirmation que la réalité, telle qu'elle est décrite dans les pages de *The New Babylon*, suggère au contraire).

Et le fait que l'héritage Rothschild ait toujours été dévoué aux principes de leur foi juive est un point qu'il ne faut pas oublier. Il fait partie intégrante de la compréhension de l'ensemble du rôle que la famille Rothschild et ses satellites dans le monde bancaire international ont joué dans l'orientation des affaires mondiales : leur quête singulière d'un nouvel ordre mondial.

Dans nos premières pages, nous avons cité l'un des premiers biographes du fondateur de la famille Rothschild, Meyer, un biographe admiratif, qui a déclaré que "Rothschild était un croyant zélé du Talmud et l'a choisi comme seul principe directeur de toutes ses actions". Ce fait essentiel mérite d'être cité une fois de plus.

Le célèbre historien juif Chaïm Bermant a noté que Meyer Amschel, le fondateur de la dynastie Rothschild, a été éduqué dans une école rabbinique et qu'il "chérissait toutes les traditions juives". Sa femme, Gittel, était la matriarche juive classique de la légende, comme l'attestent tous les récits sur la famille Rothschild.

Au sujet des Rothschild, l'historien israélien Amos Elon, dans sa propre biographie du père fondateur des Rothschild, a écrit : "Contrairement à d'autres juifs assimilés, ils soulignaient, voire affichaient, leur appartenance ethnique et leur religion".

Les Rothschild étaient en effet des juifs très religieux - *très* religieux.

Amschel à Francfort (fils de Meyer) a conservé ses "anciennes coutumes et habitudes hébraïques" et on dit qu'il était considéré comme "le juif le plus religieux de Francfort" et qu'il avait même une synagogue dans sa propre maison. Les Rothschild ne font pas confiance aux convertis du judaïsme au christianisme. "C'est une mauvaise chose", dit James Rothschild, "quand on a affaire à un apostat".

Selon la récente étude de Niall Ferguson sur la famille Rothschild (avec l'aide de la famille Rothschild), les Rothschild étaient particulièrement tenaces dans leur religiosité : "Tout affaiblissement de l'unité juive frappait [les Rothschild] comme une défaite dans un monde hostile".

Les Rothschild sont connus pour avoir persécuté un membre de leur propre famille, Hannah, qui avait épousé un païen et s'était convertie au christianisme.

Niall Ferguson a noté que Hannah avait "franchi l'une des rares barrières qui subsistaient entre les Rothschild et l'élite sociale européenne, et peut-être la seule que les Rothschild eux-mêmes souhaitaient préserver". Il ne fait donc aucun doute que les Rothschild ont conservé une attitude talmudique et judéo-centrique, malgré leurs relations communes avec les têtes couronnées et les familles nobles chrétiennes d'Europe.

Cela est d'autant plus remarquable que d'autres familles de banquiers juifs d'Angleterre se sont mariées avec de nombreux membres des familles aristocratiques anglaises. (Pour dire les choses crûment : Les Juifs ont obtenu les titres et le prestige et les aristocrates anglais ont obtenu l'argent des Juifs).

Niall Ferguson note qu'il y a eu une époque où les Rothschild avaient "un statut mythique et talismanique aux yeux des autres Juifs ; non seulement les Juifs des Rois, mais aussi les 'Rois des Juifs' - à la fois exaltés par leur richesse et conscients de leur propre origine modeste".

Dès 1835 et 1836, même le petit *Niles* (Ohio) *Weekly Register*, dans la nouvelle nation américaine, commentait que "les Rothschild sont les merveilles de la banque moderne..." et ajoutait, avec insistance : "Nous voyons les descendants de Juda, après une persécution de 2 000 ans, regarder au-dessus des rois, s'élever plus haut que les empereurs et tenir tout un continent dans leurs mains : Nous voyons les descendants de Juda, après une persécution de 2 000 ans, regarder au-dessus des rois, s'élever plus haut que les empereurs et tenir un continent entier dans le creux de leurs mains.

Les Rothschild gouvernent un monde chrétien. Pas un cabinet ne bouge sans leur avis. Ils tendent la main avec la même facilité, de Saint-Pétersbourg à Vienne, de Vienne à Paris, de Paris à Londres, de Londres à Washington.

Le Baron Rothschild ...est le vrai Roi de Juda, le prince des captifs, le Messie tant attendu par ce peuple extraordinaire. Il détient les clés de la paix ou de la guerre, de la bénédiction ou de la malédiction...

Ils sont les courtiers et les conseillers des rois d'Europe et des chefs républicains d'Amérique. Que peuvent-ils désirer de plus ?

Thomas Duncombe, membre du parlement britannique, a très bien résumé la reconnaissance du pouvoir immense de cette famille en déclarant, à la fin des années 1870 : "Il y a [...] une influence secrète derrière le trône, dont la forme n'est jamais vue, dont le nom n'est jamais prononcé, qui a accès à tous les secrets de l'État [...]. Étroitement liée à cette personne invisible, incorporelle, se trouve une forme très solide et substantielle, une puissance nouvelle et redoutable, jusqu'à présent inconnue en Europe ; maître d'une richesse sans bornes, il se vante d'être l'arbitre de la paix et de la guerre, et que le crédit des nations dépend de son signe de tête ; ses correspondants sont innombrables ; ses courriers surpassent ceux des princes souverains et des souverains absolus ; les ministres de l'État sont à sa solde.

Il occupe une place prépondérante dans les cabinets de l'Europe continentale et aspire à dominer le nôtre... L'existence de ces influences secrètes est une question de notoriété ... Je crois que leur objectif est aussi impur que les moyens par lesquels leur pouvoir a été acquis, et je les dénonce, ainsi que leurs agents ...

L'un des grands croisés contre l'empire Rothschild au XIXe siècle était un Français éloquent, Edouard Drumont. L'un de ses célèbres ouvrages s'intitule *La France Juive*. Parlant du phénomène du pouvoir juif, il a écrit :

> Grâce à leur génie de conspirateurs et de trafiquants, ils ont reconstitué une puissance d'argent redoutable, non seulement en raison du pouvoir inné que possède l'argent, mais aussi parce que les Juifs ont diminué ou détruit les autres puissances pour que la leur reste seule debout ; parce qu'ils ont modelé, façonné, une société où l'argent est le véritable maître de tout.

Cette puissance d'argent, comme toutes les puissances, veille à ses propres intérêts, elle va dans la direction qui lui semble la plus rentable.

La reconnaissance du fait que les Rothschild étaient une famille "internationale", à plus d'un titre, a fini par faire partie de la légende entourant cet immense empire de l'argent. John Reeves a écrit *The Rothschilds : The Financial Rulers of Nations*, publié en 1887, dans lequel il affirme sans ambages :

> "Les Rothschild n'appartiennent à aucune nationalité. Ils sont cosmopolites... Ils n'appartiennent à aucun parti. Ils étaient prêts à s'enrichir aux dépens de leurs amis comme de leurs ennemis".

Le prince Hermann Ludwig Heinrich von Pückler-Muskau, célèbre noble allemand et auteur de nombreux ouvrages, a comparé Rothschild au sultan de l'Empire ottoman. Le sultan, disait-il, était le souverain de tous les croyants, tandis que Rothschild était "le créancier de tous les souverains".

L'économiste allemand Freidrich List a déclaré que Rothschild était "la fierté d'Israël, le puissant prêteur et le maître de tout l'argent et de tout l'or monnayés et non monnayés de l'ancien monde, devant la tirelire duquel les rois et les empereurs s'inclinent humblement". En bref, comme l'a noté le biographe de Rothschild, Niall Ferguson, Rothschild était "le roi des rois". On pourrait toutefois ajouter que la plupart des gens (du moins en Occident) considèrent Jésus-Christ comme le roi des rois.

En 1830, le *Niles* (Ohio) *Weekly Register*, déjà cité, parlait de la famille Rothschild comme de ceux qui réclameraient la Terre sainte pour le peuple juif, préfigurant le fait que, effectivement, les Rothschild allaient devenir les principaux mécènes du mouvement sioniste qui a conduit à la création de l'État d'Israël en 1948 :

> [Les Rothschild] sont riches au-delà de tout désir, peut-être même de toute avarice ; et dans une telle situation, il est tout à fait raisonnable de supposer qu'ils peuvent chercher autre chose pour satisfaire leur ambition ...

S'ils s'assuraient la possession [de la Palestine], qui peut être obtenue par l'argent, ils pourraient instantanément, pour ainsi dire, rassembler une grande nation, qui deviendrait bientôt capable de se défendre et d'avoir une influence merveilleuse sur le commerce et la condition de l'Orient - rendant à nouveau à Juda le lieu de dépôt d'une grande partie de la richesse du "monde ancien".

Pour le sultan [de l'Empire ottoman], le pays [la Palestine] n'a pas grande valeur, mais entre les mains des Juifs, dirigés par des hommes tels que les Rothschild, que ne deviendrait-il pas, et en peu de temps ?

Le fait que les Rothschild aient été perçus de manière quasi mystique est très clair, dans la mesure où certains ont prédit (avec beaucoup de justesse) que non seulement la Palestine, mais aussi toute l'Europe, tomberaient entre les mains de l'empire Rothschild.

En octobre 1840, le journal français *Univers* affirmait :

> "Sur le trône de David, une fois restauré, siégera cette dynastie financière que toute l'Europe reconnaît et à laquelle toute l'Europe se soumet."

Le socialiste français Charles Fourier a déclaré :

"La restauration des Hébreux [en Palestine] serait un magnifique couronnement pour les messieurs de la maison Rothschild. Comme Esra et Serubabel, ils peuvent ramener les Hébreux à Jérusalem et ériger à nouveau le trône de David et Salomon pour faire naître une dynastie Rothschild".

Il est intéressant de noter que, dans les premières années de son épanouissement, la "cousinade" judéo-britannique - ainsi surnommée par Chaïm Bermant - était, selon Bermant, antisioniste "presque jusqu'au bout des ongles", s'opposant à la création d'un État juif. Les Rothschild, en particulier - et c'est un point particulièrement important - étaient particulièrement fervents dans leur opposition au sionisme, peut-être plus que d'autres membres de ces familles imbriquées les unes dans les autres.

Lionel Rothschild était l'une des rares exceptions parmi les Rothschild à s'opposer au sionisme, et en 1915, à la mort de son père, il devint le chef de famille - il était donc "Le" Rothschild - et en assumant sa position à la Chambre des Lords, son soutien au sionisme donna un immense élan à la cause sioniste. C'est à Lionel que fut adressée la célèbre déclaration Balfour. Toutefois, c'est le baron Edmond de Rothschild (France) qui a été surnommé par les Juifs de Palestine "le Bienfaiteur connu" pour son généreux mécénat en faveur du sionisme et c'est grâce à la conversion de cette dynastie juive au sionisme que l'État d'Israël a finalement vu le jour.

Ainsi, le pouvoir de la finance juive internationale, dominé par la dynastie Rothschild, a adopté le sionisme comme partie intégrante de la quête d'une utopie juive. Les fondements de l'avènement du Nouvel Ordre Mondial étaient posés. Et l'histoire du monde s'est engagée sur une voie nouvelle et périlleuse.

Bien que ce vieux paysan juif (à gauche) et le ploutocrate hypertrophié Nathan Rothschild (à droite) aient vécu des vies très différentes, tous deux étaient des disciples du Talmud qui a guidé l'empire Rothschild dans sa conquête du pouvoir, dont l'ensemble de la communauté juive mondiale a largement profité. On dit que les Juifs du monde entier considéraient Rothschild non seulement comme le "roi des Juifs", mais aussi comme le "roi des rois". La caricature antijuive en colère ci-dessous parodiait l'émancipation juive en Europe, suggérant que les Juifs s'attendaient à ce que leurs libertés nouvellement acquises leur permettent de profiter encore plus aux dépens des Chrétiens. En réalité, la richesse et le pouvoir des Juifs se sont développés de manière exponentielle.

INTRODUCTION

Réalités entremêlées - Juifs, Israël, argent et pouvoir : Les sujets tabous dans notre monde moderne

Écrivant, comme il l'a fait, d'un point de vue allemand en 1879, au moment où l'Allemagne se consolidait en tant que nation, Wilhelm Marr - qui a bruyamment osé défier le pouvoir financier juif (et à qui l'on attribue souvent l'invention du terme "antisémitisme") - a prédit que la finance juive régnerait en maître dans son pays d'origine, mais à un prix élevé.

Oui, la juiverie élèvera l'Allemagne au rang de puissance mondiale et en fera la nouvelle Palestine de l'Europe. Cela ne se fera pas par une révolution violente, mais par la voix du peuple lui-même, dès que la société allemande aura atteint le niveau le plus élevé de faillite sociale et de perplexité vers lequel nous nous précipitons.

Notre élément germanique s'est montré culturellement et historiquement impuissant, incapable d'accomplir quoi que ce soit, face à la domination étrangère.

C'est un fait, un fait brut, impitoyable.

M. Marr a affirmé que les médias contrôlés par les Juifs en Allemagne avaient un impact sur tous les aspects de la société : "L'État, l'Église, le catholicisme, le protestantisme, le credo et le dogme doivent s'incliner devant l'aréopage juif, la presse quotidienne", a-t-il déclaré.

(Il est d'ailleurs intéressant de noter que même à cette époque - comme l'a fait remarquer Marr - l'influence juive sur "la presse quotidienne" était de plus en plus préoccupante). Et comme Marr l'avait prédit, l'Allemagne a effectivement connu un état de faillite et de décadence dans les années qui ont suivi la Première Guerre mondiale, et la juiverie a occupé une position prééminente en Allemagne, plus que jamais auparavant.

Cependant, en 1933, une révolution populaire a eu lieu en Allemagne, par le biais des urnes, qui a conduit à l'ascension d'Adolf Hitler et du parti national-socialiste des travailleurs allemands, ce qui a entraîné une diminution de l'influence juive en Allemagne, où les puissances juives avaient régné en maître.

L'Allemagne n'est plus, comme l'avait dit Marr, "la nouvelle Palestine".

En réalité, nous constatons aujourd'hui que la situation de l'Amérique ressemble à celle de l'Allemagne avant la révolution allemande de 1933.

L'économie américaine est en ruine, les pirates de Wall Street - dont beaucoup, et peut-être même la plupart, sont juifs - ont amené la nation au bord de la faillite, alors même qu'un président américain - George W. Bush - a décimé le trésor de la nation (et le sang de sa jeunesse) dans la poursuite de guerres exigées par le lobby juif. Pourtant, les intérêts du pouvoir juif - qui agissent tous dans la sphère d'influence de l'empire Rothschild - continuent de peser sur le cours des affaires américaines.

Le professeur Norman Cantor, un érudit juif respecté, a résumé l'immense pouvoir des Juifs dans l'Amérique d'aujourd'hui. Dans son livre controversé, *La chaîne sacrée*, largement critiqué pour sa franchise, Cantor a écrit : Au cours des quatre décennies qui ont suivi 1940, les Juifs sont rentrés chez eux dans la société américaine, dans le confort des banlieues, dans les universités et les bastions privilégiés des professions savantes, dans les entreprises, dans la politique et le gouvernement, et dans les médias où ils exercent un contrôle. Les Juifs étaient surreprésentés dans les professions intellectuelles par un facteur de cinq ou six.

En 1994, les Juifs ne représentaient que 3% de la population américaine, mais leur impact était équivalent à celui d'un groupe ethnique représentant 20% de la population.

Rien dans l'histoire juive n'a égalé ce degré d'accession des Juifs au pouvoir, à la richesse et à la prééminence.

Ni dans l'Espagne musulmane, ni dans l'Allemagne du début du XXe siècle, ni en Israël même, parce qu'il n'y avait pas de niveaux comparables de richesse et de pouvoir à l'échelle mondiale à atteindre dans ce petit pays.

Cantor a conclu : "Les Morgan, les Rockefeller, les Harriman, les Roosevelt, les Kennedy, les titans des époques révolues, ont été supplantés par le Juif en tant qu'auteur d'exploits irréprochables...".

En tant que tel, il est devenu un secret de polichinelle dans notre monde d'aujourd'hui qu'il y a un gorille de 300 livres dans la pièce - le rôle de la communauté juive organisée - généralement, mais pas toujours correctement, connue sous le nom de "mouvement sioniste" - qui est un pouvoir prééminent dans notre société moderne, non seulement aux États-Unis, mais dans la majeure partie de l'Occident et ailleurs sur la planète.

Les intérêts du pouvoir juif ont atteint une position de premier plan aux États-Unis aujourd'hui et maintenant (et pas nécessairement en conséquence, peut-être en dépit de l'influence juive) les États-Unis sont virtuellement la nation la plus puissante sur la surface de la terre, peut-être rivalisée seulement - en toute réalité - par Israël lui-même. C'est ainsi que la communauté juive américaine est devenue l'élite incontestée des États-Unis d'aujourd'hui. Nous pourrions les appeler "la nouvelle élite". Ce sont ceux qui règnent en maîtres.

Il faut cependant toujours garder à l'esprit que la principale influence au sein de la communauté juive a été, pendant plusieurs centaines d'années, l'empire Rothschild, basé en Europe. Cette dynastie a étendu ses tentacules sur le sol américain, au point qu'il existe aujourd'hui des familles juives riches et puissantes et des intérêts financiers opérant dans la sphère des Rothschild qui sont substantiels en eux-mêmes. Cependant, les racines de ce réseau de pouvoir juif en Amérique remontent à la famille Rothschild d'Europe, qui s'est imposée comme le premier groupe bancaire à diriger les affaires mondiales grâce à son influence dans des pays tels que la France, l'Allemagne, l'Italie, l'Autriche et, bien sûr, l'Angleterre.

À notre époque moderne et dans les temps qui nous ont précédés, on a entendu de nombreuses personnes parfois qualifiées d'"antisémites" utiliser le terme "les Juifs" pour évoquer divers aspects des affaires américaines et internationales, qu'il s'agisse de questions intérieures ou de la conduite des différentes politiques étrangères des États-nations. Il serait toutefois inexact de dire que l'utilisation du terme "les Juifs" se réfère en fait à toutes les personnes de confession juive.

En fait, beaucoup de ceux qui utilisent le terme "les Juifs" l'utilisent souvent en référence à la conduite, ou peut-être devrions-nous dire à la "mauvaise conduite", de l'État d'Israël ou des Juifs d'Amérique et d'ailleurs qui apportent leur soutien à Israël.

Cependant, il y a un autre aspect de l'utilisation du terme "les Juifs" qui est peut-être encore plus important. Une fois encore, l'utilisation de ce terme ne se réfère pas à l'ensemble du peuple juif, qu'il soit en Israël ou ailleurs.

Non, l'utilisation du terme "les Juifs" dans un sens large et peut-être général, à cet égard, se réfère en fait à la puissance monétaire internationale.

Cette puissance monétaire internationale, dont la nature comporte un aspect juif indéniable, découle des intrigues et des machinations d'une dynastie bancaire mondiale, l'empire Rothschild, dont les tentacules s'étendent sur toute la planète.

En retour, nous découvrons qu'à travers les âges, il y a eu un rêve juif de longue date pour l'établissement d'un ordre mondial - un nouvel imperium - un Nouvel Ordre Mondial, si vous voulez. Et au sommet de cette pyramide du Nouvel Ordre Mondial, nous trouvons le nom de Rothschild. La maison Rothschild et son empire sont le fondement de ce nouvel ordre mondial.

Il y a eu de nombreux banquiers et usuriers juifs au cours des nombreuses années qui ont précédé la montée en puissance de l'empire Rothschild à la fin du XVIIIe siècle, mais ce n'est qu'avec la montée en puissance de la dynastie Rothschild que cette puissance monétaire internationale a émergé comme la force qu'elle a évolué pour devenir.

Il y avait des banquiers et des usuriers juifs, actifs dans de nombreux endroits de la civilisation occidentale et au Moyen-Orient, en Afrique, en Asie et en Amérique latine, mais ce n'est qu'avec l'avènement de la dynastie Rothschild que ce pouvoir a atteint une unité qu'il n'avait jamais connue auparavant.

En fait, on pourrait dire - à juste titre - que l'ascension des Rothschild a mis en place une "famille royale" de la juiverie internationale, voire une famille royale de la finance internationale.

Au cours des années, des décennies et des siècles qui ont suivi, la fortune des Rothschild, communément appelée "la Fortune" en Europe, est devenue une force centrale dans la conduite internationale de la politique monétaire et, par conséquent, dans la conduite des politiques internationales des divers États-nations, des diverses familles royales et même des diverses "démocraties" qui étaient en place et qui ont évolué au cours de cette période où l'empire Rothschild est resté une constante, L'Empire Rothschild est resté une force constante, omniprésente, agissant non seulement en coulisses, mais aussi ouvertement par son influence sur les gouvernements et les peuples, non seulement dans le monde "civilisé", mais aussi, en fin de compte, dans le monde entier, car l'Empire britannique - en particulier - s'étendait sur toute la planète et, à bien des égards, le ministère britannique des Affaires étrangères était un bras virtuel de la dynastie des Rothschild.

De même, dans d'autres pays européens, rivaux de la Grande-Bretagne, ils ont commencé à étendre leur influence sur d'autres continents. Les différentes branches de la famille Rothschild à Vienne, Paris, Francfort, Naples, avec des influences satellites à Hong Kong, Shanghai, et même en Australie, ont commencé à exercer leur pouvoir.

Ainsi, à cet égard, le terme "les Juifs" a souvent été appliqué à la puissance monétaire internationale et cette puissance monétaire internationale, pour une combinaison de raisons - religieuses, philosophiques, économiques, toutes combinées ensemble dans une force géopolitique - a en effet jeté les bases de ce qui est populairement connu aujourd'hui comme "le Nouvel Ordre Mondial". "

Ce nouvel ordre mondial - qui tourne autour des opérations de l'empire Rothschild qui s'est institué en force prédatrice dans les affaires des nations, et plus particulièrement aujourd'hui des États-Unis - a en fait été entrelacé avec une philosophie juive de longue date remontant à l'époque du Talmud de Babylone, qui est la force directrice de la pensée religieuse juive d'aujourd'hui. À cet égard, nous avons donc devant nous une nouvelle Babylone.

En fin de compte, ce n'est pas une coïncidence si l'accusation d'"antisémitisme" est portée contre les personnes et les institutions qui ont osé critiquer le rôle de la puissance monétaire internationale dans les affaires mondiales, même celles qui n'ont pas spécifiquement fait référence à ses influences et à ses antécédents juifs. Il s'agit d'un phénomène courant au cours des siècles.

Plus récemment, ceux qui ont osé, par exemple, critiquer le monopole monétaire privé et contrôlé connu sous le nom de Système de Réserve Fédérale - qui, en fait, comme nous le verrons, est une création des forces bancaires internationales liées aux Rothschild et opérant sur le sol américain - ont été, à tout le moins, "soupçonnés" d'antisémitisme ou perçus comme des antisémites "potentiels", en osant même soulever la question du bien-fondé de l'existence de ce système. Toute discussion sur la puissance monétaire internationale, toute discussion sur ce que l'on appelle "le nouvel ordre mondial", est considérée comme de l'"antisémitisme" ou de l'"antisémitisme potentiel", précisément parce que toute discussion ou recherche sur ces sujets, si elle était menée jusqu'à sa conclusion ultime, pointerait en direction de la famille Rothschild, les princes de l'élite juive mondiale.

En 1777, Marie-Thérèse, l'impératrice d'Autriche, a déclaré : "Je ne connais pas de fléau plus gênant pour l'État que cette nation qui réduit les gens à la pauvreté par la fraude, l'usure et les contrats financiers, et qui se livre à toutes sortes de pratiques néfastes qu'un homme honorable abominerait".

La nature de cet édifice ploutocratique, sa structure prédatrice, a été mise en évidence dans un rapport provocateur et détaillé publié par le gouvernement allemand en 1940, une étude qui se concentrait sur la mainmise financière des Rothschild (et avant cela, principalement des Juifs) sur l'Empire britannique. Intitulée "*Comment la juiverie a transformé l'Angleterre en un État ploutocratique*", l'étude affirmait : Par ploutocratie, on entend une forme de gouvernement dans laquelle l'élection de ses membres repose sur leur possession de richesses. Le mot ploutocratie est dérivé des racines grecques=riches et kratein=gouverner. Ploutocratie signifie donc : le règne du pouvoir de l'argent, ou plus librement exprimé : le gouvernement de l'or juif.

L'exemple historique d'un État gouverné par la richesse et la possession est Carthage, où l'élément juif était également représenté. Elle était gouvernée par les riches marchands, représentés par une sorte de "chambre basse" appelée "Conseil des trois cents" et une "chambre haute" appelée "Conseil des trente". Le peuple ne peut exercer aucune influence sur le gouvernement.

Pour la juiverie, la ploutocratie est la forme de gouvernement la plus appropriée.

Grâce à la ploutocratie, l'immense capitalisme juif, quel que soit le nombre de Juifs qu'il représente, obtient nécessairement une position politique, car dans un État ploutocratique, comme l'histoire nous l'enseigne, une petite clique juive peut dicter sa loi à un grand État, si elle est en possession du capital nécessaire.

La reconnaissance de cette ploutocratie, à bien des égards, est devenue ce que de nombreux critiques ont appelé "le problème juif", ce qui a entraîné la montée de sentiments antijuifs que de nombreux écrivains juifs eux-mêmes ont à leur tour qualifiés de "problème juif". Et c'est un problème qui subsiste encore aujourd'hui, comme l'ont reconnu à plusieurs reprises certains intellectuels juifs.

Le pape Clément VIII (qui a régné de 1592 à 1605) a déclaré sans ambages : "Le monde entier souffre de l'usure des Juifs, de leurs monopoles et de leur tromperie. Ils ont plongé de nombreux malheureux dans la pauvreté, en particulier les paysans [et] les ouvriers...".

En ce qui concerne cette domination ploutocratique, il convient de rappeler les propos de l'industriel et homme politique juif allemand Walter Rathenau (1867-1922). En 1909, Rathenau écrivait dans la *Neue Freie Presse de* Vienne :

> "Trois cents hommes, qui se connaissent tous, orientent les destinées économiques du continent et cherchent leurs successeurs parmi leurs adeptes".

Bien que des apologistes aient affirmé que, dans cette déclaration provocatrice, Rathenau n'avait pas suggéré que ces 300 personnes étaient juives ou qu'elles dirigeaient les gouvernements nationaux, il n'en reste pas moins qu'il a dit ce qu'il a dit.

Theodore Fritsch, écrivain allemand bien connu pour ses critiques du pouvoir juif et auteur du best-seller *Handbook of the Jewish Question*, s'est penché sur les remarques de Rathenau.

Dans son essai de 1922 intitulé "L'acte désespéré d'un peuple désespéré" (écrit en fait après l'assassinat de Rathenau), Fritsch note que les paroles de Rathenau constituaient "un aveu remarquable" dont toutes les conséquences n'avaient pas été pleinement comprises. Fritsch a évalué la question : D'après les conséquences de ces paroles, il était clair que

[Rathenau] ne parlait pas de princes et d'hommes d'État au pouvoir, mais d'un groupe de pouvoir extérieur au gouvernement qui possède les moyens d'imposer sa volonté au monde, y compris aux gouvernements. En outre, comme il a parlé de la désignation de successeurs, il est évident qu'il existe une organisation solidement structurée qui fonctionne selon des principes définis et une répartition des tâches et qui poursuit systématiquement ses objectifs.

Selon Fritsch,

> "cela prouve ni plus ni moins qu'une société fermée, un gouvernement de l'ombre ou un super gouvernement, existe depuis longtemps et qu'il dirige les événements économiques et politiques par-dessus la tête des nations et des gouvernements".

Quelle était la source de ce gouvernement fantôme, a demandé Fritsch ? Il a donné la réponse : "La haute finance juive et ses laquais rémunérés, alliés et répandus dans le monde entier".

Fritsch a souligné que de nombreuses personnes n'ont pas tiré les bonnes conclusions des faits présentés par Rathenau. Réfléchissant à la tragédie destructrice de la Première Guerre mondiale, Fritsch a déclaré :

Si les 300 hommes du gouvernement mondial secret dirigeaient le destin du monde, qu'en était-il de cette guerre mondiale ? Les 300 n'auraient-ils pas pu l'empêcher ? Puisqu'ils ne l'ont pas empêchée, c'est qu'ils l'ont voulue. Si les 300 puissances d'argent ont fait la politique mondiale pendant des décennies, elles ont donc aussi fait la guerre mondiale.

Peut-être [l'ont-ils fait] pour finalement ériger leur domination au grand jour et chasser les princes.

"Il est temps", écrit Fritsch, "que les nations reconnaissent enfin ce fait et demandent des comptes aux coupables". Il note que les travaux d'Henry Ford, publiés dans *The International Jew*, fournissent des "preuves exhaustives" de la manière dont les intérêts financiers juifs ont déclenché la première guerre mondiale. Au sujet des ploutocrates juifs, Fritsch a écrit que "celui qui se vante, même secrètement, de diriger le destin du monde devrait maintenant avoir le courage et la décence d'*assumer* la *responsabilité* des événements politiques du monde".

Ironiquement, Fritsch est mort en 1933, juste au moment où son pays natal, l'Allemagne, commençait à travailler au démantèlement du pouvoir de l'empire Rothschild sur le sol européen, alors même que les bases étaient en place pour la montée de l'État sioniste dans les années qui ont suivi la Seconde Guerre mondiale, peu de temps après.

En fait, l'élite ploutocratique - l'aristocratie juive dans le tourbillon de la dynastie Rothschild - et plus particulièrement les Rothschild, ont rendu possible la montée du sionisme politique. Le sionisme était une excroissance de l'impérialisme mondial qui s'est développé dans le cadre de l'expansion de la richesse et du pouvoir de la ploutocratie à travers la planète.

Le philosophe américain d'origine palestinienne Edward Said a noté la synchronicité entre le sionisme et l'impérialisme : "Lorsque nous parlons de sionisme et d'impérialisme, nous parlons d'une *famille d'idées*, appartenant à la même dynastie, jaillissant de la même graine". Said a qualifié la construction sioniste-impérialiste (dans le contexte de l'occupation sioniste de la Palestine) de "système entier d'enfermement, de dépossession, d'exploitation et d'oppression qui nous retient encore et nous refuse nos droits inaliénables en tant qu'êtres humains", et pourtant la vérité est que l'occupation sioniste de la Palestine n'est qu'un microcosme, pour ainsi dire, reflétant l'occupation sioniste du globe entier - l'établissement de l'élite juive au pouvoir en tant qu'arbitres en puissance du cours des affaires mondiales, sans exception.

Mais il y a ceux qui tentent d'établir des distinctions entre les Rothschild et "le Juif moyen", entre le mouvement sioniste et "le Juif moyen". Un refrain populaire et bien intentionné, souvent entendu comme un chant presque rituel parmi un certain segment d'Américains qui se présentent comme des "patriotes", est que "le Juif américain moyen est tout autant une victime de l'Empire Rothschild que n'importe quel autre Américain". Les "patriotes" ajoutent que "le juif américain moyen ne fait pas partie du problème". Si le juif américain moyen était mis au courant des intrigues des Rothschild, il deviendrait aussi indigné que tous les autres Américains qui comprennent la nature du problème".

Dans le même ordre d'idées, on entend souvent ces mêmes patriotes affirmer que "tous les Juifs ne soutiennent pas le sionisme". Ils ajoutent que "le sionisme n'est pas le judaïsme et que le judaïsme n'est pas le sionisme". Ces patriotes s'empressent de souligner qu'il existe des groupes de Juifs, tels que les Neturei Karta, qui s'opposent activement au sionisme.

Cependant, en ce qui concerne les Neturei Karta, le rabbin Joseph Telushkin - un publiciste très lu pour ce qui est reconnu comme "le" point de vue juif dans nos temps modernes - a dit ceci :

Les antisionistes citent souvent les Neturei Karta comme preuve que l'on peut s'opposer au droit à l'existence d'Israël sans être antisémite.

Toutefois, il est inutile d'invoquer les Neturei Karta pour prouver quoi que ce soit au sujet de la vie juive.

Ce petit groupe est aussi peu représentatif des opinions juives que les sectes de Virginie occidentale qui manipulent des serpents venimeux pendant les offices religieux le sont du christianisme.

Les Neturei Karta n'acceptent pas non plus l'affirmation antisioniste selon laquelle les Juifs ne sont qu'une religion et non un peuple.

En outre, ils croient au droit des Juifs sur la terre d'Israël et sont convaincus qu'un jour, Dieu enverra le Messie - sans doute vêtu de l'habit distinctif des Neturei Karta - pour y rétablir tous les Juifs.

Par ailleurs, de nombreux juifs américains qui ne sont pas membres de Neturei Karta ont critiqué ouvertement Israël et se sont opposés activement au sionisme, y compris plusieurs amis de longue date de cet auteur : 1) l'estimé Dr. Alfred Lilienthal (décédé à l'âge de 94 ans le 6 oct. 6 octobre 2008) ; 2) feu Haviv Schieber, l'un des pères fondateurs d'Israël et membre du mouvement Jabotinsky qui a donné naissance au réseau néo-conservateur en Amérique aujourd'hui ; 3) feu Jack Bernstein, auteur de l'ouvrage largement diffusé, *The Life of an American Jew in Racist Marxist Israel* ; et 4) Mark Lane, le premier critique du rapport de la commission Warren sur l'assassinat de John F. Kennedy et défenseur inébranlable des libertés civiles pour tous.

Tout cela étant dit, il est vrai que, dans l'ensemble, la plupart des Juifs américains - l'écrasante majorité d'entre eux - se sont laissés entraîner comme des moutons dans le camp du sionisme et soutiennent Israël, à tort ou à raison.

Dennis Praeger et son collègue, le rabbin Joseph Telushkin, sont deux écrivains juifs contemporains qui ont été obsédés par le sujet de l'"antisémitisme". Leur livre, *Why the Jews ? The Reason for Anti-Semitism* (réédité en 2003), ils affirment, entre autres, que l'affirmation des Juifs selon laquelle ils sont choisis par Dieu "pour accomplir la mission d'amener le monde à Dieu et à sa loi morale" est l'une des principales causes de l'antisémitisme.

En outre, ils ont déclaré que la *raison d'être* du judaïsme était de changer le monde pour le rendre meilleur et que cette tentative de changer le monde, "de défier les dieux, religieux ou séculiers, des sociétés qui les entourent, et de poser des exigences morales aux autres (même lorsque cela n'est pas fait expressément au nom du judaïsme) a toujours été une source de tension".

Il est intéressant de noter que Praeger et Telushkin reconnaissent que nombre de ces "exigences morales" imposées aux autres par les Juifs n'ont pas toujours été formulées "expressément au nom du judaïsme".

(On pourrait en conclure que les deux auteurs suggèrent que les Juifs ont utilisé des groupes de "façade" pour poursuivre leur programme : des groupes et des porte-parole qui ne sont pas juifs *en soi* mais qui défendent un programme juif. La suggestion selon laquelle les juifs ont imposé des "exigences morales" aux autres rappelle, d'une certaine manière, la référence du politicien allemand Adolf Stoecker, à une occasion, aux "prétentions d'importance" des juifs. Il a également rappelé ce qu'il a appelé le "degré d'intolérance [à l'égard des non-Juifs] qui sera bientôt insupportable", un phénomène constant, en particulier dans les écrits juifs). Praeger et Telushkin affirment également qu'il y a eu "une envie et une hostilité profondes parmi de nombreux non-Juifs" en raison du fait que, comme le proclament les deux auteurs, "les Juifs ont mené des vies de meilleure qualité que leurs voisins non-Juifs dans presque toutes les sociétés où ils ont vécu".

(Les deux publicistes juifs ne semblent pas être conscients du fait qu'une grande partie des critiques à l'encontre du peuple juif est née du fait que les Juifs ont été perçus par d'autres comme ayant exploité les non-Juifs et que cette exploitation a permis aux Juifs de vivre "une vie de meilleure qualité"). Une autre raison de l'antisémitisme, selon eux, est que d'autres s'opposaient à la façon dont les Juifs "vivaient selon leur ensemble de lois" et parce que "les Juifs affirmaient également leur propre identité nationale". Selon Praeger et Telushkin, cette affirmation de l'identité menaçait le nationalisme des autres. Ils ajoutent que "l'implication des Juifs dans l'illégitimité des dieux des autres a également été à l'origine de l'antisémitisme".

Ceci est intéressant dans la mesure où le chrétien moyen, en particulier en Amérique, croit généralement que le Dieu juif est aussi le Dieu chrétien, bien que, implicitement, les deux auteurs juifs admettent le contraire - un point qui peut déconcerter de nombreuses personnes qui ne comprennent tout simplement pas que le Dieu chrétien n'est absolument PAS le Dieu juif, en dépit des malentendus, de la désinformation - et de la désinformation parrainée par les juifs.

Les juifs, voyez-vous, veulent faire croire aux chrétiens qu'ils partagent le Dieu d'Israël avec les juifs, alors que, selon la vision juive réelle, rien ne pourrait être plus éloigné de la vérité. Et, en fait, le point de vue juif, au moins à cet égard, est tout à fait exact car, comme le savent les chrétiens avertis - et comme nous l'avons dit - le Dieu *chrétien* n'est PAS et n'a JAMAIS été le Dieu *juif*.

Il est intéressant de noter que les auteurs affirment également que le Juif est à la fois membre du peuple juif et de la religion juive "et ce depuis le début de l'histoire juive". Nier que la nation est une composante du judaïsme, écrivent-ils, est "aussi insoutenable que de nier que Dieu ou la Torah sont des composantes du judaïsme". Praeger et Telushkin affirment que "ceci est particulièrement évident aujourd'hui, puisque la nation juive est la seule composante du judaïsme à laquelle s'identifient à la fois les juifs religieux et les juifs laïques engagés".

Les auteurs ne commentent pas les affirmations fréquentes, parues dans des publications juives, selon lesquelles les Juifs sont génétiquement ou intellectuellement supérieurs aux non-Juifs. Les exemples les plus marquants sont l'article très remarqué d'avril 2007 "Le génie juif" de Charles Murray dans *Commentary*, la voix de l'American Jewish Committee, un essai similaire de *Commentary*, intitulé "Chosenness and Its Enemies", publié en décembre 2008, et l'article sans détour du 16 octobre 2005 (publié dans le magazine *New York*) intitulé "Les Juifs sont-ils plus intelligents ?"qui contenait une citation d'Abe Foxman, chef de la Ligue anti-diffamation, qui a déclaré : "S'il s'agit d'une condition génétique, ce n'est pas à nous d'y adhérer ou de la rejeter. C'est ce que c'est, et c'est ainsi que le biscuit génétique s'émiette".

L'auteur de ce dernier article a ajouté qu'elle avait décelé "une note de fierté" dans la voix de Foxman lorsqu'il réfléchissait à la prétendue supériorité intellectuelle des Juifs sur tous les autres, et ce de la part de quelqu'un - Foxman - qui proclame que sa mission est de combattre les théories du suprémacisme racial (en anglais).

Dans ces pages, nous verrons que de nombreux écrivains juifs éminents expriment sans détour la solidarité juive, l'exclusivité juive, le fait d'être choisi par les Juifs et même la supériorité et la suprématie juives.

George Bernard Shaw a dit un jour que ce n'était pas une coïncidence si les nazis, en promouvant ce qui a été décrit (mais pas nécessairement correctement) comme un thème de "supériorité raciale", faisaient écho à la doctrine juive d'un peuple "élu".

Dans la même veine, en 1971, *Religion in Life*, une revue méthodiste libérale, a déclaré :

> "Il n'est pas surprenant qu'Hitler se soit vengé de la race élue en décrétant que ce n'était pas la race juive, mais la race aryenne, qui était élue".

Cette affirmation du judaïsme et de l'identité juive, telle qu'elle est décrite par ces écrivains juifs - qui reflètent la vision juive moderne du monde - va à l'encontre du grand thème des bienfaiteurs qui espéraient faire entrer le peuple juif dans la communauté des nations et l'assimiler à chacune des nations dans lesquelles il vivait en tant que peuple.

Le comte Stanislas de Clermont-Tonnerre a exprimé ce point de vue humanitaire (que les Juifs, en tant que groupe, rejettent) lorsqu'il a déclaré en 1789 à l'Assemblée nationale française - lors du débat sur la question de savoir s'il fallait accorder aux Juifs l'égalité des droits - que "les Juifs doivent être privés de tout en tant que nation, mais se voir accorder tout en tant qu'individus... Il ne peut y avoir une nation dans une autre nation...".

Les défenseurs respectés des Juifs mentionnés ci-dessus, Praeger et Telushkin, déplorent que cette attitude à l'égard des Juifs ait été essentiellement la suivante : "Pour être égaux aux non-Juifs, les Juifs devaient abandonner leur identité nationale juive ; c'était le prix de l'émancipation. C'est ainsi que les Juifs rejettent l'assimilation et continuent d'insister sur le fait qu'ils sont le "peuple élu de Dieu", au-dessus de tous les autres.

Praeger et Telushkin ont abordé la question de savoir comment les Juifs américains réagiraient si une guerre éclatait entre l'État moderne d'Israël et les États-Unis. Ils affirment de manière extraordinaire que c'est un "fait" que "les démocraties ne se font pas la guerre" et que le seul moyen pour les États-Unis et Israël de se retrouver en guerre l'un contre l'autre ( ) serait que l'un ou l'autre pays "abandonne ses principes démocratiques et autres principes moraux". Cette affirmation est en soi intéressante dans la mesure où d'aucuns se demandent (à juste titre) si les deux pays suivent effectivement des "principes démocratiques et autres principes moraux".

Quoi qu'il en soit, Praeger et Telushkin affirment que si Israël et les États-Unis se retrouvaient en guerre, un individu - qu'il soit juif, chrétien ou athée - "serait obligé de suivre les préceptes de ses valeurs morales qui sont (ou devraient être) plus élevées que celles de tous les gouvernements. La loyauté envers un pays, quel qu'il soit, ne devrait jamais signifier le soutien des politiques de ce pays lorsqu'elles sont moralement mauvaises".

Dans un sens, il est donc possible, selon leur jugement (qui représente le courant principal de la pensée juive aujourd'hui), que les Juifs américains puissent s'opposer aux États-Unis s'ils pensent que les politiques américaines à l'égard d'Israël, dans certaines circonstances particulières, peuvent être "moralement mauvaises".

Si les sondages effectués au sein de la communauté juive américaine indiquent que certains trouvent à redire à de nombreuses actions d'Israël, tant au niveau national qu'international, nombre de ces mêmes personnes admettent, lorsqu'elles sont mises au pied du mur, qu'il leur serait difficile de prendre les armes contre Israël si ce dernier était perçu comme une menace quelconque pour les États-Unis.

Bien entendu, la réponse moyenne de la communauté juive organisée des États-Unis est de dire qu'il n'y aurait "jamais" de cas où Israël s'opposerait aux États-Unis car, après tout, malgré les différences occasionnelles entre les États-Unis et Israël - ou du moins c'est ce qu'ils disent -, Israël et les États-Unis sont des amis inébranlables. "Israël et les États-Unis ne font qu'un", entend-on souvent proclamer - peut-être avec un peu trop d'enthousiasme, comme s'ils n'y croyaient pas vraiment eux-mêmes.

Il s'agit là d'une hypothèse générale, bien sûr, comme pour suggérer qu'en aucun cas les États-Unis et Israël ne pourraient avoir un désaccord sérieux susceptible de nuire à la "relation spéciale" tant vantée entre les deux "alliés" présumés.

Dans l'ensemble, cela pose donc un problème lorsque l'on aborde la question de l'Empire Rothschild et de la puissance monétaire internationale, qui sont intimement liés, et la manière dont ils sont si étroitement liés à l'État d'Israël et au mouvement sioniste mondial, qui, en soi, dans la réalité moderne, va bien au-delà de l'État d'Israël.

Le sionisme, tel que nous l'avons compris, de manière générale, dans sa première incarnation officielle au tournant du 19e siècle, était censé être un mouvement visant à établir une patrie juive, mais il est allé bien au-delà.

Et aujourd'hui, quelles que soient les protestations, il n'en reste pas moins que les intérêts de l'État d'Israël sont liés aux préoccupations et aux intérêts culturels, politiques, financiers, religieux et philosophiques - voire émotionnels - de la communauté juive mondiale. Ils sont pratiquement inséparables.

Et lorsque la famille Rothschild s'est engagée en faveur du mouvement sioniste et de l'État d'Israël qui a émergé en Palestine, il s'est agi d'une évolution géopolitique majeure sur la scène mondiale. Avant cette époque, il y avait (comme nous l'avons noté plus haut) de nombreuses familles juives puissantes - y compris des membres clés de la famille Rothschild - qui n'étaient en fait guère favorables, voire opposées, au concept d'établissement d'un État juif où que ce soit.

Mais l'évolution de l'empire Rothschild en faveur d'un État juif a marqué un tournant décisif, qui n'a montré aucun signe d'affaiblissement. Ainsi, même si nous espérons (ou prétendons) que le peuple juif, aux États-Unis, par exemple, en particulier, serait prêt à soutenir toute initiative des États-Unis visant à retirer son soutien à Israël ou même à réduire les activités d'Israël au Moyen-Orient, même au nom de la préservation d'Israël face au danger, nous devons reconnaître que la communauté juive américaine dans son ensemble, par l'intermédiaire de ses dirigeants, s'est liée de la manière la plus stricte à la promotion des intérêts d'Israël.

En outre, nous devons tenir compte du fait qu'Israël, grâce en grande partie au patronage des États-Unis, par le biais de l'infusion annuelle de milliards de dollars des États-Unis, sans parler d'autres milliards de dollars fournis à Israël par l'Allemagne en guise de réparations pour "l'Holocauste", a émergé en soi comme une superpuissance sur la scène mondiale.

À lui seul, Israël est l'une des puissances nucléaires du monde, ce qui lui confère une position incontestée de force centrale non seulement au Moyen-Orient, mais aussi dans le monde entier. Les missiles nucléaires israéliens ne visent pas seulement Le Caire, Bagdad, Téhéran, Tripoli et Riyad. Israël a également des missiles dirigés vers Moscou, Rome, Berlin et Paris.

Ainsi, Israël - une création à l'origine du patronage de l'empire Rothschild - agit comme une force géopolitique et militaire prééminente dans l'arène mondiale. Et dans la mesure où le lobby israélien est devenu une force puissante aux États-Unis, totalement distincte de l'agenda juif général sur les questions intérieures, il n'en demeure pas moins qu'Israël est lui-même une extension, un autre tentacule, de la famille Rothschild et de son pouvoir monétaire international.

C'est vraiment étonnant quand on sait qu'Israël est une création entièrement artificielle, un État artificiel entièrement concocté qui n'a aucun fondement historique, malgré les nombreux mythes qui prétendent le contraire. (Pour une exploration de ce sujet peu compris, voir le puissant exposé de John Tiffany, "Ancient Israel : Myth vs. Reality" dans le numéro de mai/juin 2007 de *The Barnes Review*). Dans un contexte moderne, cependant, la création d'Israël en 1948 - et les intrigues qui l'entourent - remontent à la déclaration Balfour et, comme nous le verrons, à la tentative des Britanniques d'impliquer les États-Unis dans la guerre de l'Ancien Monde, connue sous le nom de Première Guerre mondiale.

La déclaration Balfour - datée du 2 novembre 1917 - rédigée par le ministre britannique des affaires étrangères Arthur James Balfour à l'intention de Lord Rothschild affirmait une "déclaration de sympathie avec les aspirations sionistes juives" et que le gouvernement britannique considérait "avec faveur l'établissement en Palestine d'un foyer national pour le peuple juif, et fera tout ce qui est en son pouvoir pour faciliter la réalisation de cet objectif".

En fait, la déclaration Balfour était la conséquence d'une intrigue internationale conçue spécifiquement dans le but d'impliquer les États-Unis dans la guerre en Europe entre la Grande-Bretagne et l'Allemagne. L'objectif était d'utiliser les puissants intérêts juifs aux États-Unis pour faire pression sur le président Woodrow Wilson afin qu'il fournisse le sang et le trésor américains à l'effort de guerre britannique. En échange de leur aide au nom de la Grande-Bretagne, les bellicistes juifs se sont vu promettre l'assistance de la Grande-Bretagne dans la création d'un État juif en Palestine.

Afin que personne ne croie qu'il s'agit d'une extraordinaire théorie du complot, il convient de noter qu'en 1936, dans une note alors confidentielle (rendue publique depuis longtemps) adressée à la Commission britannique sur la Palestine, James Malcolm, figure centrale dans les circonstances entourant la publication de la déclaration Balfour, a déclaré catégoriquement que le premier objet de la série d'événements ayant orchestré la déclaration

> "Il s'agissait d'obtenir l'influence considérable et nécessaire des Juifs, et en particulier des Juifs sionistes ou nationalistes, pour nous aider à faire entrer l'Amérique dans la guerre à l'époque la plus critique des hostilités."

Écrivant dans *Great Britain, the Jews and Palestine*, Samuel Landman - qui, *à l'époque des négociations menant à la déclaration Balfour, était secrétaire du dirigeant sioniste Chaïm Weizmann (et qui fut plus tard secrétaire de l'Organisation sioniste mondiale)* - a confirmé l'évaluation des circonstances faite par Malcolm en déclarant : *"Nous sommes en train d'élaborer un plan d'action pour la Palestine :*

Le seul moyen (qui s'est avéré être le bon) d'inciter le président américain à entrer en guerre était de s'assurer la coopération des juifs sionistes en leur promettant la Palestine, et ainsi d'enrôler et de mobiliser les forces jusqu'alors insoupçonnées des juifs sionistes en Amérique et ailleurs en faveur des Alliés sur la base d'un contrat "*quid pro quo*".

Qu'est-ce que tout cela signifie ? Les événements ultérieurs qui ont conduit à la Seconde Guerre mondiale - certainement - et à l'engagement ultérieur des États-Unis au Moyen-Orient peuvent être résumés de la même manière. En bref, le pouvoir juif a entraîné la perte de 53 000 vies américaines lors de la Première Guerre mondiale et de 292 131 autres lors de la Seconde Guerre mondiale - des guerres menées en grande partie, voire uniquement, pour les intérêts juifs.

Ceci étant dit, nous ne sommes pas ici pour avancer la thèse que *tous les* Juifs sont en phase avec les exigences de la puissance monétaire internationale, ni que tous les Juifs sont enclins à soutenir les exigences du lobby juif aux États-Unis (que ce soit en termes d'agenda, que ce soit au niveau national ou international), ni même que tous les Juifs en Israël font partie du problème.

Mais, inutile de le dire, il n'en reste pas moins qu'il existe un nombre substantiel d'organisations juives puissantes qui ont un impact majeur sur la formation de l'état d'esprit des "Juifs" et ici, en référence aux Juifs, nous nous référons aux Juifs en tant que peuple, et pas seulement à la puissance monétaire internationale qui est sous l'emprise de l'empire Rothschild, la famille royale de la juiverie internationale. Ces organisations ont des sections influentes qui opèrent dans toute l'Amérique et l'Occident. Elles comprennent non seulement l'ADL, l'American Jewish Congress et l'American Jewish Committee - sans parler du tristement célèbre American Israel Public Affairs Committee (AIPAC) - mais aussi beaucoup d'autres. Leur impact sur la pensée du plus grand nombre de juifs est énorme en termes de portée et de profondeur.

Il ne s'agit pas de suggérer que toutes ces organisations sont nécessairement en parfait accord les unes avec les autres. Ce n'est pas le cas. Il existe des divergences d'opinion sur toute une série de questions. Toutefois, dans l'ensemble, elles se préoccupent des besoins et des souhaits de la communauté juive dans son ensemble.

Mais en même temps, ils n'auraient pas leur pouvoir et leur influence s'ils n'étaient pas, en fin de compte, une partie intégrante du réseau de pouvoir international de la dynastie Rothschild, dans la mesure où celle-ci existe en tant que principale force financière gouvernant et dirigeant non seulement la communauté juive mondiale, mais aussi, par son influence dans les différents États-nations, les politiques mêmes de ces pays. Et aujourd'hui, plus particulièrement, et c'est triste à dire d'un point de vue américain, les États-Unis d'Amérique.

Les États-Unis d'Amérique sont, en effet, le principal rempart militaire et financier du Nouvel Ordre Mondial, le rêve juif d'un Imperium mondial. C'est la triste mais simple vérité.

Pendant de nombreuses années, tant de patriotes américains ont été obsédés par l'idée que les Nations Unies allaient être - et pourraient encore être (pensent-ils) - le mécanisme par lequel un Nouvel Ordre Mondial serait institué, mais comme nous l'avons noté, les Nations Unies ont été mises à l'écart. Les livres de l'auteur, *The High Priests of War, The Golem* et *The Judas Goats (Les grands prêtres de la guerre, Le Golem* et *Les boucs de Judas)*, ont abordé cette question de manière assez détaillée.

Il n'en reste pas moins que les États-Unis constituent le principal mécanisme de création d'un nouvel ordre mondial, une réalité inconfortable que l'on ne peut nier et qui place les patriotes américains dans une situation désolante. Et, à cet égard, c'est aussi un fait qui est bien connu des gens du monde entier qui comprennent (plus que la plupart des Américains) que le gouvernement américain est tenu captif par les médias de masse et ceux qui contrôlent ces médias : le pouvoir international de l'argent.

Les nations du monde entier et leurs dirigeants qui se sont opposés à la puissance internationale de l'argent ont été ciblés pour être détruits. Saddam Hussein d'Irak a été l'un des plus remarquables de ces dernières années.

Mais on ne peut nier - même si certains seront mal à l'aise avec cette affirmation - qu'Adolf Hitler lui-même a été, en fait, la première grande figure des temps modernes ciblée pour être détruite précisément en raison des politiques qu'il a cherché à mettre en place - des politiques économiques et sociales conçues pour diminuer le rôle de la finance juive internationale dans le contrôle et l'orientation de l'avenir de l'Allemagne et de l'Europe.

Il y aurait beaucoup à dire sur la situation en Allemagne avant l'ascension d'Hitler, mais il suffit de dire, une fois de plus, que la raison pour laquelle Hitler a été ciblé pour être détruit est qu'il affirmait la souveraineté nationale allemande face à la ploutocratie juive et à ce que l'on appelle aujourd'hui le Nouvel Ordre Mondial.

À cet égard, nous trouvons donc souvent dans les principaux médias audiovisuels et imprimés des références à des personnes et à des institutions qui ont été placées dans le rôle de démons et de méchants, qu'il s'agisse de personnalités nationalistes américaines telles que

Willis Carto et David Duke (ce dernier, dont les médias nous rappellent constamment qu'il est un "ancien dirigeant du Ku Klux Klan"), de personnes telles que le dirigeant musulman noir Louis Farrakhan de la Nation de l'Islam ou d'une foule d'autres personnalités - une poignée de politiciens, d'universitaires, de commentateurs et autres - qui sont ouvertement et régulièrement diffamées comme "antisémites" pour avoir osé critiquer Israël ou remettre en question l'agenda juif d'une manière ou d'une autre, même si cela est justifié, qui sont ouvertement et régulièrement traités d'"antisémites" pour avoir osé critiquer Israël ou remettre en question l'agenda juif de quelque manière que ce soit, même si c'est à juste titre.

Cependant, il y a une tournure intéressante à cela, car de nombreuses personnalités, aux États-Unis et ailleurs, ne sont pas nécessairement considérées comme des "antisémites" *en soi*, mais sont attaquées par les médias de masse - qui sont, en fait, essentiellement entre les mains de familles et d'intérêts financiers juifs - comme étant "antiaméricaines", voire traitées de "communistes" ou dénoncées comme étant sous l'emprise du dirigeant cubain Fidel Castro.

Nous nous référons spécifiquement, en premier lieu, à l'homme fort du Venezuela, Hugo Chavez, un nationaliste invétéré. Il a été la cible privilégiée des médias aux États-Unis.

Une autre cible est le dirigeant russe Vladimir Poutine. Les médias américains ont soulevé des questions au sujet de Poutine, suggérant qu'il était un retour au tsarisme ou au stalinisme ou une horrible combinaison moderne de ces deux éléments. Rarement, cependant, dans les médias à grand tirage - du moins au début - nous avons entendu dire ouvertement que Chavez ou Poutine pourraient être antijuifs ou - comme le terme est le plus couramment rendu - "antisémites". Mais ils ont été vilipendés comme de grands méchants.

Toutefois, il convient de noter ceci : dans des revues à petit tirage mais de grande influence qui circulent dans les cercles juifs, ainsi que dans des revues à orientation politique (ostensiblement "laïques") telles que le *Weekly Standard* pro-Israël de Rupert Murdoch, nous avons effectivement trouvé des accusations d'antisémitisme à l'encontre de Chavez et de Poutine.

Ce n'est que relativement récemment que le *Washington Post* a publié un commentaire bien en vue d'Abraham Foxman, directeur national de la Ligue anti-diffamation (ADL) du B'nai B'rith, dans lequel Foxman aborde spécifiquement ce qu'il appelle l'"antisémitisme" de Chavez.

Cependant, de telles rumeurs sur Chavez et Poutine (et bien d'autres) dans la presse juive étaient régulières et de longue date.

Le fait est que la manière dont les médias ont abordé cette question - ou ne l'ont pas abordée - est intéressante.

Pour la consommation *populaire*, des personnes telles que les dirigeants nationalistes de la trempe de Chavez et de Poutine (et l'Iranien Mahmoud Ahmadinejad) ont été présentées par les médias comme des méchants "anti-américains", mais on ne nous a pas dit la véritable raison *pour laquelle* ils ont été présentés ainsi : La raison est que tous ces dirigeants et leurs pays s'opposent au pouvoir et à l'influence juifs, à l'utopie juive, c'est-à-dire au Nouvel Ordre Mondial.

Nous nous en voudrions de ne pas mentionner l'ancien premier ministre de Malaisie, le Dr Mahathir Mohamad, qui n'a pas mâché ses mots et qui a été l'un des principaux critiques des tentatives des prédateurs internationaux de dicter les politiques de sa propre république. Le Dr. Mahathir a également essuyé des critiques en tant qu'"antisémite" pour avoir osé s'opposer à l'impérialisme sioniste.

En fait, le Dr Mahathir représente la pensée de nombreuses personnes, qu'il s'agisse de grands noms ou de personnes moins connues.

(Et je suis fier de dire que j'ai eu le plaisir de passer du temps avec le Dr Mahathir qui est, comme je l'ai dit à maintes reprises, à la fois un homme doux et un gentleman. Mon livre, *The Golem*, qui décrit en détail la volonté d'Israël d'atteindre la suprématie nucléaire, est en partie dédié à ce véritable leader de la cause de la paix dans le monde). Le cas d'un autre puissant homme d'État d'Asie du Sud-Est, Ferdinand Marcos, des Philippines, me vient également à l'esprit.

Et là, je peux apporter des informations de première main qui choqueront ceux qui préfèrent vénérer le mythe selon lequel les Juifs ne sont pas plus influents politiquement et financièrement que d'autres groupes sur notre planète aujourd'hui.

À la fin des années 1980, l'hebdomadaire populiste pour lequel j'étais correspondant, *The Spotlight*, a publié une série d'articles inquiétants expliquant comment les intérêts ploutocratiques internationaux - par l'intermédiaire de l'administration Reagan et de la CIA (et du Mossad israélien) - s'efforçaient de déloger Marcos de son poste de dirigeant des Philippines. La raison en était que Marcos refusait de se plier à l'élite ploutocratique et de se laisser dicter sa politique nationale par le pouvoir en place. En outre, Marcos contrôlait un énorme trésor en or que ces intérêts voulaient s'approprier.

En fait, comme l'a rapporté *The Spotlight*, l'immense richesse personnelle de Marcos était la conséquence du fait qu'il s'était procuré une partie substantielle d'un trésor d'or accumulé par les Japonais pendant la Seconde Guerre mondiale, alors que ces derniers pillaient les nations asiatiques ( ) qu'ils avaient conquises. En bref, la richesse de Marcos ne provient pas, contrairement à ce qu'affirment les médias "grand public", du détournement de l'argent du trésor public de son pays ou de l'aide étrangère des États-Unis aux Philippines.

Ferdinand Marcos a pris connaissance du reportage véridique de *The Spotlight* et de son correspondant en chef, Andrew St. George, et a invité ce dernier à lui rendre visite dans la maison de la famille Marcos en exil à Hawaï.

George a eu le plaisir de passer du temps avec la famille Marcos dans sa villa d'Honolulu, mais notre éditeur, Willis Carto, et moi-même, à d'autres occasions, avons fait de même.

En fait, j'ai passé toute une journée mémorable chez les Marcos, principalement en compagnie d'Imelda, qui est très charmante et que l'on appelait à juste titre "la plus belle femme d'Asie". Et bien que le président ait été très occupé, il a pris le temps de s'arrêter quelques minutes et m'a dit, de manière très explicite : "Merci pour tout le bon travail que fait *The Spotlight*. Nous l'avons beaucoup apprécié."

Et c'est pour cette raison qu'Imelda m'a dit - avec la plus grande franchise, mais de manière tout à fait décontractée et avec une certaine réflexion - que "tant que nous étions en bons termes avec le peuple juif de New York, tout allait bien pour nous".

Mais lorsqu'ils se sont retournés contre nous, tout s'est effondré".

C'est exactement ce qu'elle m'a dit ce jour d'avril 1987, alors que nous étions assises sur sa véranda surplombant le Pacifique et que nous partagions une boîte de chocolats.

Et je peux vous dire que même si je connaissais l'immense pouvoir de la communauté juive internationale, son commentaire m'a fait froid dans le dos.

Je ne plaisante pas.

L'une des personnes les plus riches et les plus puissantes de la planète me disait sans ambages que c'étaient les Juifs qui avaient provoqué la chute du régime Marcos.

Lorsqu'Imelda parlait du "peuple juif de New York", elle ne pensait pas aux rabbins du quartier des diamantaires, aux fourreurs de la Cinquième Avenue, aux bouchers orthodoxes de Brooklyn ou aux prêteurs sur gages de Harlem. Non, elle parlait des banques internationales de l'empire Rothschild.

Et il convient de souligner - à la lumière du scandale financier en cours qui fait des ravages dans le système américain - que *The Spotlight* a spécifiquement désigné Maurice "Hank" Greenberg, le désormais célèbre personnage à l'origine du géant de l'assurance AIG, comme l'un des principaux acteurs en coulisses de la conspiration visant à détruire la famille Marcos.

De même, ce n'est pas une coïncidence si le sioniste Paul Wolfowitz, qui s'est ensuite fait connaître comme l'un des "néo-conservateurs" de l'administration de George W. Bush, en poussant à la guerre contre l'Irak, a également été l'un de ceux qui ont agi de concert contre Ferdinand et Imelda Marcos.

Une dernière remarque sur Mme Marcos et sa fameuse "collection de chaussures".

Contrairement aux mensonges des médias contrôlés par les sionistes, la plupart des milliers de chaussures conservées dans ses célèbres placards du palais de Malacanang à Manille lui ont été offertes par l'industrie philippine de la chaussure. Elle me l'a dit elle-même. Il semble que pratiquement chaque fois qu'une entreprise de chaussures sortait une nouvelle ligne, elle envoyait à la première dame des échantillons de toutes les couleurs. Beaucoup de ces chaussures ne lui allaient même pas !

Mais il aurait été inconvenant, bien sûr, pour la première dame de la république d'être découverte en train de jeter les chaussures dans les poubelles du palais, et elles ont donc été mises de côté - seulement pour être découvertes lorsque le palais a été envahi après le *coup d'État* dirigé par la CIA et le Mossad qui a forcé la famille Marcos à l'exil et en a fait une *cause célèbre* sensationnelle par les médias du monde entier, qui ont utilisé ces mêmes chaussures comme "preuve" que les Marcos avaient détourné des millions, voire des milliards, du trésor public, alors que rien, comme nous l'avons vu, ne pourrait être plus éloigné de la vérité.

Et pour l'anecdote, le jour où j'ai rendu visite à Imelda, elle m'a fait remarquer en riant qu'elle portait une paire de sandales à 10 dollars qu'elle avait achetée dans une chaîne de magasins discount.

Ainsi, bien que la collection de chaussures désormais légendaire d'Imelda ait été connue de tous les hommes, femmes et enfants qui ont ouvert un journal ou un magazine dans le monde entier, qu'elle ait fait l'objet d'innombrables monologues comiques à la télévision et qu'elle ait été caricaturée dans des dessins animés pendant des semaines, des centaines de millions de personnes dans le monde entier ne savaient absolument rien de l'or qui était la véritable source de leur richesse.

Ainsi, en recourant au mensonge et à la désinformation, les médias américains ont fait de la famille Marcos un méchant, tout comme ils ont fait de tant d'autres personnes qui se sont opposées à l'élite juive, sous une forme ou sous une autre, au cours du siècle dernier, des méchants. C'est un fait de la vie politique que l'on ne peut nier, pas plus que l'on ne peut nier le rôle prééminent de l'influence juive dans les médias de masse aujourd'hui.

Ainsi, la manipulation par la presse de la perception publique des dirigeants étrangers aux États-Unis est savamment calculée et représente un agenda très réel qui est, en fait, l'agenda du sionisme international tel qu'il est entrelacé avec la puissance monétaire internationale : l'empire Rothschild et ses tentacules mondiaux, ce bloc de pouvoir auquel nous pouvons, en fait, nous référer correctement - comme on l'a fait tout au long des siècles - comme "les Juifs".

Le grand poète américain Ezra Pound, critique inébranlable des ploutocrates juifs, voire de tous les ploutocrates, a préfiguré la montée des dirigeants nationalistes tels que Ferdinand Marcos, Vladimir Poutine, Hugo Chavez, Mahmoud Ahmadinejad et le Dr Mahathir Mohamad lorsqu'il a écrit : "Certaines parties du monde préfèrent le contrôle local, leur propre pouvoir monétaire et leur propre crédit : Certaines parties du monde préfèrent le contrôle local, de leur propre pouvoir monétaire et de leur propre crédit. Il est peut-être déplorable (aux yeux de Wall Street et de Washington) que de telles aspirations à la liberté personnelle et nationale persistent, mais c'est ainsi.

Certains peuples, certaines nations, préfèrent leur propre administration à celle de Baruch et des Sassoon, et le problème est le suivant : combien de millions de Britanniques, de Russes et d'Américains du nord et du sud du continent américain, plus les Zoulous, les Basutos, les Hottentots, etc. et les races inférieures, dites inférieures, les gouvernements fantômes, les Maccabées et leurs séquelles, sont censés mourir dans la tentative d'écraser l'indépendance de l'Europe et du Japon ?

Pourquoi tous les hommes de moins de 40 ans devraient-ils mourir ou être mutilés pour soutenir une injustice flagrante, un monopole et une sale tentative d'étrangler et d'affamer 30 nations ?

Pound avait raison. Le concept de ploutocratie mondiale et le rôle prééminent de la puissance monétaire juive internationale sont des éléments qui influencent effectivement le cours des affaires mondiales.

Ce sont des sujets de discussion inconfortables, en particulier pour l'Américain moyen, qui a été conditionné par les médias à se méfier des questions relatives au peuple juif, sauf de la manière la plus positive qui soit. L'image des "terreurs d'Adolf Hitler" a été le sujet de cauchemars pour de nombreux Américains qui ont été informés à plusieurs reprises des souffrances du peuple juif, mais ces Américains ne sont pas conscients des nombreux événements qui ont conduit à l'ascension d'Hitler et des circonstances qui ont abouti au déracinement du peuple juif au cours de la Seconde Guerre mondiale.

Et il convient de souligner que des millions et des millions de personnes à travers l'Europe - des personnes de nombreuses nations et cultures - se sont ralliées aux politiques d'Hitler concernant le pouvoir de l'argent juif. Même l'historien juif Saul Friedlander, dans son ouvrage en deux volumes sur l'Holocauste, a noté le fait peu connu que de nombreux dirigeants et membres des mouvements de résistance antinazis dans diverses nations ont en fait approuvé les politiques d'Hitler à l'égard du pouvoir de l'argent juif, malgré le fait qu'ils s'opposaient toujours à l'occupation de leur pays par les troupes allemandes - un fait étonnant en effet.

Mais tout ceci n'est qu'un commentaire préliminaire (bien que nécessairement long) sur un sujet explosif qui doit être pleinement compris. Tout cela pour reconnaître la nature "controversée" de ce sujet sur lequel tant de choses ont été écrites et qui reste pourtant si ésotérique et mystérieux, en partie à cause des thèmes souvent insensés et farfelus sur le Nouvel Ordre Mondial qui émanent de "grands noms" et de "grandes bouches" dans les médias alternatifs, sur les radios Internet, et dans une multitude de vidéos idiotes et d'autres travaux qui ne parviennent pas à aborder la situation dans son ensemble.

Nous commençons donc notre étude des faits - et non des mythes - concernant l'Empire Rothschild et ce que constitue *réellement* le

Nouvel Ordre Mondial, en dépit des faussetés et de la désinformation largement répandues ...

À gauche, un timbre-poste israélien moderne en l'honneur du rabbin d'origine espagnole Moïse ben Maïmon, qui est aujourd'hui connu à la fois sous le nom de "Maïmonide" et de "Rambam". Au cours du XIIe siècle (le Moyen Âge), Maïmonide a essentiellement "popularisé" le Talmud et rendu ses enseignements philosophiques accessibles à l'ensemble de la civilisation juive. Il fait partie des philosophes qui ont contribué à institutionnaliser le Talmud en tant que force motrice de la pensée juive mondiale. Aucun étudiant sérieux du Nouvel Ordre Mondial ne peut contester le fait que ce que le Talmud et d'autres écrits juifs essentiels mettent en avant est précisément le concept qui est en train d'être mis en place aujourd'hui comme conséquence du pouvoir juif mondial entre les mains de l'Empire Rothschild.

Si l'empire Rothschild s'est d'abord opposé à la création d'un État juif, il est devenu le plus grand mécène du sionisme dès qu'il a reconnu les avantages d'un État juif stratégiquement placé en Palestine comme base pour les machinations mondiales. À ce titre, Edmond Rothschild est salué comme le "père d'Israël" et honoré aujourd'hui sur la monnaie israélienne.

CHAPITRE I

Le Talmud et les origines du Nouvel Ordre Mondial

Bien que les enseignements sacrés juifs connus sous le nom de Talmud - dont nous apprendrons beaucoup dans les pages qui suivent - soient la source principale de ce que nous appelons aujourd'hui le Nouvel Ordre Mondial, la vérité est que les enseignements de l'Ancien Testament démontrent, depuis le début, un thème juif constant selon lequel le monde appartient aux Juifs et que tous les autres sur la planète sont à la merci et à la fantaisie des intérêts juifs.

Deux citations du Deutéronome l'illustrent parfaitement :

Lorsque l'Éternel, ton Dieu, t'aura fait entrer dans le pays que tu vas pénétrer et occuper, et qu'il aura délogé devant toi de grandes nations..., lorsque l'Éternel, ton Dieu, les aura livrées à toi et que tu les auras vaincues, tu les condamneras.

Ne faites pas d'alliance avec eux et n'ayez pas de pitié pour eux...

Voici comment vous devez agir à leur égard : Détruisez leurs autels, brisez leurs colonnes sacrées, coupez leurs poteaux sacrés, et détruisez leurs idoles par le feu.

Car tu es un peuple sacré pour l'Éternel, ton Dieu ; il t'a choisi parmi toutes les nations de la face de la terre pour être un peuple qui lui appartienne en propre...

Vous dévorerez toutes les nations que l'Éternel, votre Dieu, vous livrera...

Mettez-les en déroute jusqu'à ce qu'ils soient anéantis.

Il livrera leurs rois entre tes mains, et tu feras disparaître leur nom de dessous les cieux.

Personne ne pourra s'opposer à vous tant que vous n'aurez pas mis fin à leurs agissements.

Deutéronome

Lorsque vous partez en guerre contre votre ennemi... offrez-lui d'abord des conditions de paix.

S'il accepte vos conditions de paix et vous ouvre ses portes, tous les habitants qui s'y trouveront vous serviront dans le cadre d'un travail forcé.

S'il refuse de faire la paix avec toi et t'offre la bataille, assiège-le, et quand l'Éternel, ton Dieu, l'aura livré entre tes mains, fais passer au fil de l'épée tous les mâles qui s'y trouveront ;

Mais vous prendrez comme butin les femmes, les enfants, le bétail et tout ce qui vaut la peine d'être pillé, et vous utiliserez ce butin de vos ennemis que l'Éternel, votre Dieu, vous a donné. C'est ainsi que vous agirez à l'égard de toute ville située à une grande distance de vous et qui n'appartient pas aux peuples de ce pays.

Mais dans les villes des nations que l'Éternel, ton Dieu, te donne en héritage, tu ne laisseras pas un seul homme en vie.

Vous devez tous les condamner...

Deutéronome

Des mots qui font froid dans le dos pour tout non-Juif. C'est pourtant ce que les Juifs de l'Antiquité et d'aujourd'hui considèrent comme la parole de leur Dieu. C'est donc à juste titre que Martin Luther lui-même a reconnu la nature vénale de tant d'attitudes juives à l'égard de "l'Autre". Il a écrit : "Le soleil n'a jamais brillé sur de telles attitudes : Le soleil n'a jamais brillé sur un peuple aussi assoiffé de sang et de vengeance. Aucun peuple sous le soleil n'est plus avide qu'eux, qu'ils l'ont été et qu'ils le seront toujours, comme on peut le voir à leur maudite usure. Ils se consolent en se disant que lorsque leur Messie viendra, il recueillera tout l'or et l'argent du monde et les partagera entre eux...

Comme les Juifs aiment le Livre d'Esther, qui convient si bien à leurs appétits et espoirs sanguinaires, vengeurs et meurtriers... Je conseille de brûler leurs synagogues. Ce qui ne sera pas brûlé sera recouvert de terre, de sorte que rien ne puisse être vu...

Il faut détruire tous les livres de prières et les exemplaires du Talmud, dans lesquels ils apprennent tant d'impiétés, de mensonges, de malédictions et de blasphèmes.

Les jeunes juifs et juives devraient recevoir un fléau, une houe, une hache, une bêche, une quenouille et un fuseau afin qu'ils puissent gagner leur pain à la sueur de leur front.

L'ouvrage provocateur de l'écrivain juif Samuel Roth, *Jews Must Live (Les Juifs doivent vivre)*, publié en 1934, aborde franchement le thème des notions juives d'"élu" et de "supériorité" qui ont été constamment inculquées dans la pensée du peuple juif tout au long de l'histoire.

> À partir du Seigneur Dieu d'Israël lui-même, ce sont les dirigeants successifs d'Israël qui, l'un après l'autre, ont rassemblé et guidé la carrière tragique des Juifs, tragique pour les Juifs et non moins tragique pour les nations voisines qui les ont subis.
>
> Mais nous devions être un peuple assez horrible au départ. Notre grand vice d'antan, comme celui d'aujourd'hui, est le parasitisme.
>
> Nous sommes un peuple de vautours, vivant du travail et de la bonne volonté du reste du monde. Mais, malgré nos défauts, nous n'aurions jamais fait autant de dégâts dans le monde si nous n'avions pas eu le génie du mal.
>
> Je reconnais notre parasitisme. Mais le parasitisme est une vertu aussi bien qu'un mal. Certains parasites germes sont essentiels à la circulation régulière du sang dans les artères d'un corps organique. Certains parasites sociaux, par la même dispensation, sont importants pour le fonctionnement du sang du corps politique.
>
> La honte d'Israël ne vient pas du fait que nous sommes les banquiers et les sages du monde. Elle vient plutôt de l'hypocrisie et de la cruauté stupéfiantes que nous imposent nos funestes dirigeants et que nous imposons au reste du monde.

Roth a décrit la nature des enseignements religieux juifs qui lui ont été transmis dans ses premières années :

> Ce que les Goyim [non-Juifs] avaient n'était qu'une possession temporaire que la stupide loi des Gentils tentait de rendre permanente. Les Juifs n'étaient-ils pas les élus de Dieu ?
>
> Dieu n'a-t-il pas voulu, dès le début, que toutes les bonnes choses du monde appartiennent à ses favoris ?
>
> Le juif devait s'en souvenir à tout moment.
>
> En particulier dans ses relations avec les Goyim. C'était pratiquement une obligation morale pour tout Juif consciencieux de tromper et d'escroquer les Goy chaque fois que c'était possible.

L'impression que cette disposition m'a laissée à l'époque était que le monde avait été créé par Dieu pour l'habitation et la prospérité d'Israël.

Le reste de la création - les vaches, les chevaux, les orties, les chênes, le fumier et les Goyim - a été placé là pour notre commodité, à nous les Juifs, ou pour nous gêner, selon la bonne humeur de Dieu pour le moment.

C'est alors que j'ai compris que l'attitude de Dieu à l'égard de ses élus était - et avait été pendant de nombreux siècles - une attitude de désapprobation sévère.

C'est la raison pour laquelle les Goyim avaient tout et nous pratiquement rien.

Si nous allions régulièrement à la synagogue les jours de sabbat, et en particulier le jour de Yom Kippour - le sabbat des sabbats - Dieu finirait par céder et par retirer des genoux grossiers des Goyim toutes les faveurs divines qui nous étaient réellement destinées.

Nous méprisions le Goy et nous détestions sa religion. Le Goy, d'après les histoires chantonnées aux oreilles des enfants, était et n'adorait qu'une créature disgracieuse appelée le *yoisel - et* une douzaine d'autres noms trop grossiers pour être répétés. Le *yoisel* avait été un être humain et un juif. Mais un jour, il avait perdu la tête et, dans cet état de confusion pitoyable, avait annoncé qu'il était le Seigneur Dieu lui-même.

Pour le prouver, il propose de survoler la population comme un ange.

À l'aide d'une page blasphématoirement extraite de l'Écriture Sainte et placée sous son bras en sueur, le *yoisel* survola les multitudes de Juifs dans les rues bondées de Jérusalem. Le spectacle qu'il offre est si impressionnant que même les Juifs les plus pieux se tournent vers lui.

Mais Rabbi Shammaï, furieux de l'impudence de cette créature démente et craignant une éventuelle crise religieuse sur terre, arracha deux feuilles des pages de l'Écriture Sainte et, les plaçant une sous chaque bras, vola encore plus haut que le *yoisel*, avec une seule page de l'Écriture Sainte comme force motrice. Il survola lui-même le *yoisel* et lui urina dessus.

Instantanément, le pouvoir du morceau d'Écriture Sainte du *yoisel* fut annulé et le *yoisel* tomba sur le sol au milieu des railleries et des moqueries des vrais croyants dans les rues de Jérusalem.

Roth décrit ce conte comme "une extraordinaire caricature du fondateur de la religion opposée". Et, bien sûr, le *Yoisel* de ce conte était Jésus-Christ.

La philosophie haineuse du Talmud juif - qui, comme nous le verrons, est le fondement principal du judaïsme d'aujourd'hui et certainement un guide virtuel pour l'objectif juif d'un imperium mondial - est quelque chose que peu de "goyim" connaissent. Mais ils devraient le savoir.

Auguste Rohling, professeur à l'université de Prague à la fin du XIXe siècle, étudiait l'hébreu et a rédigé une traduction du Talmud. Voici ce que Rohling a décrit comme étant la base du Talmud :

> 1) L'âme du Juif fait partie de Dieu lui-même ; les âmes des autres peuples viennent du Diable et ressemblent à celles des brutes ;
>
> 2) La domination sur les autres peuples est le droit des seuls Juifs ;
>
> 3) Dans l'attente de la venue du Messie, les Juifs vivent dans un état de guerre continuelle avec les autres peuples ;
>
> 4) Lorsque la victoire des Juifs sera acquise, les autres peuples accepteront la religion juive, mais les chrétiens n'auront pas ce privilège et seront exterminés parce qu'ils appartiennent au Diable.
>
> 5) Le Juif est la substance de Dieu ; le païen qui le frappe mérite la mort ;
>
> 6) Les non-Juifs sont créés pour servir les Juifs ;
>
> 7) Il est interdit à un Juif de faire preuve de pitié envers ses ennemis ;
>
> 8) Un juif peut être hypocrite vis-à-vis d'un non-juif ;
>
> 9) Il est permis de dépouiller un non-Juif ;
>
> 10) Si quelqu'un rend à un chrétien ce qu'il a perdu, Dieu ne lui pardonnera pas ;
>
> 11) Dieu a ordonné que le Juif prenne de l'usure au non-Juif pour le léser ;
>
> 12) Les meilleurs des non-Juifs doivent être exterminés ; la vie honnête d'un Gentil doit être l'objet de haine ;
>
> 13) Si un Juif peut tromper un païen en se faisant passer pour un non-Juif, il est autorisé à le faire.

En 1975, l'écrivain russe Valery Skurlatov, dans son ouvrage intitulé *"Sionisme et apartheid"*, a souligné les origines babyloniennes du

Talmud et sa thèse - qui est restée au cœur de la pensée juive jusqu'à aujourd'hui - du peuple élu de Dieu : La thèse du choix des Juifs par Dieu, exposée dans le Pentateuque biblique (la Torah), a été développée en détail au cours de la période d'activité juive, lorsque les commerçants et les intermédiaires se déplaçaient de la Palestine vers la Mésopotamie [Babylone] et l'Europe.

Dans la Diaspora [la dispersion des Juifs], l'ancienne élite juive devait maintenir une discipline stricte parmi "les siens".

C'est pourquoi le Talmud, dans la première moitié du premier millénaire, et le Shulchan Arukh, au XIVe siècle, les codes officiels de la période de la Diaspora, ont souligné l'"exclusivité" des Juifs, leur supériorité innée sur les Goyim, leur droit à la suprématie mondiale.

Pendant de nombreux siècles, la vie de la communauté juive a été régie de manière stricte et intransigeante par ces prescriptions du judaïsme talmudique qui exigent que chaque juif orthodoxe s'enrichisse tout simplement aux dépens des Goyim, et lui ont appris à faire preuve d'initiative personnelle dans les affaires et à être toujours conscient de son "statut élevé" par rapport aux Goyim.

Skurlatov a notamment souligné que les sionistes et les judaïsants cherchaient à induire en erreur l'opinion non juive dans le monde entier en insistant trop sur les différences ostensibles et en tentant de présenter le sionisme comme une doctrine purement politique et entièrement moderne, différente du judaïsme classique. "En fait, le judaïsme et le sionisme ont tous deux la même base socio-économique et donc un objectif commun : la domination du monde. Le judaïsme, a-t-il souligné, "contient sous une forme codée la stratégie, universelle dans les sociétés de classe, du "peuple élu". Seuls les "leurs" sont initiés à cette stratégie secrète". Le sionisme, dit-il, "proclame les tactiques les plus appropriées pour une période donnée".

L'écrivain et apologiste juif Bernard Lazare a qualifié le Talmud de "créateur de la nation juive et de moule de l'âme juive".

Et il a été noté que pour la grande majorité des juifs orthodoxes modernes, le Talmud a presque entièrement supplanté l'Ancien Testament que de nombreux chrétiens continuent de considérer comme le "livre saint" des juifs et des chrétiens.

L'analyste français Gabriel Malglaive, dont le livre *Juif ou Français ?* -publié en 1942, réfléchit au rôle de la religion juive et du talmudisme et à son impact sur la société. Malglaive écrit :

> "La religion juive a fait plus que transposer son idéal. Elle a fait d'une religion mystique une doctrine de domination matérielle et physique".

Le célèbre auteur juif Herman Wouk a écrit [dans *The Talmud : Heart's Blood of the Jewish Faith*] :

> Le Talmud est aujourd'hui encore le sang du cœur de la religion juive. Quelles que soient les lois, les coutumes ou les cérémonies que nous observons - que nous soyons orthodoxes, conservateurs, réformateurs ou simplement des sentimentalistes spasmodiques - nous suivons le Talmud. C'est notre droit commun.

Dans l'histoire, une partie du peuple juif s'est élevée contre le Talmud. Il s'agit des Karaïtes. La regrettée Elizabeth Dilling, l'une des grandes critiques américaines du talmudisme, a décrit l'histoire des Karaïtes dans son ouvrage classique, *The Jewish Religion : Its Influence Today* : Les Karaïtes sont apparus au 8ème siècle en Babylonie sous Anan pour tourmenter l'élément supérieur pharisien en méprisant le Talmud et en faisant de l'Ancien Testament l'autorité suprême.

Un flot de haine en fusion s'est donc retourné contre eux. Avec une véritable "fraternité" et "tolérance" talmudique, Anan est expulsé de Babylonie et fonde la secte karaïte à Jérusalem.

Plus tard, lorsque les quelques karaïtes restants ont été favorisés par le tsar de Russie, bien que classés comme "intouchables" par les talmudistes, ces derniers ont proposé de rejoindre les karaïtes pour obtenir l'immunité contre le mécontentement du tsar, mais les karaïtes les ont rejetés en les qualifiant d'hypocrites.

Mme Dilling a souligné que les karaïtes partageaient avec les chrétiens "les malédictions suprêmes" des talmudistes. Ce n'est pas une coïncidence si la "gloire" de Babylone est mentionnée dans le Talmud, note Mme Dilling. Ce que la Croix signifiait pour le christianisme, écrit-elle, "Babylone la Grande" le signifiait pour ce qu'elle appelle "le culte du talmudisme", c'est-à-dire le judaïsme tel que nous le connaissons aujourd'hui.

La Jewish Publication Society of America, l'une des institutions littéraires juives les plus réputées, a publié en 1946 un volume intitulé *The Pharisees : The Sociological Background of Their Faith*, écrit par Louis Finkelstein. Dans ce volume, il est dit en termes très clairs que

> "le pharisaïsme est devenu le talmudisme, le talmudisme est devenu le rabbinisme médiéval, et le rabbinisme médiéval est devenu le

rabbinisme moderne". Mais à travers ces changements de nom, l'adaptation inévitable des coutumes et l'ajustement de la loi, l'esprit de l'ancien pharisien survit inaltéré".

Selon l'historien juif Max Dimont (cité dans notre préface), qui écrit dans son ouvrage *Les Juifs, Dieu et l'histoire,* à la suite de ce que l'on appelle la "diaspora" - c'est-à-dire la dispersion des Juifs à travers le monde - les Juifs ont lutté pour éviter l'assimilation et l'absorption dans des cultures étrangères : "Les Juifs ont relevé ce défi en créant un code juridico-religieux - le Talmud - qui a servi de force unificatrice et de point de ralliement spirituel.

C'est ainsi qu'est née à Babylone, dit-il, "l'ère talmudique ... [au cours de laquelle] le Talmud a gouverné les Juifs de manière presque invisible pendant près de 1500 ans". Le Talmud, né de cette "capitale" de Babylone, a été l'instrument de la survie juive et a exercé une influence décisive sur le cours de l'histoire juive pendant 1 500 ans", explique Dimont dans *Juifs, Dieu et Histoire.*

Le talmudisme a accompli trois choses :

Elle a changé la nature de Jéhovah. Elle a changé la nature du Juif et l'idée juive du gouvernement. La Bible avait créé le Juif nationaliste ; le Talmud a donné naissance au Juif universellement adaptable, lui fournissant un cadre invisible pour le gouvernement de l'homme.

Ce sont là des mots remarquables : "un cadre invisible pour la gouvernance de l'homme". Non pas un cadre "visible", mais un cadre "invisible", qui opère dans les coulisses. Et non pas un cadre pour la gouvernance des Juifs, mais plutôt un cadre pour la gouvernance de "l'homme" - un cadre invisible de surcroît, qui ne permet pas d'étudier ou de comprendre "l'Autre", les Goyim, les non-Juifs !

Dimont a déclaré que le Talmud de Babylone a modifié ou réinterprété la loi mosaïque de la même manière que les Américains modifient ou réinterprètent la Constitution pour faire face à de nouveaux problèmes. Au lieu de faire entrer les nouveaux défis dans les schémas du passé, les Juifs ont façonné de nouveaux schémas pour les adapter aux nouvelles circonstances".

Les Pharisiens, note Dimont, ont été les grands "défenseurs" de ces nouvelles interprétations que nous connaissons aujourd'hui sous le nom de Talmud.

Le Talmud, a déclaré M. Dimont, "avait pour fonction de cimenter les Juifs en un corps religieux unifié et une communauté civique cohésive". Il a ajouté :

> "Le Talmud a traversé l'histoire juive : Tout au long de l'histoire juive, le Talmud a dû fournir de nouvelles interprétations religieuses pour s'adapter à l'évolution des conditions de vie, ainsi que de nouveaux cadres de gouvernement en expansion, à mesure que les anciens empires s'effondraient et que de jeunes États apparaissaient."

Au fur et à mesure de l'expansion du monde juif, le cadre de la pensée et de l'activité talmudiques a dû s'élargir afin d'être présent au bon moment et d'apporter les bonnes solutions pour assurer la survie des idéaux juifs.

Nous pourrions noter que cela est similaire à la manière dont, au milieu du 20ème siècle, le trotskisme juif - l'Internationale communiste - une manifestation moderne du talmudisme - s'est adapté au point qu'aujourd'hui, au tout début du 21ème siècle, nous avons vu les trotskistes se transformer en "conservateurs", dans ce cas précis, en "néo-conservateurs".

Dimont a également noté que *dès les premiers jours de leur exil à Babylone*, les Juifs occupaient de hautes fonctions gouvernementales à Babylone :

> Pendant tous ces siècles, le concept talmudique de gouvernement a connu une évolution parallèle à celle du concept de Jéhovah. Les prophètes ont transformé Jéhovah, qui était un Dieu juif, en un Dieu universel. Les talmudistes ont transformé le concept juif de gouvernement destiné exclusivement aux juifs en idées applicables au gouvernement universel de l'homme.

Les prophètes ont conçu le judaïsme comme contenant des commandements spécifiques pour les Juifs et des principes généraux pour l'ensemble du peuple.

Les talmudistes ont élaboré des lois qui permettaient au juif de continuer à être non seulement un juif, mais aussi un homme universel.

Pour les talmudistes, les Juifs de tous les pays symbolisaient la division de l'humanité en nationalités. Des lois devaient être formulées pour répondre aux besoins particuliers de chaque entité nationale, et des lois devaient être formulées pour permettre à toutes les nations de vivre ensemble au sein d'une nation humaine unie.

Les concepts universels de gouvernement du Talmud sont devenus la chair des rêves d'Isaïe sur la fraternité des hommes.

Il est intéressant de noter que Dimont a souligné que "tant qu'il existait des empires forts et unifiés, le Talmud pouvait fonctionner à l'échelle universelle". Il ajoute cependant que lorsque les empires du monde ont commencé à s'effondrer, l'influence universelle du Talmud a été réduite à néant. Par essence, *le Talmudisme prospère sous l'Empire et l'Impérialisme*. Et c'est encore le cas aujourd'hui.

Maïmonide - nom sous lequel le rabbin Moïse ben Maïmon (qui a vécu de 1135 à 1204) est généralement connu - est le philosophe juif qui a fourni ce que Dimont a rappelé comme "le Talmud le plus complet mais simplifié, modernisé, abrégé et indexé que tout homme alphabétisé peut utiliser comme livre de référence". Ce volume de Maïmonide était connu sous le nom de *Mishneh Torah, la* "seconde Torah".

Cependant, plus tard, un juif d'origine espagnole, Joseph Caro, qui a vécu de 1488 à 1575 et qui s'est ensuite installé en Palestine, où il a créé un centre de formation religieuse, a écrit ce qu'il a appelé le *Shulchan Aruch* (qui se traduit par "La table préparée"). Il s'agissait, comme le dit Dimont, d'une nouvelle "édition du Talmud pour tout le monde ... une table de poche qui aurait le dernier mot sur tout". Cette codification du Talmud est ce qui reste essentiellement la version "populaire" du Talmud aujourd'hui - toujours un guide (et un aperçu) de la philosophie juive derrière la volonté de dominer le monde.

L'autre ouvrage majeur de Max Dimont, *The Indestructible Jews*, publié en 1971 (et également cité dans notre chapitre précédent), est une exposition franche du concept de suprématie juive. Dans cet ouvrage, il affirme :

> "L'histoire juive est constituée d'une série unique d'événements - accidentels ou intentionnels - qui ont eu pour effet pratique de préserver les Juifs en tant que Juifs dans un "exil" pour accomplir leur mission avouée d'inaugurer une fraternité humaine.
>
> Que cette mission ait été initiée par Dieu ou attribuée rétroactivement à Dieu par les Juifs eux-mêmes, cela ne modifie en rien notre thèse d'une destinée manifeste juive.
>
> Nous soutenons que cet exil n'est pas une punition pour les péchés, mais un facteur clé de la survie des Juifs. Au lieu de condamner les Juifs à l'extinction, il les a conduits à la liberté."

L'affirmation de Dimont selon laquelle les Juifs ont continué à survivre malgré la destruction des sociétés dans lesquelles ils vivaient est tout à fait remarquable : Après que le flux d'une civilisation a atteint son point culminant, nous la voyons lentement refluer et finalement sombrer dans les profondeurs de l'oubli historique. Et nous voyons les Juifs de cette civilisation sombrer avec elle. Mais alors que chaque civilisation engloutie reste submergée, les Juifs émergent à maintes reprises d'une situation apparemment fatale, montant sur la crête d'une nouvelle civilisation qui s'installe là où l'ancienne avait coulé.

Les Juifs font leur première apparition dans l'histoire dans le monde babylonien vers 2000 av. Lorsque l'État babylonien disparaît, les Juifs font leur entrée dans l'Empire perse. Lorsque le monde perse se désintègre, ils annoncent leur entrée dans le salon hellénique . Lorsque Rome "conquiert" le monde, ils s'installent en Europe occidentale, aidant les Romains à porter la bannière de l'entreprise commerciale dans la Gaule barbare. Lorsque l'étoile de l'Islam se lève, les Juifs s'élèvent avec elle vers un âge d'or de créativité intellectuelle. Lorsque le féodalisme s'installe en Europe, ils deviennent ses banquiers et ses savants. Et lorsque l'ère moderne s'installe, ils font partie de l'équipe d'architectes et la façonnent.

Bien que le chrétien moyen, en particulier en Amérique, suppose que les Juifs, en tant que "peuple du livre saint", croient que leur destin est entre les mains de Dieu, Max Dimont a une autre approche ; ou plutôt, il soulève des questions intéressantes.

Se référant aux événements tels qu'il les a décrits, Dimont demande "qui a rédigé un tel plan" pour le cours de l'histoire juive et son implication dans les différentes grandes civilisations - dont aucune, d'ailleurs, n'a été créée par les Juifs eux-mêmes, mais dans lesquelles ils ont souvent joué un rôle destructeur.

En réponse à sa propre question de savoir "qui" a rédigé un tel plan, Dimont répond par une question de son cru : "Dieu ? Ou les Juifs eux-mêmes ? Un cynique pourrait penser que Dimont place les Juifs avant Dieu lui-même !

Dimont semble s'opposer à l'idée que les Juifs, en tant que peuple, ont évolué au fil du temps. Nombreux sont ceux qui, aujourd'hui, répondent aux critiques du livre de lois juif, le Talmud - qui est au cœur du judaïsme aujourd'hui comme il l'a été depuis l'époque où le Talmud est apparu pendant l'exil des Juifs à Babylone - en affirmant que le Talmud ne représente plus le peuple juif ou sa pensée, que la pensée juive a évolué, que les choses désagréables contenues dans le Talmud à propos du Christ et des chrétiens, par exemple, ne représentent pas vraiment l'état d'esprit des Juifs.

Cependant, Dimont écrit :

> "Les Juifs d'aujourd'hui appartiennent toujours à la même "culture" et au même peuple que les Juifs d'hier. Ils représentent un continuum d'idées qui s'étend de manière ininterrompue quatre mille ans en arrière, jusqu'à Abraham".

La thèse de Dimont est que

> "l'histoire juive consiste en un assaut d'idées qui ont renversé des empires et inauguré un nouveau mode de pensée".

Notez maintenant que le commun des mortels, lorsqu'il est confronté à l'histoire de la Seconde Guerre mondiale et à cette série d'événements généralement décrits comme "l'Holocauste", dirait que la Seconde Guerre mondiale a été une grande calamité pour les Juifs, car les enseignements habituels sur cette époque - dont une grande partie provient d'auteurs juifs s'adressant à des publics populaires (qui sont évidemment en grande partie non juifs) - insistent en effet sur le fait que la Seconde Guerre mondiale a été une tragédie extraordinaire pour les Juifs.

Cependant, le philosophe juif Max Dimont a une vision intéressante de tout cela. Il a écrit : "Le cycle de la chance de l'Europe s'est achevé sur le site et les WASP ne dirigent plus le monde". Il s'est demandé si la Seconde Guerre mondiale n'était pas, en fait, une victoire à la Pyrrhus pour l'Occident, suggérant, dans une prose apparemment pleine d'espoir, que les jours de la civilisation occidentale étaient sur le déclin, que les jours de la civilisation occidentale étaient comptés.

En revanche, pour les Juifs, Dimont a salué la Seconde Guerre mondiale comme "un tournant décisif". En conséquence de la Seconde Guerre mondiale, écrit-il, "les Juifs ont maintenant des avant-postes de la diaspora sur tous les continents, à des positions stratégiques, pour accomplir le troisième acte de leur destinée manifeste".

La vision judéo-centrique (et même judéo-suprémaciste) de Dimont n'est nulle part plus évidente que dans son chapitre sur "La révolution sioniste" qui, selon Dimont, fait partie intégrante de l'ensemble du plan juif pour l'établissement d'un nouvel ordre mondial fondé sur des principes juifs.

Parlant de la naissance d'Israël en tant qu'État-nation en 1948, M. Dimont a écrit : C'est le seul pays né au lendemain de la Seconde Guerre mondiale qui, sans asservir d'autres nations, sans exploiter une partie de sa propre population ou sans lier son destin à une puissance extérieure, a réussi à garantir un niveau de vie, de liberté et de droit comparable à celui de la nation occidentale la plus avancée.

Comment tout cela a-t-il pu être réalisé en si peu de temps, en moins d'une génération ?

Comment ce petit pays, ravagé, dénudé et spolié pendant deux mille ans par les Romains, les Byzantins, les Sassanides, les Arabes, les Croisés, les Mamelouks, les Turcs et les Anglais, a-t-il pu se hisser du servage à l'indépendance, de la mendicité à la richesse, de la pauvreté culturelle à l'éminence intellectuelle en l'espace de cinq courtes décennies ... ?

D'où vient le capital nécessaire pour payer les installations industrielles, le niveau de vie élevé et les activités culturelles ?

Dimont s'exprime longuement de cette manière grandiose, sans jamais reconnaître le fait que ce pays (Israël), né au lendemain de la Seconde Guerre mondiale, a en fait asservi d'autres nations avant d'obtenir son statut d'État. Nous faisons référence, bien sûr, aux Palestiniens chrétiens et aux Palestiniens musulmans. Nous faisons également référence au peuple allemand dont l'avenir en tant qu'État-nation semble (du moins à ce stade) être à jamais lié à l'État d'Israël en raison du fait que le peuple allemand a été opprimé, qu'il a été réduit en esclavage, par le biais des milliards de dollars de "réparations" annuelles qui sont prélevés sur le peuple allemand et versés à Israël.

Dimont affirme que le peuple juif d'Israël n'a pas exploité une partie de sa propre population.

Ce n'est pas le cas.

L'histoire montre le contraire.

Nous constatons que les groupes terroristes juifs ont commis des actes de terreur à l'encontre de leurs concitoyens juifs dans le cadre des efforts déployés pour établir l'État juif en Palestine.

En outre, il ne faut pas oublier qu'après la création de l'État d'Israël, des terroristes juifs envoyés par le gouvernement israélien dans les pays arabes ont commis des crimes de terrorisme contre ces populations juives afin d'effrayer ces populations et de les convaincre (faussement) qu'elles subissaient ces attaques de la part de leurs gouverneurs arabes afin de les forcer à quitter ces pays et à s'installer en Palestine occupée, alors connue sous le nom d'"Israël".

Donc, oui, les Juifs ont exploité des segments de leur propre peuple.

Et puis, bien sûr, Dimont dit qu'Israël n'a pas lié son destin à une puissance extérieure. Rien n'est plus faux.

Nous avons déjà évoqué la dépendance des Juifs à l'égard des réparations allemandes. Mais cela ne s'arrête pas là. L'État d'Israël s'est très largement appuyé, à l'époque, sur la France et la Chine rouge pour développer son arsenal d'armes nucléaires de destruction massive qui constitue, depuis le début, la pierre angulaire de toute la stratégie géopolitique et de défense nationale d'Israël, le fondement de son grand dessein d'expansion de son influence - jusqu'à ses frontières mêmes - dans la région et, d'une manière générale, sur toute la planète.

Et maintenant, bien sûr, il y a la fameuse "relation spéciale" entre les États-Unis et Israël qui est devenue centrale dans le cours des affaires mondiales et, comme nous le savons, cette relation spéciale est la conséquence directe de la montée de l'influence juive sioniste en Amérique, en conjonction, également, avec la spirale ascendante de la puissance monétaire internationale et sa mainmise sur les médias de masse en Amérique.

Israël reçoit des milliards de dollars des États-Unis sous forme de subventions et de prêts directs, dont les détails sont stupéfiants.

À la lumière de tout cela, nous devons franchement nous moquer de la question de M. Dimont concernant l'origine des capitaux qui ont financé le développement interne massif de l'État d'Israël, cette "floraison dans le désert", comme on l'appelle si souvent. Combien de billions de dollars de capitaux américains ont-ils permis de cultiver cette fleur ?

Pourtant, l'audace de Dimont, son hypocrisie - appelez-la "chutzpah", si vous voulez - reflète, en fait, l'attitude même qui a toujours dicté l'attitude juive envers le reste du monde : ceux qu'ils appellent "l'Autre", "les Gentils", "les Goyim" - les non-humains, le bétail, les instruments de Satan.

En fait, Israël n'a atteint la richesse que par la mendicité, ce qui en fait certainement le mendiant le plus riche de la planète.

Si seulement les mendiants sans-abri dans les rues de Washington, DC - la capitale américaine d'où s'écoulent les billions de dollars des impôts américains versés dans les coffres d'Israël - pouvaient faire aussi bien. Si seulement les 5000 vétérans de guerre américains sans abri vivant dans les rues de Washington pouvaient faire aussi bien.

L'étonnante vérité sur Israël - en tant qu'État, en tant qu'entité, en tant qu'être économique - est que, comme l'a écrit le Dr Norman Cantor dans son livre de 1994, *The Sacred Chain* (publié par HarperCollins), "*le fait est que l'économie juive en* Israël, depuis la première décennie du siècle jusqu'à aujourd'hui, n'a jamais été viable" : Le fait est que l'économie juive en Israël, depuis la première décennie du siècle jusqu'à aujourd'hui, n'a jamais été viable. Les Juifs de Sion n'ont jamais pu subvenir à leurs besoins. Le bilan a toujours été négatif. Ils n'ont survécu qu'en couvrant leurs déficits grâce à l'aide étrangère - la charité juive abondamment attribuée de l'étranger et, depuis 1970 environ, l'importante aide gouvernementale américaine.

[Israël] est un pays où chaque centimètre carré de son sol ancien est vénéré et où les découvertes archéologiques sont saluées par une célébration nationale, mais qui traite son écologie fragile avec une insouciance qui étonne un Américain ou un Canadien. Il ne contrôle pas les émissions polluantes de ses automobiles et rejette des eaux usées brutes dans la Méditerranée, souillant ainsi ses propres plages.

Le pire pour Israël dans les années 1980 et au début des années 1990, c'est qu'il s'est laissé aller à une dépendance totale à l'égard de l'aide du gouvernement américain, tant à des fins militaires que civiles...

Si l'on tient compte du fait que les organisations caritatives juives à l'étranger fournissent chaque année une somme similaire, Israël doit être reconnu comme une nation gravement débitrice, un pays colonial, incapable de subvenir à ses besoins et habitué avec avidité et insouciance à vivre de l'argent d'autrui.

[Israël] s'est enivré, non pas comme nombre de ses ancêtres désargentés, de religion mystique, mais de glamour militaire et d'images triomphalistes, un état d'esprit dangereux et autodestructeur dans un monde sobre et compétitif à la fin du 20e siècle.

Étonnamment, Dimont - le philosophe juif - a suggéré que la Chine communiste "idéologiquement" pourrait être une "civilisation fertile" pour l'agenda juif mondial, pour les Juifs vivant dans la "diaspora" (c'est-à-dire en dehors de l'État d'Israël).

La raison en est que les Chinois étaient, selon Dimont, "encore plus judaïsés que les puritains de l'Amérique coloniale".

Dimont a déclaré que "même si les Chinois ne se réclament pas d'un héritage juif, même s'ils ne distinguent pas un juif d'un chrétien, leur idéologie est davantage "d'origine juive" que celle de la civilisation occidentale", ajoutant : "Les nouvelles civilisations naissent de la combinaison d'une nouvelle religion mondiale, d'une nouvelle conception de la nature et d'une nouvelle vision de l'homme : Selon les métahistoriens, les nouvelles civilisations naissent de la combinaison d'une nouvelle religion mondiale, d'un nouveau concept de la nature et d'une nouvelle vision de l'homme. En Chine aujourd'hui, les influences du confucianisme, du bouddhisme et du taoïsme ( ) sont remplacées par une nouvelle pensée religieuse, scientifique et psychologique. Tout comme la Bible est l'idéologie qui motive le milliard de chrétiens dans le monde, *Das Kapital* est l'idéologie qui motive le milliard de Chinois dans le monde. La "religion" de la Chine est la doctrine économique d'un juif, Karl Marx. Sa science est la physique théorique d'un juif, Albert Einstein. Sa psychologie est celle d'un juif, Sigmund Freud.

Le fait que Dimont présente l'État communiste totalitaire de Chine dans les années 1960 comme étant, à toutes fins utiles, le reflet de la culture juive à son meilleur, à son apogée, est révélateur et révélateur.

Dimont a déclaré que "selon les précédents [...] les centres de diaspora semblent prendre vie dans des civilisations qui sont dans leur phase de printemps, d'été ou d'automne, et non dans leur phase d'hiver". Il a ajouté que

> "le judaïsme pourrait jouer un rôle dans le développement d'une religion universelle et d'une diaspora universelle pour un citoyen du nouveau monde".

> "Si l'ère spatiale devait rendre l'État national obsolète, affirme M. Dimont, nous pouvons prévoir la formation de nouveaux agrégats plus significatifs pour lesquels la diaspora a déjà établi un modèle."

M. Dimont a poursuivi en affirmant que "la mode est toujours de dénigrer le judaïsme parce qu'il n'est le credo que de 12 millions d'âmes", mais il a rétorqué que l'histoire ne jugeait pas "par la quantité mais par la qualité".

Les grandes idées, a-t-il dit, sont généralement méprisées au début, ce qui revient à dire implicitement que le judaïsme est l'une de ces "grandes idées".

Pourtant, d'un autre côté, Dimont a affirmé :

"Toutes les grandes religions qui ont conquis les mondes s'effondrent aujourd'hui. L'épée de Constantin et le cimeterre de Mohamad sont passés à Marx. Aujourd'hui, les 200 millions de Slaves de Russie professent cette nouvelle foi ; la Chine rouge s'est convertie au cycle comme Charlemagne à la croix ; les millions de Noirs d'Afrique sont en train de l'acquérir. Des centaines de millions de musulmans, d'hindous et de bouddhistes hésitent entre leur ancienne foi et ce credo actuel."

De toute évidence, il percevait le judaïsme comme LA grande idée - autrefois tenue en mépris - qui finirait par conquérir le monde dans le sillage des autres grandes religions qui s'effondraient alors qu'il se vantait de l'imminence de l'apogée juive. "Le pendule, disait Dimont, était en train de passer d'un scientisme vide à un humanisme prophétique, car le marxisme est un credo économique et non un évangile spirituel.

Le reste de la planète se mettait en place, adoptant (espérait-il) les idéaux juifs. Tous les peuples luttaient contre leurs propres faiblesses et allaient inévitablement devenir prêts à être guidés par l'Imperium juif mondial, dont Dimont assurait à ses lecteurs qu'il était un *fait accompli* : voyez les païens d'Afrique, catapultés de l'âge de pierre à l'âge atomique du XXe siècle, déconcertés par la perte de leur tribu et de leur foi. Voici le demi-milliard d'âmes de l'Inde à la recherche d'une religion qui ne les noie pas dans la mythologie et ne les étouffe pas dans le matérialisme. Voyez les Chinois, un peuple spirituellement sensible, soudainement privé de religion. Voyez les Russes, à qui l'on a enseigné l'athéisme pendant un demi-siècle, mais qui sont toujours à la recherche d'une religion qui satisfera leur besoin spirituel. Et voici le monde chrétien lui-même, qui proclame que "Dieu est mort", mais qui cherche de nouvelles valeurs.

Les peuples du monde d'aujourd'hui sont-ils prêts à embrasser le judaïsme comme les païens de l'Empire romain étaient prêts à accepter le christianisme ? Le judaïsme peut-il s'engouffrer dans la brèche cruciale en cette période de richesse matérialiste et de désintégration de l'esprit ? Ce minuscule groupe ethnique amorphe connu sous le nom de Juifs peut-il réaliser ce que tous les grands "ismes" ont été incapables de faire ?

Le rationalisme, le communisme, le nazisme ou le racisme sont-ils plus prometteurs que l'éthique du judaïsme ? L'Ancien Testament ne s'est-il pas montré supérieur aux philosophies de Platon, Hagel ou Kant ?

Nous sentons-nous plus en sécurité avec le doigt du scientifique ou le doigt de Dieu sur la gâchette de la bombe à hydrogène ?

Le destin des juifs dans le troisième acte sera-t-il de faire du prosélytisme sur l'aspect universel de leur foi à un monde diasporique malade de son âme scientifique, prêt, peut-être, enfin, à accepter leur message prophétique ? Est-il possible que le christianisme, le mahométanisme, le communisme n'aient été que des tremplins pour permettre à l'homme diasporique de passer plus facilement à un judaïsme universel ?

Tout comme le christianisme est un tremplin religieux juif pour une fraternité spirituelle, le marxisme peut être un tremplin séculier juif pour une fraternité sociale.

"À la fin du premier acte, affirmait Dimont, Jésus a proclamé une fraternité religieuse de l'homme au ciel. À la fin du deuxième acte, Marx a proclamé une fraternité économique pour les hommes sur Terre. Qu'est-ce qui sera proclamé à la fin du troisième acte ?" a demandé Dimont.

Le Jésus chrétien réapparaîtra-t-il comme le promettent les Évangiles, ou un messie juif comme le promettent les prophètes ? Et si les deux prédictions se réalisent ? S'agira-t-il de deux messies différents ou d'un seul et même messie ? On dit que l'homme choisit un héros pour le sauver mais que Dieu choisit un peuple pour sauver l'humanité. Les chrétiens ont choisi Jésus comme héros pour les sauver. Dieu a-t-il choisi les Juifs pour sauver l'homme ?

Dans le troisième acte, l'homme lui-même sera confronté à un choix existentialiste : doit-il choisir le paradis chrétien au Ciel, avec Jésus vengeur revenant pour mettre fin à l'humanité par un jugement dernier, ou doit-il choisir le paradis juif sur Terre, apporté par un concept messianique de fraternité ?

C'est étonnant, c'est le moins qu'on puisse dire.

Quelle est donc la fonction de l'État d'Israël lui-même, selon M. Dimont ? "En fin de compte, la force de motivation du sionisme était l'existence du messianisme, la mystique des prophètes.

Dimont a cité le père fondateur d'Israël, David Ben-Gourion, qui a déclaré : "Ma conception de l'idée messianique n'est pas métaphysique mais socioculturelle ... Je crois en notre supériorité morale et intellectuelle, en notre capacité à servir de modèle pour la rédemption de la race humaine ... La gloire de la Présence divine est en nous, dans nos cœurs et non pas à l'extérieur de nous".

Selon Dimont, les chrétiens sont incapables d'accomplir la tâche assignée à l'homme par Dieu et s'en déchargent sur Dieu par l'intermédiaire de Jésus. Dans le judaïsme, l'homme est prêt à travailler pour accomplir la mission de Dieu, même si le travail semble parfois désespéré et absurde.

Encore une fois, c'est extraordinaire.

Mais aussi très révélateur.

"Sans Israël [qui existe en tant qu'État]", a déclaré M. Dimont, "la diaspora [la dispersion du peuple juif dans le monde entier] n'a pas de sens et le monde n'a peut-être pas d'espoir". Peut-être qu'Isaïe a raison après tout. Se pourrait-il que "de Sion sorte la loi, et de Jérusalem la parole de l'Éternel" ?

En d'autres termes, Israël sera le lieu de la loi, le centre de la domination juive sur toute la planète.

M. Dimont a déclaré que le peuple juif survivra "tant que les Juifs s'en tiendront à l'éthique de la Torah et à l'idéologie des prophètes". Ainsi, les Juifs "resteront indestructibles".

Selon M. Dimont, lorsque tous les hommes adopteront cette idéologie juive, ils deviendront symboliquement "juifs" :

Il n'y aura alors plus que l'homme. La mission intérieure est terminée. Il est temps de retourner au théâtre mondial où le dernier acte de notre destinée manifeste est sur le point d'être joué.

Les portes, cependant, mènent à une scène vide qui commence à se remplir de gens. Il n'y a pas de rideau. Nous ne sommes plus des spectateurs. Nous sommes les acteurs d'un théâtre vivant.

Dimont pose la question : "Y a-t-il une destinée manifeste dans l'histoire juive ? Les Juifs sont-ils les victimes ou les vainqueurs de l'histoire ? Leurs souffrances tragiques ont-elles été la punition de leurs péchés ou le moyen secret de leur survie alors que d'autres cultures et religions ont été enterrées dans les sables du temps ?

Pour comprendre ce que Dimont nous dit au sujet de la vision juive du monde, il convient d'examiner la relation d'Adolf Hitler avec le peuple allemand et, en l'occurrence, avec des millions de personnes en Europe, en Asie, en Afrique et même en Amérique, qui croyaient, pour dire les choses crûment, qu'"Hitler avait raison".

Écoutez ce que Dimont a écrit. Il a posé la question : "D'où vient l'emprise d'Hitler sur le peuple allemand ?" Selon Dimont :

> Toutes les idées [d'Hitler], ses tirades antisémites, sa théorie de la communauté de sang, son mythe de la supériorité raciale aryenne, sa conception de l'histoire comme une orgie sexuelle - toutes n'étaient que des élaborations secondaires de la pornographie raciste griffonnée sur les murs des *pissotières* d'Europe pendant des décennies avant son arrivée.

> Le génie d'Hitler ne tient pas à l'originalité de ses idées, mais à sa capacité étonnante à transformer des fantasmes interdits de sadisme et de meurtre en formes acceptables d'homme d'État.

> ... Il s'est entouré d'une coterie de drogués comme Goering, de pédérastes comme Roehm, de sadiques, de fétichistes et d'assassins comme Heydrich, Frank et Himmler qui, sous le couvert de la légalité, ont substitué un code de dégénérescence au Décalogue et à l'Évangile.

Bien que l'évaluation hystérique de Dimont soit tout à fait extraordinaire, remplie de mensonges et de diffamation de la plus vile espèce, férocement réfutée et répudiée par ce que l'historien britannique David Irving a appelé à juste titre "la vraie histoire" - par ce que l'historien américain Harry Elmer Barnes a décrit comme "mettre l'histoire en accord avec les faits" - le point de vue nettement juif de Dimont démontre que la philosophie juive veut que ceux qui soutiennent l'agenda juif soient "bons" et de Dieu et que ceux qui s'y opposent soient "méchants" et du Diable. Il a ajouté :

> "L'Allemagne, comme Faust, a-t-elle perçu le sabot fendu du diable lorsqu'il a posé sa main sur elle ? A-t-elle volontairement suivi ce mendiant de la mort dans une guerre contre le monde ? L'histoire a déjà rendu son verdict. Elle l'a fait."

Cependant, Jésus-Christ avait un point de vue différent. Aux chefs des Juifs de son époque, le Christ a dit :

> "Vous êtes de votre père, le diable : "Vous êtes de votre père, le diable, et vous ferez les désirs de votre père. Il est meurtrier dès le commencement, et ne demeure pas dans la vérité, parce qu'il n'y a pas de vérité en lui. Quand il profère le mensonge, c'est de lui-même qu'il parle, car il est menteur et le père du mensonge. O génération

de vipères, comment pouvez-vous, étant méchants, dire de bonnes choses, car c'est de l'abondance du cœur que la bouche parle".

Voltaire, le grand libre penseur français du siècle des Lumières, bien que considéré comme "athée", partageait largement les préoccupations du Christ et, dans ses fréquents écrits sur le problème juif - également connu sous le nom de "question juive" -, il reflétait un point de vue qui, à sa manière, reconnaissait l'état d'esprit juif énoncé par Max Dimont tant de siècles plus tard. Voltaire a écrit :

> Les Juifs ne sont rien d'autre qu'un peuple ignorant et barbare qui a longtemps combiné la plus détestable avarice avec la plus abominable superstition et une haine inextinguible envers tous les peuples par lesquels ils sont tolérés et grâce auxquels ils s'enrichissent.

> Les Juifs sont une horreur pour tous les peuples qui les ont accueillis ... de tout temps, les Juifs ont défiguré la vérité par des fables absurdes.

> Les Juifs sont les plus grandes crapules qui aient jamais souillé cette terre. La petite nation juive ose manifester une haine irréconciliable à l'égard des biens d'autrui.

Et tandis que Max Dimont se vantait de la nature "indestructible" des Juifs et de la façon dont ils avaient survécu à la décadence, à l'effondrement et à la destruction d'autres religions et civilisations, Charles Newdigate, un membre franc de la Chambre des communes britannique, a déclaré en 1858 qu'il avait glané la nature du rôle des Juifs dans l'histoire, en se basant précisément sur le Talmud dont Dimont a plus tard écrit tant d'éloges. Newdigate parle des "tendances" du Talmud qui sont "immorales, antisociales et antinationales". Il a déclaré :

> "Les Juifs ont directement et indirectement provoqué l'effondrement de l'Europe : Les Juifs ont directement et indirectement provoqué des agitations et des révolutions. Ils ont causé la ruine et la misère de leurs semblables par les moyens les plus méchants et les plus astucieux. La cause de l'opprobre dont ils sont l'objet réside dans le caractère même du judaïsme, qui n'offre à ses adeptes aucun point de centralisation fondé sur la moralité."

Et si l'on a beaucoup écrit sur les ignobles délires antichrétiens et antichrists du Talmud, on oublie souvent que le Talmud, tel qu'il est apparu à Babylone, a effectivement été le fondement - comme l'a attesté Max Dimont (parmi beaucoup d'autres) - de la vision juive du monde à long terme, qui prévoit le triomphe ultime des juifs, l'institution de ce que nous connaissons aujourd'hui sous le nom de Nouvel Ordre Mondial.

Dans le vaste ouvrage connu sous le nom de Talmud, il est clair que les non-Juifs doivent être tenus à l'écart de la philosophie de cet ouvrage extraordinaire : Communiquer quoi que ce soit à un goy sur nos relations religieuses équivaudrait à tuer tous les Juifs, car si les goyim savaient ce que nous enseignons à leur sujet, ils nous tueraient ouvertement.

Un juif devrait et doit faire un faux serment lorsque les goyim demandent si nos livres contiennent quelque chose contre eux.

La raison pour laquelle le Talmud doit être caché aux non-Juifs est également claire, car une directive (semblable à de nombreuses autres dans le Talmud) déclare catégoriquement que "les Juifs sont des êtres humains, mais les nations du monde ne sont pas des êtres humains mais des bêtes...".

Ailleurs dans le Talmud, il est dit que

> "Jéhovah a créé le non-Juif sous forme humaine afin que le Juif n'ait pas à être servi par des bêtes. Le non-Juif est donc un animal sous forme humaine, condamné à servir le Juif jour et nuit".

Ceux qui osent défier les Juifs seront détruits : "Il est permis de tuer un dénonciateur juif partout. Il est permis de le tuer avant même qu'il ne dénonce". (Cela explique peut-être la doctrine de la guerre préventive formellement adoptée comme politique par l'administration de George W. Bush, dominée par les Juifs, dans la poursuite de la guerre contre l'Irak et dans sa volonté de guerre contre l'Iran - une guerre qui n'est toujours pas terminée).

Et pour mémoire, alors que nous poursuivons notre enquête sur le rêve juif d'une planète sous domination juive, nous devons noter que le Talmud dit au peuple juif que "Lorsque le Messie viendra, chaque Juif aura 2800 esclaves" et que "Tous les biens des autres nations appartiennent à la nation juive, qui, par conséquent, a le droit de s'en emparer sans aucun scrupule".

Le Talmud déclare que les non-Juifs seront vaincus lorsque les Juifs régneront en maîtres sur la terre :

> Dès que le Roi-Messie se sera déclaré, il détruira Rome et en fera un désert. L'épine et l'ivraie pousseront dans le palais du pape. Ensuite, il déclenchera une guerre sans merci contre les non-Juifs et les

écrasera. Il les massacrera en masse, tuera leurs rois et dévastera toute la terre romaine. Il dira aux Juifs : "Je suis le Roi-Messie que vous attendez. Prenez l'argent et l'or des goyim".

Oui, le Talmud est à l'origine de ce que nous appelons le Nouvel Ordre Mondial.

Dans les pages qui suivent, nous en apprendrons beaucoup plus sur ce projet diabolique tel qu'il a été franchement présenté dans les écrits juifs.

Cette caricature montre les têtes couronnées d'Europe - les dirigeants ostensibles de l'époque - s'inclinant devant Lionel Rothschild sur son trône d'hypothèques, de prêts et d'argent liquide. En fait, c'était la réalité de l'époque, la réalisation effective du vieux rêve juif d'un nouvel ordre mondial - une utopie juive - dans lequel tous les autres peuples de la planète se prosterneraient et adoreraient le peuple juif, nouveau maître de la terre. Ce n'est pas pour rien que Rothschild était surnommé le "roi des rois".

CHAPITRE II

L'utopie juive : Le Nouvel Ordre Mondial

En 1932, Michael Higger, docteur en philosophie, a rassemblé un ouvrage remarquable intitulé *L'utopie juive*, qu'il a dédié à l'Université hébraïque de Jérusalem, qu'il a décrite comme le "symbole de l'utopie juive". L'ouvrage de Higger est un document remarquable que feu Robert H. Williams, écrivain nationaliste américain des années 1950 et 1960, a décrit comme un condensé de la philosophie qui sous-tend ce que Williams a appelé "l'Ordre Mondial Ultime", c'est-à-dire le Nouvel Ordre Mondial.

Ce qui est remarquable à propos du livre de Higger, c'est que l'exemplaire que Robert H. Williams a découvert et popularisé auprès des nationalistes américains se trouve dans la collection Abraham I. Schechter d'ouvrages hébraïques et judaïques de la bibliothèque de l'université du Texas, offerte par la Kallah des rabbins du Texas. L'organisation des rabbins du Texas avait une telle opinion de l'ouvrage qu'elle a fait don de cet exemplaire à la bibliothèque de l'université du Texas.

Le livre du Dr. Le livre de Higger était une compilation de l'étude de Higger sur ce que Williams a décrit comme "la somme totale des prophéties, des enseignements, des plans et des interprétations des principaux rabbins juifs et chefs tribaux sur une période de quelque 2 500 ans", depuis l'époque de la loi orale et le début du Talmud de Babylone, dans lequel on peut trouver ce que Williams décrit comme un "double standard pour les Juifs et les non-Juifs et son interprétation nationaliste et militariste de la Torah" (la Torah, bien sûr, étant les cinq premiers livres de l'Ancien Testament - les "cinq livres de Moïse").

Les livres parlent des "justes" et des "non-justes". À la fin, selon l'interprétation de la tradition juive par Higger, les "non-justes" périront". écrit Higger :

Pour comprendre la conception rabbinique d'un monde idéal, il suffit d'imaginer une main passant de terre en terre, de pays en pays, de l'océan Indien au pôle Nord, marquant "juste" ou "méchant" sur le front de chacun des seize cents millions d'habitants de notre globe terrestre. Nous serions alors sur la bonne voie pour résoudre les grands problèmes qui pèsent si lourdement sur les épaules de l'humanité souffrante.

En effet, l'humanité devrait être divisée en deux - et seulement deux - groupes distincts et indéniables, à savoir les justes et les méchants. Aux justes appartiendrait tout ce que le monde merveilleux de Dieu offre ; aux méchants, rien.

Dans l'avenir, les paroles d'Isaïe, dans le langage des rabbins, s'accompliront : "Voici que mes serviteurs mangeront, mais vous aurez faim ; voici que mes serviteurs boiront, mais vous aurez soif ; voici que mes serviteurs se réjouiront, mais vous aurez faim. Mes serviteurs boiront, mais vous aurez soif ; Mes serviteurs se réjouiront, mais vous aurez honte."

C'est la force de la prophétie de Malachie, qui dit :

> "Alors vous discernerez de nouveau entre le juste et le méchant, entre celui qui sert Dieu et celui qui ne le sert pas".

Et il est clair, tout au long des écrits de Higger (basés sur son analyse des travaux des grands rabbins et chefs spirituels juifs) que les "justes" seront les Juifs et ceux qui choisissent de s'aligner comme serviteurs des Juifs et que les "méchants" seront ceux qui sont perçus par les Juifs comme s'opposant à leurs intérêts !

Higger cite les mots du Talmud :

> "C'est un héritage pour nous [les Juifs], pas pour eux [c'est-à-dire tous les autres - tous les autres êtres humains sur la surface de la planète entière]".

Higger poursuit en soulignant que dans le cadre de ce nouvel ordre mondial (qu'il appelle "l'utopie juive"),

> "Tous les trésors et les ressources naturelles du monde finiront par entrer en possession des justes. Ceci, dit-il, serait conforme à la prophétie d'Isaïe : Dans son gain et dans son salaire, il y aura la sainteté pour le Seigneur ; il n'y aura pas de trésor ni de réserve, car son gain sera pour ceux qui habitent devant le Seigneur, pour manger à leur faim et pour se vêtir avec élégance."

Mais ce n'est pas tout. Les Juifs et leurs mercenaires auraient encore plus de richesses dans l'utopie juive. Higger a noté que : "De même, les trésors d'or, d'argent, de pierres précieuses, de perles et de vaisseaux de valeur qui ont été perdus dans les mers et les océans au cours des siècles seront ramenés à la surface et remis aux justes ...". Higger a ajouté : A l'époque actuelle, les méchants ou les riches ordinaires ont beaucoup de confort dans la vie, tandis que les justes sont pauvres, manquant les joies de la vie. Mais dans l'ère idéale, le Seigneur ouvrira tous les trésors aux justes et les injustes souffriront.

Dieu, le Créateur du monde ... ne sera heureux, pour ainsi dire, que dans l'ère à venir où le monde sera gouverné par les faits et gestes des hommes droits.

Voici l'étonnant résumé qu'en fait Higger : En général, les peuples du monde seront divisés en deux groupes principaux : les Israéliens et les non-Israéliens. Les premiers seront justes ; ils vivront en accord avec les souhaits d'un Dieu universel, ils seront assoiffés de connaissances et prêts à aller jusqu'au martyre pour répandre des vérités éthiques dans le monde.

Tous les autres peuples, en revanche, seront connus pour leurs pratiques détestables : idolâtrie et autres méchancetés.

Ils seront détruits et disparaîtront de la terre avant l'avènement de l'ère idéale.

En bref, il s'agit en fait d'une discussion sur l'extermination massive de ceux qui s'opposent à l'utopie juive - le Nouvel Ordre Mondial. Le texte se poursuit ainsi : Toutes ces nations injustes seront appelées en jugement avant d'être punies et condamnées. La sentence sévère de leur condamnation ne sera prononcée qu'après un procès équitable, lorsqu'il deviendra évident que leur existence entraverait l'avènement de l'ère idéale.

Ainsi, lors de la venue du Messie, lorsque toutes les nations justes rendront hommage au chef idéal et lui offriront des cadeaux, les nations méchantes et corrompues, réalisant l'approche de leur fin, apporteront des cadeaux similaires au Messie.

Leurs dons et leur prétendue reconnaissance de la nouvelle ère seront rejetés sans ménagement, car les nations vraiment méchantes, comme les individus vraiment méchants, doivent disparaître de la terre avant qu'une société humaine idéale de nations justes puisse être établie.

Et si l'on considère que le concept juif du Messie est souvent considéré comme le fait que le peuple juif lui-même est "le Messie", ce que Higger a décrit prend encore plus d'importance.

Qu'en est-il de l'Armageddon ? Il s'agit là d'un sujet de légende.

Dans la tradition juive, Armageddon est la bataille finale au cours de laquelle les Juifs établiront une fois pour toutes leur domination absolue sur la terre. Selon l'analyse de Higger des enseignements juifs à cet égard,

> "Israël et les autres nations vertueuses combattront les forces combinées des méchants et des mauvais : Ainsi, Israël et les autres nations justes combattront les forces combinées des nations méchantes et injustes sous la direction de Gog et Magog.
>
> Rassemblés pour attaquer les nations justes en Palestine près de Jérusalem, les injustes subiront une défaite écrasante et Sion restera désormais le centre du royaume de Dieu.
>
> La défaite des injustes marquera l'anéantissement du pouvoir des méchants qui s'opposent au Royaume de Dieu, l'instauration de la nouvelle ère idéale."

Notez l'utilisation de l'expression "nouvelle ère idéale".

Ce n'est pas une coïncidence si la terminologie reflète et rappelle le terme "Nouvel Ordre Mondial", car c'est précisément ce que l'utopie juive - cette "nouvelle ère idéale" - est en train de devenir.

Cette lutte ne sera pas seulement une lutte d'Israël contre ses "ennemis nationaux", mais le point culminant de la lutte entre les "justes" et les "injustes". C'est ce que disent les sages juifs.

Qui sont les "méchants" ? Higger explique que la "méchanceté" est "une obstruction au Royaume de Dieu". Il précise qu'"aucune définition exacte" ne peut être formulée, mais qu'il existe des passages rabbiniques traitant du sujet qui donnent une idée générale de la signification des termes "méchant" et "méchanceté" dans le cadre d'une utopie juive. À noter qu'il précise que ces termes sont définis dans le cadre d'une utopie *juive*. Higger affirme : Premièrement, aucune ligne ne sera tracée entre les mauvais juifs et les mauvais non-juifs.

Il n'y aura pas de place pour les injustes, qu'ils soient juifs ou non juifs, dans le Royaume de Dieu. Ils auront tous disparu avant l'avènement de l'ère idéale sur cette terre. Les Israélites injustes seront punis au même titre que les méchants des autres nations. En revanche, tous les justes, qu'ils soient hébreux ou païens, auront une part égale du bonheur et de l'abondance de l'ère idéale.

Contrairement à ce que le chrétien américain moyen penserait de tout cela, ou percevrait dans le contexte de sa foi chrétienne, qui attend un royaume universel de Dieu au Paradis, le paradis auquel il est fait référence tout au long de *L'utopie juive* décrivant la "nouvelle ère idéale" - le Nouvel Ordre Mondial - est "un paradis universel de l'humanité ... établi dans *ce* monde", sans aucune référence à un monde futur quel qu'il soit.

Qui dirigera ce nouvel ordre mondial ? Selon l'évaluation de la tradition juive faite par Higger : "Il sera un descendant de la maison de David".

Higger nous informe que la tradition talmudique dit qu'"un descendant de la maison de David apparaîtra comme le chef de l'"ère idéale" seulement après que le monde entier aura souffert, pendant une période continue de neuf mois, d'un gouvernement méchant et corrompu comme l'Édom, traditionnellement méchant dans l'histoire".

(Note : Il existe aujourd'hui une organisation juive internationale officielle, Davidic Dynasty, qui s'efforce ouvertement de retrouver et de réunir tous les descendants de la Maison de David. Il ne s'agit pas d'une "théorie du complot". C'est un fait.

Sachant ce que le Talmud enseigne au sujet de ceux qui gouverneront le monde, nous pouvons peut-être comprendre la motivation de ce groupe). Et, a proclamé Higger, le monde entier "en viendra progressivement à réaliser que la piété est identique à la justice" et que Dieu "s'attache à Israël et qu'Israël est la nation juste idéale".

Selon ces enseignements rabbiniques qui sont à la base du rêve juif séculaire de l'établissement du Nouvel Ordre Mondial, les peuples de la terre proclameront alors aux dirigeants juifs :

> "Nous irons avec vous, car nous avons appris que Dieu est avec vous".

C'est ainsi que, comme le proclament les rabbins :

> "Le peuple d'Israël conquerra spirituellement les peuples de la terre, de sorte qu'Israël sera élevé au-dessus de toutes les nations en louange, en nom et en gloire".

Notez le concept de "conquête" - comme dans une bataille. Notez le concept d'Israël élevé au-dessus de tous les autres - comme dans la suprématie et la supériorité. La violence et le racisme à l'égard des non-Juifs : c'est aussi simple que cela.

Ce n'est pas une coïncidence si de nombreux autres écrivains et philosophes juifs ont déclaré qu'il y aurait un jour une religion mondiale et, en fait, nous avons vu des efforts (de la part d'éléments juifs) pour infiltrer et modifier toutes les religions du monde, afin de les rapprocher les unes des autres, ce qui, selon Higger, faisait partie de la prophétie :

> "Les nations s'uniraient d'abord dans le but d'invoquer le nom du Seigneur pour le servir."

En d'autres termes, il y aurait un gouvernement mondial et une religion mondiale, et comme Higger et d'autres l'ont noté, cette religion internationale serait le judaïsme. Ce serait la "conquête spirituelle" du monde.

Qu'en est-il de l'or ? Qu'en est-il de la richesse ? Selon Higger, si l'or a joué un rôle dans la conquête des justes, à qui il a été donné par Dieu, dans la nouvelle ère idéale, "l'or sera d'une importance secondaire dans le nouvel ordre social et économique. Mais la ville de Jérusalem possédera la plupart de l'or et des pierres précieuses du monde... La dépréciation de l'importance de l'or et de ses semblables n'implique pas nécessairement l'introduction d'un système de propriété commune."

En d'autres termes, les Juifs auront le contrôle de tout cela et puisque les Juifs - par l'intermédiaire de la ville de Jérusalem - contrôleront l'or, celui-ci n'aura vraiment aucune conséquence dans le Nouvel Ordre Mondial dans lequel les Juifs règnent.

Higger a ajouté :

L'importance secondaire accordée à l'or dans le nouvel ordre social s'explique par deux raisons principales :

1) La répartition égale de la propriété privée et des autres nécessités de la vie dépréciera automatiquement l'importance de l'or et des autres produits de luxe ;

2) Les gens seront formés et éduqués à faire la différence entre les valeurs réelles et spirituelles et les valeurs matérielles.

En effet, c'est le pouvoir juif, siégeant à Jérusalem, dirigé par un descendant de la maison de David - appelé "le Saint" - qui répartira les biens du monde.

Qui obtiendra cette propriété ? La réponse, telle que définie par l'autorité rabbinique :

> "Aux justes appartiendront toutes les richesses, les trésors, les gains industriels et les autres ressources du monde ; aux injustes, rien."

Les nations injustes "n'auront pas part à l'ère idéale". Leur domination sera détruite et disparaîtra avant l'avènement du Nouvel Ordre Mondial.

La "méchanceté" de ces nations consistera principalement à accumuler l'argent appartenant au "peuple" et à opprimer et voler les "pauvres".

Bien que Higger ne le dise pas avec insistance, ceux qui connaissent la tradition, la logique et le raisonnement talmudiques savent que le "peuple" et les "pauvres" sont les Juifs : Le Talmud enseigne que seuls les Juifs sont l'humanité et que tous les autres sont des animaux. Les "pauvres" sont bien sûr les Juifs qui se sont toujours présentés comme les victimes et les opprimés, comme dans "les pauvres Juifs persécutés".

Un autre groupe de nations "méchantes" subira le même sort que le premier :

> "Leur iniquité sera caractérisée par leurs gouvernements corrompus et par l'oppression qu'ils exerceront sur Israël".

En d'autres termes, tout gouvernement qui s'oppose aux Juifs sera considéré comme méchant et injuste s'il ose remettre en cause l'agenda global des Juifs : le Nouvel Ordre Mondial.

En fin de compte, selon Higger, la devise de cette demande juive globale pour une utopie de leur vision et de leur rêve sera la suivante - et notez-la attentivement : "Justes unissez-vous ! Mieux vaut la destruction du monde qu'un monde méchant". C'est exact : la philosophie juive est qu'il vaut mieux que le monde soit détruit, à moins, bien sûr, que les "justes" - c'est-à-dire les Juifs et ceux qui les vénèrent - l'emportent sur les "méchants", c'est-à-dire les non-Juifs qui osent défier le pouvoir juif.

C'est en effet effrayant, d'autant plus que l'élite juive des États-Unis exerce un pouvoir prééminent sur le système américain : son trésor, son armée, son arsenal nucléaire. Il faut ensuite tenir compte de l'horrible réalité, à savoir que même le "minuscule Israël" est considéré comme l'une des cinq grandes puissances nucléaires de la planète.

En ce qui concerne l'arsenal nucléaire d'Israël, il convient de garder à l'esprit le fait essentiel que la stratégie géopolitique d'Israël, qui constitue le fondement de sa structure de défense nationale, repose depuis le début sur la poursuite, finalement couronnée de succès, d'un arsenal nucléaire.

Dans le livre *The Golem : Israel's Nuclear Hell Bomb and the Road to Global Armageddon*, nous avons souligné que la dépendance d'Israël à l'égard de son arsenal nucléaire repose sur ce qui a été décrit comme "l'option Samson".

Dans le cadre de l'option Samson, les Israéliens sont essentiellement disposés, si nécessaire, à "faire exploser le monde" - y compris eux-mêmes - s'ils doivent le faire pour détruire les voisins arabes qu'ils détestent tant. Comme Samson, dans la Bible, qui, après avoir été capturé par les Philistins, a abattu le temple de Dagon et s'est suicidé en même temps que ses ennemis, Israël est prêt à faire de même.

Et le fait est qu'il y a eu au moins deux exposés publics récents connus de cette horrible vision du monde par deux écrivains juifs importants.

Dans un cas, le professeur juif-américain David Perlmutter, de l'université d'État de Louisiane, a écrit ce qui suit dans le *Los Angeles Times* du 7 avril 2002 :

> Que doit faire Israël ? J'ai aussi d'autres rêves, des rêves apocalyptiques. Je pense qu'Israël fabrique des armes nucléaires depuis trente ans. Les Juifs ont compris ce que l'acceptation passive et impuissante du malheur a signifié pour eux dans le passé et ils s'en sont prémunis. Massada n'était pas un exemple à suivre - il n'a pas fait le moindre mal aux Romains, mais Samson à Gaza ? Avec une bombe H ?

> Qu'est-ce qui rendrait le mieux service au monde juif en guise de remboursement pour des milliers d'années de massacres qu'un hiver nucléaire ?

> Ou inviter tous ces hommes d'État et militants pacifistes européens à se joindre à nous dans les fours ?

> Pour la première fois dans l'histoire, un peuple menacé d'extermination pendant que le monde entier ricane ou détourne le regard... a le pouvoir de détruire le monde. La justice ultime ?

L'un des principaux "penseurs" géopolitiques et militaires d'Israël, le Dr Martin van Crevald de l'Université hébraïque de Jérusalem, s'est fait l'écho de ces sentiments horribles et meurtriers. Il a écrit :

> Nous [les Israéliens] possédons plusieurs centaines d'ogives et de roquettes atomiques et pouvons les lancer sur des cibles dans toutes les directions, peut-être même sur Rome. La plupart des capitales européennes sont des cibles pour notre armée de l'air. Nos forces armées ne sont pas les trentièmes plus puissantes du monde, mais plutôt les deuxièmes ou troisièmes. Et je peux vous assurer que cela se produira avant qu'Israël ne disparaisse.

Les Goyim - les "méchants" - ont donc été avertis.

Et ne vous y trompez pas - comme le montre clairement l'évaluation de la philosophie talmudique par Michael Higger : l'accumulation des richesses de la planète a fait partie intégrante de l'ancien programme juif que nous voyons se mettre en place dans le cadre de la quête d'une utopie juive - le Nouvel Ordre Mondial.

En effet, comme le montre l'ouvrage monumental de 1914 de l'historien allemand Werner Sombart, *Les Juifs et le capitalisme moderne*, le concept d'argent et son pouvoir sont au cœur du Talmud.

Sombart était professeur à l'université de Breslau en Allemagne. Son étude a été tour à tour largement louée et largement condamnée par les Juifs et les non-Juifs. Elle a fait l'objet de nombreuses discussions. Mais rares sont ceux qui diront que l'analyse de Sombart n'est pas profonde.

Sombart a déclaré que

> "si l'on consulte les pages du Talmud, on s'aperçoit que le prêt d'argent n'était pas une simple activité de dilettante pour les Juifs. Ils en ont fait un art ; ils ont probablement inventé (ils ont certainement utilisé) un mécanisme de prêt hautement organisé ... Lorsque nous nous rappelons la période au cours de laquelle le Talmud a vu le jour, de 200 avant J.-C. à 500 après J.-C., et que nous comparons ce qu'il contient dans le domaine de l'économie avec toutes les idées et conceptions économiques que les mondes antique et médiéval nous ont transmises, cela ne semble rien de moins que merveilleux".

Il a déclaré, sans langue de bois, que certains des rabbins cités dans le Talmud parlaient

> "comme s'ils maîtrisaient Ricardo et Marx, ou, pour le moins, comme s'ils avaient été courtiers en bourse pendant plusieurs années, ou comme s'ils avaient conseillé de nombreuses affaires importantes de prêt d'argent".

Sombart rappelle que les exilés juifs à Babylone, peu de temps après leur arrivée, ont pu envoyer de l'or et de l'argent à Jérusalem et qu'il y avait beaucoup d'hommes riches parmi les juifs - dont certains très riches - et parmi eux les rabbins talmudiques.

> "Les déplacements constants des Juifs, écrit Sombart, nécessitaient qu'ils disposent de richesses facilement transportables. Lorsque les Juifs étaient jetés à la rue, "l'argent était leur seul compagnon". En conséquence, "[les Juifs] ont appris à aimer [l'argent], voyant que

par sa seule aide ils pouvaient soumettre les puissants de la terre. L'argent est devenu le moyen par lequel ils - et à travers eux toute l'humanité - pouvaient exercer le pouvoir sans être eux-mêmes forts."

Sombart a évoqué "le génie juif" qui a rendu possible l'influence particulière des Juifs sur la vie économique, influence qui, selon lui, a été "si funeste pour la vie économique et pour la culture moderne dans son ensemble".

Parlant du Talmud, Sombart écrit : "Le Talmud était le bien le plus précieux du Juif ; c'était le souffle de ses narines, c'était son âme même. Le Talmud est devenu une histoire de famille, génération après génération, avec laquelle chacun était familier. Le Talmud, dit-il, "protégeait les Juifs contre toutes les influences extérieures et maintenait vivante leur force intérieure" et, fait intéressant, il note que parmi les Juifs professants, les plus riches étaient souvent des érudits talmudiques.

"La connaissance du Talmud était-elle une voie d'accès aux honneurs, à la richesse et à la faveur ? "Les talmudistes les plus érudits étaient aussi les financiers, les médecins, les bijoutiers et les marchands les plus habiles. (En effet, Meyer Amschel Rothschild, comme nous l'avons vu, était lui-même un érudit talmudique dévoué). Le judaïsme babylonien, note Sombart, était le nouveau centre de la vie juive à l'époque du Talmud et le Talmud était "le fondement juridique et constitutionnel de la vie communautaire juive à Babylone". Le Talmud, affirme Sombart, à juste titre - et comme toutes les sources juives traditionnelles l'ont affirmé - était devenu "le principal dépositaire de la pensée religieuse juive". Sombart affirme que "la religion juive a les mêmes idées directrices que le capitalisme".

Il a dit qu'il voyait le même esprit dans l'un et dans l'autre : La religion juive et le capitalisme sont tous deux fondés sur l'idée de contrat, et le contrat fait partie intégrante des idées sous-jacentes du judaïsme, avec pour corollaire que celui qui exécute le contrat reçoit une récompense et que celui qui le rompt reçoit une punition.

En d'autres termes, l'hypothèse juridique et éthique selon laquelle les bons prospèrent et les méchants subissent un châtiment a été, à toutes les époques, un concept de la religion juive.

En ce qui concerne le concept de prospérité sur terre, Sombart a déclaré :

"Si vous parcourez la littérature juive, et en particulier les écrits sacrés du Talmud, vous trouverez, il est vrai, quelques passages dans lesquels la pauvreté est louée comme quelque chose de plus élevé et de plus noble que la richesse. Mais d'un autre côté, vous trouverez des centaines de passages dans lesquels les richesses sont appelées la bénédiction du Seigneur. Et seul leur mauvais usage ou leur danger est mis en garde".

(Notons que certains soulignent que le Talmud met en garde contre les abus financiers commis par des Juifs à l'encontre d'autres Juifs, mais que les abus financiers commis à l'encontre des Goyim - les non-Juifs - sont tout à fait corrects et appropriés). Le fait est donc que l'utopie juive - le Nouvel Ordre Mondial - a toujours été fondée sur la volonté de l'élite juive au pouvoir d'accumuler pour elle-même les vastes richesses de la planète.

Le critique allemand le plus virulent du pouvoir juif, Wilhelm Marr, a déclaré qu'il était convaincu d'avoir dit tout haut ce que des millions de Juifs pensaient secrètement : "C'est au sémitisme qu'appartient la maîtrise du monde". Et aux Juifs, il demandait instamment :

"Soyez ouverts et sincères dans vos pensées. Vous avez certainement le pouvoir de le faire. Nous ne nous plaindrons plus, mais mettons fin à l'hypocrisie entre [Juifs et non-Juifs]...

Peut-être que votre vision réaliste du monde et de la vie est correcte.

Peut-être le destin veut-il que nous soyons vos esclaves. Nous sommes en bonne voie pour y parvenir. Peut-être que l'esprit qui vous a amenés en Occident et que le haut et le bas vénèrent aujourd'hui est le seul vrai...

Le "Crépuscule des Dieux" a commencé pour nous. Vous êtes les maîtres, nous sommes les esclaves. Que reste-t-il à dire ?

Une voix dans le désert s'est fait entendre et n'a fait que confirmer les faits, des faits incontestables. Alors réconcilions-nous avec l'inéluctable puisque nous ne pouvons rien y changer."

Prions pour que Marr se soit trompé. Nous devons nous efforcer de modifier "l'inévitable".

En affrontant la *vérité* sur le Nouvel Ordre Mondial, nous pouvons l'emporter.

À gauche, une édition française des controversés Protocoles des Sages de Sion. Ci-dessous, une édition en langue portugaise. Bien qu'ils soient réputés pour être des "faux", il existe une multitude d'autres ouvrages philosophiques juifs très réels qui démontrent que la thèse des Protocoles représente bel et bien une pensée religieuse et géopolitique juive de longue date.

Ci-dessous à gauche, l'icône juive Asher Ginsberg (connu sous le nom d'Ahad Ha'am), l'auteur probable des Protocoles et certainement un défenseur de la philosophie contenue dans ses pages.

CHAPITRE III

Le sionisme est le judaïsme : la fondation d'un empire juif mondial

Le mot *aliyah* - *qui* signifie en hébreu "aller vivre en Israël" - signifie littéralement "monter". D'après le rabbin Joseph Telushkin (le très célèbre publiciste de l'agenda juif mentionné plus haut), ce concept d'*aliyah* implique donc "la supériorité morale et spirituelle de la vie en Israël". Cependant, s'*éloigner d*'Israël, dit Telushkin, "inspire un terme beaucoup plus chargé en hébreu que le mot anglais "emigrate", à savoir le mot *yerida*, qui signifie tout à fait le contraire d'*aliyah*. Il signifie "descendre".

En bref, le passage vers Israël est bon, juste, droit. L'abandon d'Israël est mauvais - une descente, peut-être, en enfer ?

Comme nous l'avons appris dans le chapitre précédent, les anciens enseignements juifs, résumés par le Dr Michael Higger comme allant dans le sens de "l'utopie juive", prêchent effectivement la suprématie du peuple juif et son triomphe final dans le contrôle du monde et de ses richesses.

Mais le concept de sionisme politique - qui est apparu comme un mouvement formel, presque "officiel", à la fin du XIXe siècle - se distingue, en un sens, du judaïsme en général, dans la mesure où le sionisme était (et est) axé sur l'établissement effectif d'un État juif. Cependant, comme nous le verrons, contrairement à ce que beaucoup voudraient croire, le sionisme est une pièce maîtresse du judaïsme.

En 1948, un État juif a été créé sur le territoire arabe historique de la Palestine. Les circonstances de cet événement (ce qui l'a précédé et ce qui l'a suivi) dépassent le cadre de cet ouvrage, mais pour ceux qui souhaitent se pencher sur l'ensemble de la vilaine histoire, *The Zionist Connection*, de feu le Dr Alfred Lilienthal, le critique juif américain du sionisme, est probablement l'étude la plus complète que l'on puisse trouver.

Ce que nous avons l'intention d'aborder ici, c'est la nature peu comprise de la stratégie du sionisme par rapport à l'agenda juif global tel qu'il est défini dans le Talmud. En fait, le sionisme est inextricablement lié à cet agenda et constitue le fondement d'un imperium juif mondial.

Tout d'abord, qu'est-ce que le sionisme ? Le terme "sionisme" a été inventé par Nathan Birnbaum en 1886 et a été adopté lors du premier congrès sioniste qui s'est tenu à Bâle, en Suisse, en 1897. Comme l'a fait remarquer un auteur, pour les non-Juifs, le sionisme se présente comme l'idéal du retour de tous les Juifs dans leur patrie bien-aimée, la Palestine, et de la reconstruction d'un État juif dans cette région.

Le fait qu'une telle explication ait été possible est une preuve éclatante de l'ignorance du monde quant aux objectifs et à l'organisation nationale des Juifs.

Une étude approfondie de la littérature juive, tant sioniste que non sioniste, révèle que le sionisme est un mouvement visant à atteindre l'idéal messianique juif de domination du monde. Il faut comprendre qu'il existe une profonde différence entre les conceptions chrétienne et juive du Messie.

D'une part, c'est celle du fils de Dieu qui s'incarne et vient sur terre pour racheter l'humanité entière et montrer le chemin vers le véritable Royaume de Dieu. D'autre part, c'est celle d'un individu qui sera un souverain mondial et conduira le peuple juif, en tant que nation spécifiquement choisie, à la domination spirituelle et matérielle.

Sans doute lassés d'attendre le Messie, les Juifs ont eu tendance, plus récemment, à identifier la messianité à la nation juive elle-même et non à un individu en particulier.

Pour l'instant, cependant, nous devons faire une digression critique pour explorer la relation très discutée entre l'Allemagne nazie et le mouvement sioniste. Ce sujet a fait l'objet de tant de désinformation et d'une désinformation délibérée, la plupart du temps diffusée par des personnes bien intentionnées qui ne comprennent pas la situation dans son ensemble.

Si certains ont souligné à juste titre que, pendant les premières années du régime nazi d'Adolf Hitler, le gouvernement allemand a en fait collaboré avec des éléments du mouvement sioniste en Allemagne et ailleurs, ce point a été largement mal compris et mal interprété.

Certains, plus naïfs et plus excités, ont déclaré que c'était la preuve que "Hitler était un sioniste" et que le but de la création du Troisième Reich était de mettre en place l'Holocauste afin qu'un État sioniste puisse émerger des cendres des morts. C'est une thèse très vivante, mais qui repose essentiellement sur beaucoup d'imagination et sur une dépendance fantastique et fantaisiste à l'égard d'une grande variété de forces et d'événements - qui ne sont pas nécessairement liés - qui se mettent en place pour atteindre l'objectif final : un État sioniste.

Bien que le régime national-socialiste allemand ait initialement formé quelques efforts de collaboration informels avec les sionistes en Europe et en Palestine, y voyant un moyen idéal de convaincre et de persuader les Juifs de quitter l'Europe, ces liens se sont généralement désintégrés lorsque les Allemands ont reconnu, en temps de guerre, que la collaboration avec les Arabes antisionistes d'Afrique du Nord et du Moyen-Orient était bien plus productive pour les objectifs allemands. Ainsi, s'il est vrai que les Allemands ont collaboré avec les sionistes, la question a été largement exagérée par des personnes qui ne veulent pas ou sont tout simplement incapables de regarder le tableau géopolitique beaucoup plus large et beaucoup plus important.

Il faut aussi dire que beaucoup de ceux qui ont adopté la position selon laquelle les

Le terme "Hitler était sioniste" est souvent utilisé par des personnes, aussi bien intentionnées soient-elles, pour "prouver" qu'elles ne sont pas "antisémites", comme pour dire "Eh bien, même si je critique Israël, je ne suis pas "comme Hitler" puisque, après tout, c'est Hitler qui a contribué à la création de l'État d'Israël".

Ceux qui défendent cette ligne ne comprennent pas que l'élite juive et le mouvement sioniste se moquent de cette position et considèrent toute personne qui flirte avec cette théorie comme aussi mauvaise que les autres qui critiquent ouvertement Israël, le sionisme et l'agenda juif.

Les études les plus sérieuses sur la collaboration germano-sioniste se trouvent dans les travaux de Lenni Brenner, un marxiste américain d'origine juive orthodoxe, dont le livre *Zionism in the Age of the Dictators (Le sionisme à l'époque des dictateurs)* et son volume ultérieur, *51 Documents : Zionist Collaboration With the Nazis*, ont correctement replacé la question dans son contexte. Cela n'a pas empêché les sensationnalistes de déformer la vérité.

Il existe également une légende selon laquelle "les banquiers juifs" ou "les banquiers sionistes" (souvent utilisés de manière interchangeable) auraient financé Hitler. Ce n'est pas vrai.

James Pool, dans son ouvrage qui fait autorité, *Who Financed Hitler ?* démontre tout le contraire.

Dans un cas, un financier juif allemand a effectivement donné de l'argent au parti nazi - avant l'arrivée au pouvoir d'Adolf Hitler - mais ces fonds étaient destinés à aider l'opposition au sein du parti d'Hitler, à *arrêter* Hitler. Malgré cela, certains "patriotes" continuent de dire que "les Juifs ont soutenu Hitler".

Nombre de ceux qui se prosternent devant l'autel de cette absurdité citent un document manifestement frauduleux, aux origines obscures, intitulé *Hitler's Secret Bankers (Les banquiers secrets d'Hitler)*, prétendument écrit par un certain "Sidney Warburg", l'un de ces "banquiers juifs".

Mais ce document, comme nous l'avons dit, est une fraude.

L'ouvrage de feu Antony Sutton, *Wall Street and the Rise of Hitler*, a promu cette théorie, basée en partie sur la parodie de Warburg, et a institutionnalisé davantage cette mythologie, au mépris de la vérité.

Les banques et les entreprises américaines ont collaboré avec le régime hitlérien, généralement dans le prolongement d'accords financiers antérieurs remontant à plusieurs décennies, mais cela ne faisait pas partie d'une grande conspiration visant à porter Hitler au pouvoir. L'affirmation selon laquelle la famille Bush a contribué à l'ascension d'Hitler est un autre mythe.

Kevin Phillips - qui n'est pas un admirateur de la dynastie Bush - examine les circonstances réelles entourant le scénario Bush-Hitler dans son livre, *American Dynasty : Aristocracy, Fortune, and the Politics of Deceit in the House of Bush (La dynastie américaine : l'aristocratie, la fortune et la politique de mensonge dans la maison Bush)* et remet les faits en perspective.

Une autre affirmation absurde, selon laquelle Hitler et la plupart des hauts responsables nazis étaient en fait des Juifs ou en partie juifs, trouve son origine première dans un ouvrage pratiquement impénétrable et tout à fait bizarre intitulé *Adolf Hitler : Founder of Israel*.

Malheureusement, à l'ère d'Internet, cet ouvrage, que la plupart de ceux qui le citent n'ont jamais lu, a été largement diffusé, même par une poignée d'âmes autrement responsables qui veulent croire, semble-t-il, qu'Hitler faisait partie de la "conspiration juive".

Un écrivain américain de talent, Martin Kerr, a écrit une étude qui fait autorité, "The Myth of Hitler's Jewish Grandfather" (Le mythe du grand-père juif d'Hitler), que l'on peut trouver sur Internet, et qui examine toutes les théories et les méandres sur ce sujet et met la théorie au rancart. Mais, encore une fois, cela n'empêche pas les sensationnalistes de dire "c'est forcément vrai : Hitler était juif et sioniste".

Bien que tout ceci ait été une digression distincte, elle était nécessaire, précisément parce qu'il y a tant de désinformation délibérée concernant la relation entre Adolf Hitler et les nazis et l'agenda sioniste et juif qui a jonché l'Internet et les ouvrages publiés tout au long du dernier demi-siècle.

Ainsi, malheureusement, pour mettre l'histoire en accord avec les faits, il est essentiel de s'attaquer aux absurdités.

Pour mémoire, revenons à notre sujet d'analyse - la question du sionisme et du judaïsme (face à ce que nous appelons aujourd'hui le Nouvel Ordre Mondial). Et notons ceci : la vérité est que, au fil des ans, il y a eu beaucoup de gens - certes antijuifs - qui ont vu une certaine sagesse dans le sionisme en général.

En d'autres termes, ils considéraient le départ des Juifs de leurs terres et la concentration de la population juive dans un État appartenant à tous les Juifs (mais pas nécessairement en Palestine arabe) comme un moyen de résoudre enfin le conflit séculaire entre les Juifs et tous les autres.

En 1922, Theodore Fritsch, un écrivain allemand antijuif bien connu, a reconnu son admiration pour l'idéologie sioniste : Nous considérons toujours les sionistes comme les plus honnêtes des Juifs, car ils admettent qu'il n'y a pas d'amalgame avec les peuples non juifs, que les différentes races se perturbent mutuellement dans leur développement et leur culture. C'est pourquoi nous demandons avec les sionistes "une séparation nette" et l'établissement d'un dominion exclusivement juif...

Dans le même ordre d'idées, en 1921, l'auteur français Georges Batault a écrit dans *Le problème juif* :

"Si le peuple juif reconstitué veut se hisser au rang de nation parmi les nations, il est du devoir et de l'intérêt de chacun de l'y aider. S'il envisage, au contraire, de s'organiser internationalement pour ruiner et dominer les nations, il est du devoir de celles-ci de se soulever et de l'interdire."

Cependant, Batault reconnaît qu'en fin de compte, l'enseignement juif enseigne que les Juifs viendront gouverner la terre dans son intégralité :

"Quant au résultat final de la révolution messianique, il sera toujours le même : Dieu renversera les rois et fera triompher Israël et son roi ; les nations seront converties au judaïsme et obéiront à la loi sous peine d'être détruites et les Juifs seront les maîtres du monde."

En France, pendant la Seconde Guerre mondiale, l'opposition à l'influence juive était très répandue, non seulement dans le régime de Vichy, dans le sud de la France, un régime indépendant qui collaborait avec l'Allemagne nazie, mais aussi dans la région du nord de la France, occupée par les Allemands.

(Remarquez cette parenthèse intéressante : Beaucoup de gens aujourd'hui, en particulier les Américains mal informés, perçoivent la France de Vichy comme les "méchants" qui étaient "antisémites" et la France occupée par les Allemands comme les "gentils" qui "détestaient les nazis et s'opposaient à leur point de vue antisémite", mais la vérité est que l'opposition au pouvoir et à l'influence juifs était répandue dans toute la France, en dépit des légendes de la Seconde Guerre mondiale). Quoi qu'il en soit, l'un des écrivains qui a parlé de ces préoccupations parmi les Français est Gabriel Malglaive, dont le livre "*Juif ou Français ?*", publié en 1942, traite des mesures prises dans la France de Vichy pour réduire le pouvoir des Juifs. Selon lui, quatre objectifs principaux sous-tendent ces mesures :

1. Séparer résolument les Juifs du gouvernement ...C'était la première tâche et relativement la plus simple, car elle n'envisageait qu'un petit nombre... ;

2. combattre leur influence *intellectuelle*, leur soutien et l'extension de leur intrusion dans l'État ; les séparer, à cette fin, des professions libérales, de l'enseignement, de la presse, etc. ;

3. Supprimer leur suprématie "économique et financière", leur prépondérance dans toutes les branches de l'industrie, du commerce, de la bourse et des banques, c'est-à-dire déjudaïser ce domaine qui avait été le leur. Agir de telle sorte qu'ils ne conservent plus le pouvoir de

l'argent, le plus redoutable, car s'ils l'avaient conservé, ils auraient, en pratique, conservé tous les autres ;

4. d'éliminer enfin leur pouvoir occulte en les tenant à l'écart des corporations, en purifiant [...] la presse et les agences par lesquelles ils ont établi une propagande astucieuse et [leur] censure *de fait* [...].

En fin de compte, il a écrit que ce que lui et tant d'autres considéraient comme "le problème juif" devrait recevoir ce qu'il appelait une "solution juive".

> Ironiquement, a déclaré Malglaive, les grandes puissances du monde, y compris le peuple juif, seront contraintes à l'avenir de reconnaître "l'existence de la nation juive" et donc d'assigner un territoire qui sera remis à la nation juive.

C'est en fait ce que nous appelons aujourd'hui le "sionisme". Il en résulterait, selon Malglaive, que désormais "tous les Juifs du monde posséderont légalement, officiellement, la nationalité juive que leur cœur a toujours secrètement choisie". La question, conclut-il, est de savoir "si, voulant régler humainement le problème, nous voulons cesser d'être provoqués par les Juifs, ou si, continuant à appliquer des demi-mesures, nous nous résignons à un règlement partiel et donc médiocre de cette Question".

À cet égard, considérons le fait qu'un philosophe juif né en Russie, Jacob Klatzkin, considéré comme l'un des écrivains et publicistes sionistes les plus "radicaux" en ce qu'il nie la possibilité d'une existence juive en dehors de tout État juif, a tout de même avancé la proposition selon laquelle le peuple juif dans son ensemble n'excluait pas nécessairement ceux qui rejetaient formellement les enseignements de la religion juive. Klatzkin écrit :

> Le judaïsme repose sur une base objective. *Être juif signifie l'existence d'un credo ni religieux ni éthique.* Nous ne sommes ni une confession, ni une école de pensée, mais les membres d'une même famille, porteurs d'une histoire commune. Nier l'enseignement spirituel juif ne met pas à l'écart de la communauté, et l'accepter ne fait pas de nous des juifs. En bref, pour faire partie de la nation, il n'est pas nécessaire de croire à la religion juive ou à la spiritualité juive.

Ainsi, alors que l'on entend souvent dire que "ces Juifs laïques et athées qui dirigent l'Israël d'aujourd'hui ne sont pas comme les bons Juifs religieux de la Bible", le fait est que même un sioniste pur et dur comme

Klatzkin considérait ces Juifs "non religieux" comme faisant partie intégrante du peuple juif et comme vitaux pour la cause du sionisme.

Un autre grand penseur sioniste, Abraham Isaac Kook, décédé en 1935, a écrit :

> Le nationalisme séculier juif est une forme d'auto-illusion : l'esprit d'Israël est si étroitement lié à l'esprit de Dieu qu'un nationaliste juif, aussi séculier que soit son intention, doit, malgré lui, affirmer le divin. Un individu peut rompre le lien qui l'unit à l'éternel, mais la Maison d'Israël dans son ensemble ne le peut pas.

Dans son article intitulé "Zionism, Jews and Judaism" (Sionisme, Juifs et Judaïsme), le père Joseph L. Ryan, qui a enseigné à l'université Saint-Joseph de Beyrouth et a été doyen et vice-président de l'université Al-Hikma de Bagdad, a conclu ce qui suit :

> Premièrement, les auteurs sionistes s'accordent majoritairement à dire que les Juifs forment un peuple distinct.

> Deuxièmement, nombre de ces porte-parole s'accordent sur le caractère national des Juifs. Certains d'entre eux [disent] que les Juifs sont une nation et qu'ils devraient en être une. Ces deux groupes sont d'accord pour dire que les Juifs formeront une nation.

> Troisièmement, la plupart des auteurs sionistes s'accordent à dire que la religion a joué un rôle important dans la vie juive.

Alors que certains insistent sur le fait que ce rôle doit se poursuivre, au moins pour la communauté juive si ce n'est pour tous les individus, d'autres le nient.

Edward Said, philosophe d'origine palestinienne et érudit respecté, a déclaré :

> "Je ne peux pas me contenter d'être un philosophe : "Le sionisme et l'impérialisme s'inspirent l'un de l'autre, chacun à sa manière, et le sionisme a effectivement contribué à la montée de l'impérialisme moderne."

Et, comme nous le verrons à plusieurs reprises dans les pages de ce volume, l'impérialisme moderne est le "Nouvel Ordre Mondial" qui, à son tour, découle des enseignements juifs du Talmud de Babylone, et dont l'impérialisme, de même, peut être retracé à la montée de la puissance monétaire internationale telle qu'elle a été institutionnalisée dans la Maison Rothschild. Le sionisme n'est qu'une autre partie de l'équation. La chronologie historique démontre tout cela de la manière la plus concluante.

Dans la série monumentale d'articles dont on se souvient collectivement sous le nom de "The International Jew", publiés dans le journal de l'industriel américain Henry Ford, *The Dearborn Independent*, puis réédités dans une série de livres en quatre volumes (depuis lors réédités à de nombreuses reprises ici et dans le monde entier), le sujet de l'"antisémitisme" est abordé de la manière suivante :

> Ce n'est pas de l'antisémitisme que de dire que le soupçon est présent dans toutes les capitales de la civilisation et qu'un certain nombre d'hommes importants ont la certitude qu'il existe un plan actif dans le monde pour contrôler le monde, non pas par l'acquisition de territoires, non pas par l'acquisition militaire, non pas par l'assujettissement gouvernemental, non pas même par le contrôle économique au sens scientifique, mais par le contrôle de la machinerie du commerce et de l'échange.
>
> Ce n'est pas de l'antisémitisme que de dire cela, ni de présenter les preuves qui l'étayent, ni d'en apporter la preuve. Ceux qui pourraient le mieux le réfuter, si ce n'était pas vrai, ce sont les Juifs internationaux eux-mêmes. Mais ils ne l'ont pas prouvé.
>
> Ceux qui pourraient le mieux le prouver [comme étant faux] seraient les Juifs dont les idéaux incluent l'ensemble de l'humanité sur un pied d'égalité et non le bien d'une seule race, mais ils ne l'ont pas prouvé.
>
> Un jour, un Juif prophétique se lèvera peut-être et verra que les promesses faites à l'ancien peuple ne doivent pas être réalisées par les méthodes Rothschild, et que la promesse selon laquelle toutes les nations devaient être bénies par Israël ne doit pas être réalisée en faisant d'elles des vassaux économiques d'Israël ; et lorsque ce temps viendra, nous pouvons espérer une réorientation de l'énergie juive vers des canaux qui draineront les sources actuelles de la question juive.

En attendant, ce n'est pas de l'antisémitisme. Il peut même s'avérer être un service mondial au Juif, pour éclairer les motivations de certains cercles supérieurs.

Théodore Herzl, le père du sionisme moderne, a écrit de façon mémorable dans son célèbre ouvrage, *L'État juif* : "Nous sommes un peuple, un seul peuple... Lorsque nous sombrons, nous devenons un prolétariat révolutionnaire, les officiers subalternes d'un parti révolutionnaire ; lorsque nous nous élevons, c'est aussi notre terrible pouvoir d'achat qui surgit".

La série d'articles d'Henry Ford sur les questions relatives au pouvoir juif aux États-Unis aborde franchement la question de ce que Ford appelle "la base historique de l'impérialisme juif". Ford mettait en garde :

> Une autre idée préconçue dont il faut se prémunir est que chaque Juif que l'on rencontre a une connaissance secrète de ce programme. Ce n'est pas le cas. L'idée générale du triomphe final d'Israël est familière à tous les Juifs qui ont gardé le contact avec leur peuple, mais les plans spéciaux qui, depuis des siècles, existent sous une forme formulée pour atteindre ce triomphe, ne sont pas plus familiers au Juif moyen qu'à n'importe qui d'autre.

Cependant, même en se gardant de ces idées préconçues, on ne peut échapper à la conclusion que si un tel programme d'impérialisme juif mondial existe aujourd'hui, il doit exister avec la connaissance et le soutien actif de certains individus, et que ces groupes d'individus doivent avoir quelque part un chef officiel.

Existe-t-il un Sanhédrin aujourd'hui ? Le commentaire de Ford cite l'*Encyclopédie juive* qui dit : "Le Sanhédrin, qui était entièrement aristocratique, assumait probablement sa propre autorité, puisqu'il était composé des familles les plus influentes de la noblesse et de la prêtrise." Ford commente :

> Le Sanhédrin exerçait son autorité non seulement sur les Juifs de Palestine, mais aussi partout où ils étaient dispersés dans le monde.

En tant que sénat exerçant une autorité politique, il a cessé d'exister avec la chute de l'État juif en l'an 70, mais il existe des indications de son existence en tant qu'organe consultatif jusqu'au IVe siècle.

Évoquant la solidarité bien connue entre les Juifs et répondant à la question "Les Juifs sont-ils une nation ?

S'il n'y avait pas d'autre preuve, celle-là même que de nombreux auteurs juifs citent, à savoir la prise en charge instantanée des Juifs les uns par les autres en toute occasion, constituerait une preuve de la solidarité raciale et nationale.

Chaque fois que ces articles [dans le journal de Ford] ont touché le Financier juif international, des centaines de juifs des milieux les plus modestes ont protesté.

Touchez un Rothschild, et le juif révolutionnaire du ghetto proteste et accepte la remarque comme un affront personnel. Touchez à un politicien juif ordinaire, de vieille souche, qui utilise un gouvernement exclusivement au profit de ses compatriotes juifs, au détriment des intérêts supérieurs de la nation, et le socialiste et le juif anti-gouvernemental prend sa défense.

On peut dire que la plupart de ces Juifs ont perdu le contact vital avec les enseignements et les cérémonies de leur religion, mais ils indiquent quelle est leur véritable religion par leur solidarité nationale.

Dès 1879, le grand écrivain allemand Adolf Stoecker l'a noté :

> Les gens qui critiquent de manière cinglante l'Église, les personnalités et les affaires sont indignés à l'extrême lorsque d'autres se permettent de jeter ne serait-ce qu'un regard scrutateur sur la juiverie.

> Ils s'en prennent eux-mêmes à toute activité non juive avec haine et mépris. Mais si nous disons doucement un mot de vérité sur leurs agissements, ils jouent les innocents insultés, les victimes de l'intolérance, les martyrs de l'histoire mondiale.

Ford savait que, pour ceux qui ne connaissaient pas les enseignements juifs, parler de l'influence juive était controversé. Lorsqu'il est confronté à des questions telles que

> "La juiverie sait-elle ce qu'elle fait ? A-t-elle une politique étrangère à l'égard des Gentils ? A-t-elle un service qui exécute cette politique étrangère ? Cet État juif - s'il existe - a-t-il un chef ? A-t-il un Conseil d'État ? Et si l'une de ces choses est vraie, qui en est conscient ?".

Ford a déclaré que pour le Gentil moyen, la réponse impulsive serait "non" car, a-t-il dit, puisque les Gentils n'ont jamais été formés aux secrets ou à "l'unité invisible", de telles choses ne peuvent pas être, ne serait-ce que pour la seule raison que le Gentil moyen n'a jamais été exposé à de telles preuves de l'existence d'un monde caché.

Cependant, Ford a affirmé que

> "s'il n'y a pas de combinaison délibérée de Juifs dans le monde, alors le contrôle qu'ils ont atteint et l'uniformité des politiques qu'ils suivent doivent être le simple résultat, non pas de décisions délibérées, mais d'une nature similaire chez tous ceux qui fonctionnent de la même manière".

Réfléchissant à la puissance et à l'influence juives aux États-Unis, M. Ford a ajouté :

"Quand on voit à quel point les Juifs sont étroitement unis par diverses organisations aux États-Unis, et quand on voit avec quelle main exercée ils font peser ces organisations, comme s'ils avaient une confiance éprouvée dans leur pression, il n'est au moins pas inconcevable que ce qui peut être fait avec un pays peut être fait, ou a été fait, entre tous les pays où vivent des Juifs".

C'est en effet Henry Ford qui, dans les années 1920, a popularisé les désormais célèbres Protocoles des Sages de Sion en langue anglaise aux États-Unis, mais à l'époque où Ford a commencé à écrire sur cet ouvrage controversé, celui-ci avait déjà fait l'objet d'un débat frénétique en Angleterre et ailleurs en Europe depuis le début du siècle.

Les Protocoles, bien sûr, sont le document dont on a beaucoup parlé (et dont on parle encore aujourd'hui dans les médias), qui décrit essentiellement un plan juif de domination mondiale - un Nouvel Ordre Mondial, précisément de la nature de celui que Michael Higger a décrit plus tard dans son étude sur "L'Utopie juive".

Comprendre la nature des Protocoles est essentiel à notre recherche de la vérité.

La relation entre les Protocoles et le concept de sionisme est un sujet peu connu que même beaucoup de ceux qui se croient au fait des subtilités du "problème juif" ne comprennent pas.

Cependant, dans ces pages, nous allons dissiper la confusion et disséquer précisément ce que les Protocoles représentent vis-à-vis du sionisme, de l'agenda juif et du Nouvel Ordre Mondial.

Le vicomte Léon de Poncins, nationaliste français, a résumé avec justesse la nature des Protocoles des Sages de Sion dans *Les pouvoirs secrets derrière la révolution* :

> 1) Il existe et a existé pendant des siècles une organisation politique et internationale secrète des Juifs ;
>
> 2) L'esprit de cette organisation semble être une haine traditionnelle et éternelle du christianisme et une ambition titanesque de dominer le monde ;
>
> 3) Le but poursuivi à travers les âges est la destruction des États nationaux et la substitution à leur place d'une domination juive internationale ;
>
> 4) La méthode, employée d'abord pour affaiblir puis détruire les corps politiques existants, consiste à leur inculquer des idées politiques destructrices. Ces idées sont résumées dans les principes

révolutionnaires de [la Révolution française de 1789]. La juiverie reste à l'abri de ces idées corrosives : "Nous prêchons le libéralisme aux Gentils, mais d'un autre côté, nous maintenons une discipline absolue dans notre nation."

À l'époque où Henry Ford a commencé à s'intéresser à la controverse entourant les Protocoles, ce document très controversé n'avait fait l'objet de discussions que depuis un peu plus de deux décennies.

M. Ford a relevé un aspect intéressant du débat sur l'authenticité des Protocoles, aujourd'hui légendaires. Il a notamment souligné qu'une grande partie des critiques des Protocoles émanant de sources juives provenaient du fait que les Protocoles avaient été rédigés en Russie ; en d'autres termes, les critiques juifs ont cherché à rejeter les Protocoles en tant que propagande russe anti-juive.

Ford a répliqué en disant : "Ce n'est pas du tout vrai. Ils sont arrivés *par la* Russie [c'est nous qui soulignons]". Ford a souligné que les Protocoles "ont été incorporés dans un livre russe publié vers 1905 par un professeur [Sergei Nilus] qui a tenté d'interpréter les Protocoles à la lumière des événements de l'époque".

En conséquence, note Ford, cela donne aux Protocoles ce qu'il appelle "une teinte russe" qui a été "utile" aux propagandistes juifs, en particulier aux États-Unis et en Angleterre, parce que ces mêmes propagandistes, note-t-il, ont réussi à "établir dans les mentalités anglo-saxonnes une certaine atmosphère de pensée autour de l'idée de la Russie et des Russes".

L'un des plus grands "mensonges" qu'il perçoit comme ayant été imposé au monde (en particulier aux Américains) par les propagandistes juifs, est lié à ce que Ford appelle les attitudes négatives envers "le tempérament et le génie du véritable peuple russe". Il en conclut que l'accent mis sur les prétendues origines "russes" des Protocoles est une tentative de discréditer les Protocoles en les associant au peuple russe.

M. Ford a noté que

> "les preuves internes montrent clairement que les protocoles n'ont pas été écrits par un Russe, ni à l'origine en langue russe, ni sous l'influence des conditions russes, mais qu'ils ont trouvé leur chemin vers la Russie et y ont été publiés pour la première fois".

Ce qui est peut-être le plus remarquable, a souligné M. Ford, c'est que partout où le pouvoir juif a été en mesure de supprimer les Protocoles, ceux-ci ont effectivement été supprimés.

Le poète et essayiste américain Ezra Pound a évalué les fameux Protocoles d'une manière assez unique :

> Lorsque l'on évoque les protocoles supposés des Sages de Sion, la réponse est fréquente : Oh, mais c'est un faux. Il s'agit bien d'un faux, et c'est la seule preuve que nous ayons de son authenticité. Les Juifs travaillent avec des documents falsifiés depuis 2400 ans, c'est-à-dire depuis qu'ils ont des documents, quels qu'ils soient.

Et personne ne peut être qualifié d'historien de ce demi-siècle sans avoir examiné les Protocoles. Prétendument traduits du russe, à partir d'un manuscrit à consulter au British Museum, où un tel document existe ou non ... Leur intérêt réside dans le type d'esprit, ou l'état d'esprit de leur auteur. C'était leur intérêt pour le psychologue le jour où ils sont apparus. Et pour l'historien, deux décennies plus tard, lorsque le programme qu'ils contiennent est devenu si écrasant qu'il a été appliqué jusqu'à un certain point.

Pour l'histoire des Protocoles, il convient de noter que feu Ralph Grandinetti, un nationaliste américain (qui était un ami de cet auteur) a passé plusieurs années à rechercher dans les archives de la Bibliothèque du Congrès la documentation relative à l'histoire et au débat sur les Protocoles dans les premières années du 20e siècle.

Grandinetti a découvert des articles en anglais publiés dans une revue juive basée à Londres au début des années 1920, qui affirmaient catégoriquement que ce que nous connaissons aujourd'hui sous le nom de Protocoles étaient en fait des documents reflétant un point de vue particulier présenté par une faction juive lors d'un des congrès sionistes mondiaux tenus avant le début du XXe siècle.

La vérité est donc que - du moins selon une source juive respectée et faisant autorité - bien que les Protocoles n'aient pas été le grand document représentant "tous" les "Juifs", ils reflétaient en fait la philosophie d'un élément des "Juifs". Et comme nous le verrons, cet élément du leadership juif en est venu à prédominer lorsque la communauté juive internationale s'est orientée vers un programme global pour le peuple juif dans son ensemble.

Aujourd'hui encore, il existe des débats et des conflits au sein de la communauté juive et même dans le cadre de la puissance monétaire internationale, comme en témoignent les débats aux États-Unis entre diverses factions juives.

Ainsi, l'idée que les Protocoles étaient simplement un "faux" - concocté par des éléments russes (soit sous la direction, soit avec l'encouragement du tsar de Russie) - est une histoire de couverture très intelligente. On pourrait même dire qu'il s'agit d'une fraude et d'une falsification telles que les Protocoles eux-mêmes ont été décrits, bien qu'à l'évidence (du moins dans le cas des Protocoles) de manière erronée.

Il est donc impossible de séparer le sionisme, le judaïsme et l'utopie juive - le Nouvel Ordre Mondial. De même, les archives montrent que la franc-maçonnerie - longtemps liée aux intrigues des infâmes Illuminati qui ont pris le contrôle de la franc-maçonnerie - a été une force dans l'élan vers l'utopie juive.

En 1929, le Révérend E. Cahill, professeur d'histoire de l'Église et de sciences sociales à Milltown Park, Dublin, a écrit *Freemasonry and the Anti-Christian Movement* (*La franc-maçonnerie et le mouvement anti-chrétien*), dans lequel il conclut qu'une grande partie des pièges extérieurs de la franc-maçonnerie, tels que son rituel, sa terminologie et ses légendes, sont d'origine juive ; que la philosophie (ou religion) de la franc-maçonnerie ésotérique, c'est-à-dire des cercles intérieurs et du pouvoir de contrôle, était identique à la Kabala juive, une philosophie occulte et mystique d'une certaine partie des Juifs, censée être la partie de la loi mosaïque transmise par tradition et consignée par écrit par les prophètes juifs et d'autres.

Cahill a également conclu, sur la base de son étude approfondie, qu'un certain groupe de Juifs, d'une puissance et d'une richesse immenses, dirigeait des francs-maçons et qu'un groupe un peu plus important de Juifs influents poursuivait les mêmes objectifs que les francs-maçons, utilisait des moyens similaires et était au moins en étroite alliance avec les francs-maçons.

Même l'*encyclopédie juive*, dans sa section sur la franc-maçonnerie, note que "le langage technique, les rites et le symbolisme de la maçonnerie sont remplis d'idées et de termes juifs...". Dans le Rite écossais, les dates de tous les documents officiels sont données en fonction du mois hébraïque de l'ère juive et on utilise les anciennes formes de l'alphabet juif".

L'écrivain juif Bernard Lazare a noté que les juifs kabbalistes se trouvaient autour de ce qu'il a appelé "le berceau de la franc-maçonnerie" comme en témoignent certains rites encore existants démontrés de manière concluante.

L'écrivain français Gougenot de Mousseaux, notant l'étroite imbrication de la franc-maçonnerie avec certains éléments du judaïsme, a fait remarquer que :

> Les vrais chefs de cette immense association qu'est la franc-maçonnerie, les quelques uns qui se trouvent dans les cercles les plus intimes de l'initiation et qu'il ne faut pas confondre avec les chefs nominaux ou les figures de proue, sont pour la plupart juifs et vivent en alliance étroite et intime avec les membres militants du judaïsme, ceux, notamment, qui sont les chefs de la section kabbalistique.

Cette élite de l'association maçonnique, ces véritables chefs, qui ne sont connus que de très peu d'initiés, et que même ces derniers ne connaissent que sous des noms d'emprunt, exercent leurs activités dans une dépendance secrète (qu'ils trouvent très lucrative pour eux-mêmes) à l'égard des juifs kabbalistes.

Un autre écrivain français, M. Doinel, ancien membre du conseil de la tristement célèbre loge franc-maçonnique du Grand Orient de Paris, a déclaré :

> "Combien de fois ai-je entendu les francs-maçons se lamenter sur la domination des Juifs ? Combien de fois ai-je entendu les francs-maçons se plaindre de la domination des Juifs... Depuis la Révolution [française], les Juifs se sont emparés de plus en plus complètement des loges maçonniques et leur domination est aujourd'hui incontestée.

> La Kabbale règne en maîtresse dans les loges intérieures et l'esprit juif domine les grades inférieurs... Dans l'esprit de Satan, la synagogue a un rôle très important à jouer... Le grand ennemi compte sur les Juifs pour gouverner la Maçonnerie comme il compte sur la Maçonnerie pour détruire l'Église de Jésus-Christ."

En bref, la franc-maçonnerie - depuis pratiquement le début - fait partie intégrante du plan juif pour un nouvel ordre mondial.

En fait, l'histoire montre que le véritable père de ce que nous appelons le Nouvel Ordre Mondial était un juif né en Russie, Asher Ginsberg - plus connu sous le nom de "Ahad Ha'am" (ce qui signifie "Un du peuple") - qui pensait que les juifs devaient s'unir pour créer des colonies agricoles en Palestine qui, comme l'a décrit le Dr Norman Cantor, "serviraient de fondation en Terre Sainte pour un centre culturel de langue hébraïque pour la communauté juive mondiale - un centre culturel de l'élite pour la communauté juive mondiale".

Juif orthodoxe, ayant suivi des études rabbiniques, Ginsberg - qui a vécu de 1856 à 1926 - a décrit les Juifs comme une "super nation" dont le "génie ethnique doit garantir leur droit à la domination du monde". Selon lui,

> "la terre d'Israël doit englober tous les pays de la terre afin d'améliorer le monde grâce au Royaume de Dieu".

En 1977, dans son livre *Invasion Without Arms*, un écrivain russe perspicace, Vladimir Begun, a comparé Ginsberg aux fascistes des années 1930 et 1940. Se référant à un article de Ginsberg datant de 1898 et intitulé "Nietzschéisme et judaïsme", dans lequel Ginsberg exprimait ce que l'on pourrait appeler son "chauvinisme judéo-sioniste", Begun a déclaré : "Le chauvinisme judéo-sioniste est une forme de chauvinisme"

Il n'est pas difficile pour le lecteur d'arriver à la conclusion logique : dans la mesure où il existe une "super nation", alors comme [le Superman de Neitzsche] elle doit marcher vers son but sur les cadavres des autres. Elle ne doit faire preuve d'aucune considération envers qui que ce soit ou quoi que ce soit afin de parvenir à la domination des "élus" sur les "Gentils".

On peut retracer les maillons d'une même chaîne, la Torah, base idéologique des "théoriciens" sionistes, l'agression au Moyen-Orient et la corruption des esprits en Israël (ouvertement) et dans d'autres pays (secrètement).

Selon l'écrivain juif Moshe Menuhin, la philosophie sioniste de Ginsberg était "un sionisme spirituel - une aspiration à l'accomplissement du judaïsme - et non un sionisme politique" - le sionisme politique étant défini comme le rassemblement de l'ensemble du peuple juif dans un seul État, isolé du reste de la planète, ne prospérant qu'au sein de son propre peuple.

Ginsberg s'opposait à ce qu'il considérait comme le principal dirigeant sioniste, Théodore Herzl, à savoir que le sionisme était de nature *économique* et devait être orienté vers l'établissement d'un État politique et géographique.

Ginsberg - dit Menuhin - considérait les Juifs comme "une sorte de nation unique, un corps homogène à part des autres nations" et qu'"un centre spirituel juif en Palestine" deviendrait "une lumière pour la diaspora" (les Juifs dispersés dans le monde) et permettrait finalement au peuple juif de devenir "une lumière pour les nations".

Ce soi-disant "sionisme spirituel" de Ginsberg était donc synonyme de judaïsme classique et prophétique, pas différent des enseignements du Talmud qui ont guidé le judaïsme à travers les siècles.

Ainsi, la théorie communément avancée par beaucoup selon laquelle "le sionisme n'est pas le judaïsme et le judaïsme n'est pas le sionisme" est erronée, tout simplement erronée. En bref, le sionisme n'est qu'une extension politique du judaïsme.

Les travaux de feu Pacquitta DeShishmaraff, une Américaine mariée à l'aristocratie russe, établissent le rôle central de Ginsberg dans la formulation des Protocoles. L'étude fondamentale de DeShishmaraff, *Waters Flowing Eastward* (écrite sous le nom de plume de "L. Fry") souligne le point critique selon lequel le sionisme, en réalité, est bien plus qu'un mouvement "nationaliste" ; le sionisme est internationaliste jusqu'à la moelle et constitue indiscutablement *le cadre d'un impérium juif mondial : le Nouvel Ordre Mondial.*

DeShishmaraff nous apprend qu'en 1889, Ginsberg a créé un petit groupe, les Fils de Moïse, et que c'est devant ce groupe que Ginsberg a présenté les Protocoles pour la première fois. S'il est possible qu'il ait effectivement emprunté à des ouvrages géopolitiques déjà publiés - ce qui donne lieu à l'affirmation souvent avancée selon laquelle les Protocoles sont des "faux" tirés d'autres volumes -, ce que nous savons, c'est que les Protocoles sont le produit de Ginsberg, reflétant son programme juif *mondial*. Au cours des années qui ont suivi, des traductions en hébreu des Protocoles ont été diffusées au sein du mouvement sioniste par Ginsberg et ses disciples, désormais regroupés sous le nom de Fils de Sion (ou "B'nai Zion").

En 1897, lorsque le Congrès sioniste s'est réuni en Suisse et que le sionisme est devenu un mouvement officiel, les Protocoles ont été effectivement intégrés à l'agenda sioniste (c'est-à-dire juif).

Alors que le monde non juif percevait le sionisme comme strictement consacré à la création d'un État juif, le "sionisme secret" de Ginsberg était largement reconnu, au sein des cercles juifs d'élite, comme le véritable programme, un programme international, en fait masqué par un programme strictement nationaliste axé sur un seul État juif en Palestine.

Ce n'est donc pas une erreur si l'écrivain juif Bernard Lazare, dans son célèbre ouvrage de 1894 intitulé "*L'antisémitisme*", parle franchement de la "conquête économique" juive, tout en précisant que la domination économique des Juifs s'accompagne également d'une "domination spirituelle". Il comprenait les distinctions.

Dès 1924, le nationaliste polonais Roman Dmowski a reconnu ces nuances, qui restent encore un mystère pour beaucoup, en particulier pour certains "patriotes" américains. Ce refrain souvent entendu - presque un mantra rituel - de ces patriotes selon lequel "le sionisme n'est pas le judaïsme et le judaïsme n'est pas le sionisme" ne reconnaît pas qu'en fait, les sectes juives antisionistes qui rejettent (du moins pour l'instant) l'État politique d'Israël restent attachées au Talmud et soutiennent qu'en fin de compte, il y aura une utopie juive globale, l'institution d'un État mondial dans lequel les Juifs resteront suprêmes. Et ce n'est pas quelque chose qu'un patriote, où qu'il soit, devrait accueillir.

Dans une série d'articles intitulés "Les Juifs et la guerre", publiés en 1947 dans l'ouvrage "*La politique et la reconstruction de l'État polonais*", le nationaliste polonais Roman Dmowski, déjà cité, écrivait : "Ces derniers temps, un courant visant à réconcilier tous les objectifs modernes avec la tradition biblique du "peuple élu" a commencé à dominer : Dernièrement, un courant visant à réconcilier tous les objectifs modernes avec la tradition biblique du "peuple élu" a commencé à dominer. Il a reconnu l'objectif de contrôler la Palestine, non pas dans le but d'y rassembler tous les Juifs et d'en libérer ainsi les autres pays, mais afin d'y construire le centre spirituel des Juifs et de créer la base opérationnelle d'une action dans le monde entier.

La Palestine n'a jamais été la patrie des Juifs, car ils n'ont jamais eu de patrie, mais ils ont fait de Jérusalem leur centre spirituel ; la récupération de ce centre ainsi que le contrôle de la Palestine, avec sa population non juive, est un objectif nécessaire de ce nouveau courant.

Mais en même temps, [ce nouveau courant] leur demandait de ne pas oublier qu'ils étaient censés "posséder la terre", qu'ils devaient donc être partout, et partout gagner des positions et organiser leurs influences. Ainsi compris, tous les objectifs juifs auparavant contradictoires s'alignaient et pouvaient s'accorder sur [cette ultime] tâche de la politique juive. Avec une telle compréhension de la tâche, toutes les forces juives, agissant dans tous les pays à quelque titre que ce soit, pouvaient être employées pour atteindre le but commun.

Ironiquement, bien sûr, un conflit familial juif a éclaté - le conflit, par exemple, entre Herzl et Ginsberg - et, comme l'a souligné Dmowski, "seule la dispute sur la priorité, sur le leadership des différents groupes au sein du judaïsme a subsisté". Cette dispute, note-t-il, concernait même la question de la Palestine.

En fait, selon les critiques du sionisme, l'idée d'un foyer national pour les Juifs était due au fait que les dirigeants juifs ressentaient le besoin d'exercer un plus grand contrôle sur leurs frères mineurs et que c'était le but de la création de groupes sionistes dans le monde entier, qui réclamaient à cor et à cri la fondation d'un État juif.

En fait, c'était la base du plan d'Asher Ginsberg pour la domination du monde et pourtant, ironiquement, il y a beaucoup d'antisionistes juifs et non juifs qui considèrent Ginsberg comme un chef spirituel du peuple juif qui mérite d'être admiré. En fait, Ginsberg est le précurseur au XXe siècle de ce que nous appelons aujourd'hui le Nouvel Ordre Mondial, le programme de l'impérialisme juif.

S. P. Chajes, figure du B'nai B'rith, a écrit dans *The Jewish National Almanac* que "notre impérialisme [juif] est le seul qui puisse impunément défier les siècles, le seul qui n'ait pas à craindre la défaite, qui, sans dévier de son chemin, avance invinciblement vers son but, d'un pas lent mais ferme". *Et ce but, c'est le Nouvel Ordre Mondial.*

Il ne fait donc aucun doute que l'objectif ultime des Juifs est, voire la domination du monde. Même l'éminent juif allemand Alfred Nossig, un théoricien sioniste influent qui faisait partie des sionistes qui ont collaboré avec le régime hitlérien - et qui a ensuite été assassiné par une faction juive qui n'appréciait pas ses relations avec les nationaux-socialistes - a écrit dans son livre *Integrales Judentum* :

La communauté juive est plus qu'un peuple au sens politique moderne du terme. Elle est dépositaire d'une mission historique mondiale, je dirais même cosmique...

Cette mission constitue le noyau inconscient de notre être, la substance commune de notre âme. La conception primordiale de nos ancêtres était de fonder non pas une tribu mais un ordre mondial destiné à guider l'humanité dans son développement...

Nous sortons d'une longue nuit noire et pleine de terreur. Devant nous s'étend un paysage gigantesque, la surface du globe ; c'est notre chemin.

De sombres nuages orageux planent encore au-dessus de nos têtes.

Des centaines d'entre nous meurent encore chaque jour pour leur fidélité à la communauté, mais déjà le temps de la reconnaissance et de la fraternité des peuples approche. Déjà à l'horizon flamboie l'aube de Notre Jour.

Leon Simon, dans *Studies in Jewish Nationalism*, se fait l'écho de Nossig et de nombreux autres philosophes juifs lorsqu'il écrit : "L'ère messianique signifie pour le Juif non seulement l'instauration de la paix sur terre et de la bonne volonté pour les hommes, mais aussi la reconnaissance universelle du Juif et de son Dieu".

De même, le *London Jewish World* des 9 et 16 février 1883 a déclaré :

> "La dispersion des Juifs a fait d'eux un peuple cosmopolite. Ils sont le seul peuple cosmopolite et, à ce titre, ils doivent agir, et agissent, comme le solvant des différences nationales et raciales. Le grand idéal du judaïsme n'est pas que les juifs soient autorisés à se rassembler un jour dans un trou et un coin [en tant que peuple séparé], mais que le monde entier soit imprégné des enseignements juifs et que, dans une Fraternité universelle des nations - un grand judaïsme, en fait - toutes les races et les religions séparées disparaissent."

En dehors des cercles strictement juifs et sionistes, certains ont fini par comprendre la nature profonde du sionisme, qui s'oppose à l'indépendance des peuples du monde entier. En Russie, en particulier, où le sionisme et le bolchevisme juif ont tenu le haut du pavé pendant si longtemps, divers écrivains (même pendant les dernières années de l'ère soviétique) ont abordé ce sujet.

En 1969, le Russe Youri Ivanov a publié en Union soviétique un livre intitulé *Beware : Zionism ! Essais sur l'idéologie, l'organisation et la pratique du sionisme*. Il s'est vendu à 270 000 exemplaires. Il écrit :

> "L'idéologie sioniste L'idéologie sioniste consiste apparemment en la doctrine de la création d'un "État juif". C'est pourquoi, avec une connaissance superficielle, on pourrait penser que la façon sioniste de voir les choses est d'une touchante impuissance et d'une naïveté religieuse...

> Cependant, les dirigeants sionistes ont toujours considéré que la création d'un "État juif" n'était pas un but mais un moyen de réaliser d'autres objectifs beaucoup plus vastes : la restauration du contrôle sur les masses juives, l'enrichissement maximal au nom de l'autorité et de la prospérité parasitaire, la défense et le renforcement de l'impérialisme."

L'idée d'un "État juif", écrit Ivanov, n'était qu'un moyen d'atteindre des objectifs capitalistes et l'objectif sioniste n'a jamais été de concentrer tous les Juifs du monde ou la plupart d'entre eux dans cet État : L'idée était la formation d'un "centre" par lequel il serait possible d'influencer la "périphérie". Et c'est précisément ce que l'"antisioniste" Asher Ginsberg a candidement admis dans ses écrits.

En 1971, un autre écrivain russe, Evgueni Evseïev, dans son ouvrage *Fascism Under the Blue Star : La vérité sur le sionisme contemporain, son idéologie et sa pratique : Le système d'organisation de la haute bourgeoisie juive :*

Selon la logique sioniste, la population juive d'Israël n'est pas une nation mais "une partie d'une nation", puisque les Juifs du monde entier constituent une seule et même nation, désormais et pour toujours. Les sionistes soutiennent que cette nation, dispersée dans le monde entier, erre d'un endroit à l'autre... Les sionistes peuvent encore tirer parti d'éléments tels que les liens du sang entre les immigrants en Israël et les Juifs restés dans leur pays d'origine et insister sur le fait que le judaïsme mondial ne fait qu'un.

Toutefois, Yevseev a déclaré qu'avec le temps, cette situation cesserait d'exister car les Juifs s'assimileraient aux populations indigènes des différents pays. Pourtant, nous pouvons dire rétrospectivement que cela ne semble pas s'être produit, en dépit des souhaits et des rêves de bonnes personnes de toutes confessions. Mais Yevseev a noté que le sionisme a, en fait, "[absorbé] le judaïsme en tant qu'élément constitutif". Il a ajouté : "Le sionisme a effectivement absorbé le judaïsme en tant qu'élément constitutif :

> Le judaïsme et le sionisme réduisent la géographie et l'ethnographie des différents peuples à une division simple et pratique en deux pays et deux nations, les Juifs et les Goyim (les non-Juifs). Les Goyim sont l'ennemi et le clergé juif et le régime sioniste israélien,, mettent en effet les non-Juifs hors la loi et créent un état d'inimitié interrompue entre les Juifs et tous les autres peuples, justifiant une religion de misanthropie et de haine envers les personnes d'autres religions pour servir la stratégie globale de l'impérialisme.

Le nationaliste polonais Roman Dmowski, déjà cité, a réfléchi à l'influence de la richesse juive sur le reste de la société. Il a écrit :

> Les Juifs ont accumulé de grandes richesses et ont joué un rôle important dans la vie sociale et politique des pays. En outre, l'accumulation de richesses a rapidement accru le rôle [des Juifs] en

raison de la dépendance matérielle de larges cercles de la société européenne à leur égard.

Il s'en est suivi une période où, plus que jamais, a régné l'objectif de rendre la hiérarchie sociale une hiérarchie exclusivement de propriété dans laquelle ... ceux qui disposaient de l'argent avaient à leur service de nombreux rangs de personnes qui travaillaient pour eux.

Cela explique les légions de défenseurs du judaïsme et de combattants des intérêts [juifs] qui ont vu le jour au XIXe siècle ...

À cela s'ajoutent des organisations internationales secrètes, dans lesquelles les Juifs ont toujours eu leurs défenseurs et dans lesquelles, à une certaine époque, selon toutes les données, ils [les Juifs] occupaient des postes de direction.

Tout cela a été facilité par le fait qu'ils n'appartenaient vraiment à aucune nation et qu'ils vivaient parmi toutes ; ils ont été créés, comme à dessein, pour jouer le rôle principal dans toutes les entreprises internationales.

Pendant cette période, malgré le fait que le peuple juif vivait au sein de toutes les nations et adoptait les coutumes des nations dans lesquelles il vivait, il subsistait ce que Dmowski appelle une "uniformité d'instincts et une cohérence raciale" qui permettait aux Juifs de conserver un lien étroit entre eux. Et ce, précise Dmowski, "non seulement parmi les Juifs qui [s'assimilent] et se privent souvent de croyances religieuses et les Juifs de type ancien, dits 'orthodoxes', mais aussi parmi les Juifs de tous les pays".

C'est ainsi que la montée en puissance de l'argent juif international, déjà bien en place, s'est faite au moment où l'idéologie sioniste (c'est-à-dire juive) de conquête globale, d'imperium mondial - l'utopie juive - atteignait son apogée dans les cercles philosophiques juifs.

Ainsi, après avoir examiné les fondements idéologiques du Nouvel Ordre Mondial, nous allons maintenant commencer notre étude de la montée en puissance de la finance juive et de l'évolution de la dynastie Rothschild en tant que force principale au sein de ce pouvoir économique, moteur essentiel de la mise en œuvre du Nouvel Ordre Mondial.

Ci-dessus, une caricature d'époque montrant des ploutocrates juifs à la Bourse de Londres recevant des informations susceptibles d'avoir un impact sur leurs manipulations financières. Le pouvoir financier juif s'est développé dans toutes les capitales européennes au cours du XIXe siècle, mais Londres est devenue, à bien des égards, "la capitale du capital juif".

Bien qu'il y ait eu de nombreux trafiquants d'argent juifs indépendants et très riches en Grande-Bretagne et ailleurs, la montée en puissance de la Maison Rothschild en Grande-Bretagne (et dans toute l'Europe) a finalement amené ces autres barons de l'argent dans la sphère d'influence de Rothschild. La montée en puissance de l'argent juif international a conduit à un débat de plus en plus ouvert - à tous les niveaux - sur ce phénomène remarquable et son impact sur les affaires mondiales.

CHAPITRE IV

L'essor de la puissance monétaire juive internationale

Il est absolument impossible de parler du Nouvel Ordre Mondial sans évoquer l'incroyable richesse (et par conséquent le pouvoir politique) que le peuple juif a rassemblée. En commençant par les familles bancaires juives en Grande-Bretagne et sur le continent européen, la richesse juive a atteint un niveau extraordinaire. Et comme nous le verrons, l'ascension de la dynastie Rothschild en a été le point culminant, conduisant finalement à la situation politique et économique qui a rendu possible la construction du mécanisme du Nouvel Ordre Mondial.

Bien qu'il soit politiquement incorrect de citer Adolf Hitler - peut-être le critique le plus infâme de l'histoire à l'égard des Juifs - dans le contexte de quelque discussion que ce soit, Hitler - dans *Mein Kampf* - *a évalué la* nature du pouvoir financier juif et ses conséquences. C'est précisément parce qu'Hitler est un personnage si controversé (dont le rôle dans les affaires mondiales continue de se répercuter aujourd'hui) qu'il est important d'examiner ce qu'il avait à dire : Les Juifs entrent d'abord dans les communautés en tant qu'importateurs et exportateurs. Ils deviennent ensuite des intermédiaires pour la production interne. Ils ont tendance à monopoliser le commerce et la finance. Ils deviennent les banquiers de la monarchie. Ils attirent les monarques dans des extravagances afin de les rendre dépendants des prêteurs juifs. Ils recherchent la popularité en faisant preuve de philanthropie et de libéralisme politique. Ils favorisent le développement des sociétés par actions, de la spéculation boursière et des syndicats. Par le contrôle de la presse, ils créent des troubles. La finance internationale et le communisme international sont des ruses juives pour affaiblir l'esprit national.

De peur que quelqu'un ne rejette cela comme de la "propagande nazie", notez la nature similaire de ce que Leon Poliakov, le célèbre historien juif, a écrit un jour : Au début de l'histoire moderne, les Juifs ont découvert que la vénération de l'argent était la source de toute vie. De plus en plus, chaque action de la vie quotidienne des Juifs était soumise au paiement d'une taxe. Il doit payer pour aller et venir, payer pour avoir le droit de prier avec ses coreligionnaires, payer pour se marier, payer pour la naissance de son enfant, et même payer pour transporter un cadavre au cimetière.

Sans argent, la juiverie était inévitablement vouée à l'extinction.

Ainsi, les rabbins considèrent désormais les oppressions financières, par exemple le moratoire sur le remboursement des dettes des juifs ..., au même titre que les massacres et les expulsions, y voyant une malédiction divine, une punition méritée d'en haut.

Ci-dessus, une affiche de campagne française de 1889 pour Adolphe-Leon Willette, un peintre et lithographe français qui s'est présenté en tant que candidat ouvertement "antisémite" à une élection locale à Paris. Son affiche déclarait, entre autres, que "les Juifs sont une race différente, hostile à la nôtre [...] le judaïsme est l'ennemi". On y voit des ouvriers, des artisans et d'autres Français chrétiens triompher du pouvoir de l'argent juif, représenté par une vache couronnée, et le décapiter. À leurs pieds se trouve le Talmud, reconnu depuis longtemps comme le moteur des intrigues juives en Europe et dans le monde.

Dès le 27 septembre 1712, le *Spectator* de Londres écrivait à propos des Juifs : Ils sont tellement disséminés dans toutes les parties commerciales du monde qu'ils sont devenus les instruments par lesquels les nations les plus éloignées conversent les unes avec les autres et par lesquels l'humanité est soudée dans une correspondance générale.

Dans *The Jews and Modern Capitalism*, Werner Sombart écrit que l'exclusion de la vie publique a profité non seulement à la situation économique des Juifs, mais aussi à leur situation politique :

Elle a libéré les Juifs de tout esprit de parti. Leur attitude à l'égard de l'État et du gouvernement de l'époque était dépourvue de tout préjugé. Grâce à cela, leur capacité à devenir les porte-drapeaux du système capitaliste international était supérieure à celle des autres peuples, car ils approvisionnaient les différents États en argent, et les conflits nationaux étaient l'une des principales sources de profit pour les Juifs. De plus, l'incolore politique de leur position leur permet de servir des dynasties ou des gouvernements successifs dans des pays qui, comme la France, sont soumis à de nombreux changements politiques. L'histoire des Rothschild illustre ce point.

Dans son livre de 1982 au titre provocateur, *Jews and Money : The Myths and the Reality*, publié par Ticknor and Fields, l'auteur juif américain Gerald Krefetz déclarait sans ambages :

L'acquisition d'argent [par les Juifs] est devenue un acte réflexe, aussi instinctif que le fait de cligner des yeux lorsqu'une main menace l'œil et aussi sûr que la fuite d'une antilope dans la plaine du Serengeti.

Pour le Juif, l'argent ne représente pas la sécurité, car il semble constitutionnellement peu sûr, ni une forme de camouflage, [car] les Juifs choisissent souvent de se tenir à l'écart et de se démarquer.

> Pour le Juif, l'argent est une sécurité, un outil de survie. Au fil des ans, la manipulation, le gain, la création et l'épargne de l'argent ont été élevés au rang d'un art raffiné, résultat d'une conduite sociale défensive qui s'est transmise de génération en génération.

Décrivant les Juifs comme "un merveilleux exemple" pour la nouvelle science de l'éthologie - qui, selon Krefetz, est l'étude biologique des paradigmes, des modèles et des gestes en tant qu'indices pour comprendre le caractère, en d'autres termes, l'étude du comportement animal - Krefetz a déclaré, avec candeur, que "tout examen de l'évolution sociale des Juifs à l'époque récente ( ) doit se concentrer sur le mécanisme de défense le plus puissant - l'acquisition d'argent - puisqu'il est si essentiel à leur existence et à leur survie".

Se référant à l'ouvrage précité de Werner Sombart, *Les Juifs et le capitalisme moderne*, Krefetz a noté que Sombart avait conclu que le judaïsme était une religion favorable au développement du capitalisme : "Non seulement le judaïsme a stimulé la croissance économique, mais dans certains domaines, les Juifs ont été à l'origine des premières étapes nécessaires, et ils ont même rendu le capitalisme possible. Il attribue aux Juifs un rôle important dans le commerce international. Sombart a déclaré que les Juifs ont été "les premiers à placer sur les marchés mondiaux les produits de base du commerce moderne".

Les commerçants juifs se sont spécialisés dans les produits de luxe tels que les pierres précieuses et les lingots et ont joué un rôle particulièrement important dans la colonisation de l'Amérique latine.

Sombart a également relevé certaines des institutions économiques que les Juifs ont contribué à créer, notamment les bourses, les instruments négociables, les obligations publiques et les billets de banque. En outre, les Juifs étaient actifs dans la promotion du libre-échange, de la publicité et de la concurrence. Autant de facteurs nouveaux dans le monde de ce que l'on appelle aujourd'hui le "capitalisme".

Sombart a fait remonter les traditions juives dans ces domaines du capitalisme au Pentateuque et au Talmud (et à d'autres sources religieuses juives), qui contiennent des commentaires sur l'intérêt, l'usure, le droit commercial, les transactions juridiques et la propriété. Sombart a affirmé que ce "génie juif" du capitalisme découlait du "contrat avec Dieu" - une alliance bilatérale.

En explorant l'histoire des "Juifs et de l'argent" dans son livre portant le même titre, Gerald Krefetz reconnaît avec candeur que "historiquement, les Juifs ont fait preuve d'un talent remarquable pour manipuler l'argent. Au fil des ans, cette inclination les a conduits dans le monde de la banque et de la finance, et nulle part ailleurs ils n'ont exercé leurs talents financiers avec autant de brio qu'en Amérique. La libre entreprise et l'émancipation politique leur ont permis d'exercer et d'affiner ces compétences, qui évoluent depuis un millier d'années.

Pendant la majeure partie de ces mille ans, note Krefetz, les Juifs n'étaient pas des banquiers au sens moderne du terme. Ils étaient, écrit-il, "des prêteurs d'argent plus proches des prêteurs sur gages et des cambistes". Krefetz a décrit l'évolution des Juifs, qui sont devenus les rois de la finance des temps modernes, jusqu'à la montée en puissance de l'empire Rothschild : Au début, ils prêtaient de l'argent lorsque personne d'autre ne pouvait ou ne voulait le faire, soit en raison d'un manque de liquidités, soit en raison d'injonctions [de l'Église] interdisant aux [chrétiens] de prêter de l'argent à intérêt.

Plus tard, lorsque l'argent est devenu plus abondant et que les interdictions chrétiennes ont été ignorées par certains, le prêt est devenu populaire et les prêteurs juifs ne se sont plus retrouvés qu'avec des clients pauvres. À ce moment-là, les Juifs ont été exclus de presque tous les moyens de subsistance qui présentaient un quelconque attrait pour les Gentils. Les injonctions étaient appliquées soit par la déportation, soit par l'enfermement dans des ghettos.

Quelques Juifs devenus riches et puissants en tant qu'auxiliaires ou administrateurs des souverains - les Juifs de la Cour - ont été les précurseurs des financiers modernes. Leur travail consistait à collecter des revenus par le biais de l'exploitation fiscale, à négocier des prêts et à approvisionner l'armée en tant que corps d'intendance unique.

La banque moderne a débuté au XIXe siècle avec l'essor de la maison Rothschild. Ils n'étaient pas les seuls banquiers juifs importants en Europe : en effet, un nombre surprenant de banques continentales ont été fondées par des Juifs.

L'ancien juif de la Cour avait principalement collecté de l'argent pour les dirigeants locaux afin de couvrir ses dépenses, sa diplomatie personnelle et ses extravagances. Les nouveaux banquiers proposent des prêts à l'État pour financer les industries émergentes et les chemins de fer.

Avant l'apparition des banques juives modernes dans la sphère Rothschild, il y avait également une présence juive considérable dans le monde de l'argent. *L'histoire économique des Juifs* le rappelle :

Les princes médiévaux ont eu recours aux services commerciaux et financiers de certains Juifs. Cependant, en tant qu'institution, le juif de cour est une caractéristique de l'État absolutiste, en particulier en Europe centrale, à partir de la fin du XVIe siècle.

Cherchant autant que possible à étendre son pouvoir sur l'ensemble de son territoire, le souverain mettait en place une administration centralisée au sein de sa cour, qui devenait en même temps le centre du pouvoir et présentait un étalage de luxe somptueux. Sur le plan économique, un Juif pouvait rendre de grands services à un tel souverain.

En Pologne, de nombreux domaines fonciers sont administrés par des Juifs et une grande partie du commerce des produits agricoles est entre leurs mains.

Cette situation, combinée à l'émergence d'une activité commerciale capitaliste juive précoce par les Séfarades aux Pays-Bas et à leurs liens avec le commerce levantin par l'intermédiaire des Juifs de l'Empire ottoman, a fait du Juif d'Europe centrale un agent particulièrement apte à approvisionner les armées en céréales, en bois et en bétail, ainsi qu'un fournisseur de diamants et d'autres biens destinés à la consommation ostentatoire.

Comme la collecte des impôts et l'élargissement du champ d'application de la fiscalité étaient souvent très en retard par rapport aux dépenses croissantes de la cour, de l'armée et de la bureaucratie, ce type de régime a développé un déficit financier presque chronique.

C'est là que les Juifs, grâce à leur sens de l'organisation et à leurs relations étendues, pouvaient apporter leur aide, en fournissant fréquemment des crédits commerciaux ou de l'argent liquide, ainsi que des denrées alimentaires, des tissus et des armes pour l'armée, l'instrument le plus important du pouvoir du prince.

Tout cela a jeté les bases de la montée en puissance des familles de banquiers telles que, notamment, les Rothschild :

> Dans toutes leurs activités variées, les Juifs de la Cour ont joué un rôle remarquable dans le développement des facilités de crédit internationales, en particulier dans les États d'Europe centrale et, dans une certaine mesure, en Europe du Nord également, du milieu du XVIIe siècle à la fin du XVIIIe siècle.

En général, ils étaient des agents qui organisaient des transferts de crédit plutôt que des détenteurs de vastes capitaux à part entière ; grâce à leurs relations commerciales étendues et à leur sens de l'organisation, ils étaient en mesure de fournir des fonds plus rapidement que la plupart des banquiers chrétiens.

Grâce à leur spécialisation dans le commerce de l'argent, ils pouvaient fournir plus facilement l'argent pour les monnaies et agir plus facilement en tant que fournisseurs de l'armée, une fois de plus grâce à leur capacité d'organisation et à leur réseau de relations familiales. Grâce à leur esprit d'entreprise, ils ont contribué en partie au processus d'industrialisation dans le cadre de la politique mercantiliste.

Il ne fait aucun doute qu'ils ont joué un rôle déterminant dans la croissance de l'État absolu moderne et, à la fin de l'époque, un groupe de plusieurs banquiers privés juifs importants a émergé, illustrant la transition vers des méthodes modernes d'économie et de gouvernement, principalement les Rothschild, les Goldsmid, les Oppenheimer et les Seligman.

Les auteurs ajoutent, presque après coup :

> "Cependant, il ne faut pas oublier que les tribunaux avaient aussi leurs banquiers, leurs entrepreneurs et leurs agents de l'armée chrétiens, qui ont également joué un rôle dans ce développement".

Quelle gentillesse de la part de ces auteurs judéo-centrés, qui écrivent pour une maison d'édition judéo-centrée, de rendre hommage aux chrétiens !

L'émergence de la Grande-Bretagne en tant que centre prééminent de la finance juive est essentielle pour nous. Au cours des premières années de la Seconde Guerre mondiale, l'agence de presse allemande, World-Service, a fait le point sur cette histoire peu connue.

La montée en puissance de la juiverie en Angleterre s'est déroulée en trois étapes bien définies, séparées par des intervalles d'environ 100 ans.

Sous le règne de Cromwell et pendant la première moitié de la période révolutionnaire, sous Charles II, les Juifs, après avoir été bannis d'Angleterre pendant plus de 350 ans, affluent à nouveau en Angleterre.

Le règne de Cromwell se caractérise par une politique impériale britannique franche. En ce qui concerne sa politique financière et politique, Cromwell comptait sur les Juifs pour être l'épine dorsale de son expansion coloniale. Des agents juifs se livrent à l'espionnage économique et politique pour le compte de Cromwell, profitant des maisons d'affaires juives dans les pays étrangers.

À l'époque de Cromwell, tout comme 100 et 200 ans plus tard, une petite clique juive dirigeante s'est formée, à la tête de laquelle un Juif est apparu comme l'épine dorsale de la nouvelle politique économique coloniale. À l'époque de Cromwell, c'est le richissime juif séfarade Antony Fernandez Carvajal qui occupait cette position.

Cent ans plus tard, la deuxième étape de la montée en puissance des Juifs en Angleterre commence. La clique juive en Angleterre était alors dirigée par le richissime juif sépharade Sampson Gideon, qui exerçait également une grande influence sur les ministres anglais. À cette époque, l'influence des Juifs sur le capital financier en Angleterre était déjà si grande que, sans exagération, on peut dire que les Juifs anglais contrôlaient le marché monétaire anglais.

Sous la direction de Sampson Gideon, les Juifs cherchèrent à briser la barrière érigée par les lois approuvées à l'époque contre l'afflux de Juifs étrangers. La nation anglaise, excitée par la colère, s'opposa vigoureusement à cet effort juif. Les Juifs ne pouvaient donc rien accomplir par des moyens constitutionnels, mais leur pouvoir était déjà si grand, et en travaillant dans les coulisses, les Juifs anglais influents ont veillé à ce que ces lois approuvées par le temps soient contournées et réduites à néant.

Cent ans plus tard, au XIXe siècle, nous avons connu la dernière période, la plus décisive, au cours de laquelle les Juifs ont tenté de s'émanciper. Au début de l'ère victorienne, des personnalités juives telles que Rothschild, Montefiore, Bernal, Montagu, Ricardo et Disraeli se sont battues pour obtenir l'égalité des droits pour les Juifs dans le cadre de la législation anglaise.

Une fois que les Juifs ont été reçus à la cour et qu'ils ont obtenu la citoyenneté, la noblesse anglaise ne se sent plus dégradée par les mariages mixtes avec des Juifs. La pénétration et la désintégration de la noblesse anglaise par la juiverie se poursuivent sans interruption. Sans interruption, l'invasion juive de la classe dirigeante, dont l'opposition nationale était brisée, s'est poursuivie sur une large base. Après que la juiverie eut ainsi réussi à s'introduire dans la noblesse, elle put, à partir de cette position de force, poursuivre sa campagne contre la nation anglaise.

Elle entame alors la troisième étape de sa conquête de l'Angleterre. En l'espace d'une centaine d'années, elle y est parvenue. Sous le règne de la reine Victoria, la dernière résistance de la nation anglaise fut brisée. Juda avait conquis l'Angleterre. La ploutocratie juive-anglaise était stabilisée par les Juifs et par des sections de la classe dirigeante, qui était liée à elle par les liens du sang, et qui devait encore s'étendre au cours du 20ème siècle. L'intérêt juif et l'intérêt de l'aristocratie judéo-anglaise sont désormais identiques.

Grâce à ce système ploutocratique de gouvernement, l'impérialisme juif et l'impérialisme britannique étaient fermement soudés l'un à l'autre. Les mains fortes par lesquelles les Juifs avaient lié la noblesse anglaise à eux-mêmes étaient celles des liens du sang et du capital financier. L'or juif devient le maître incontestable de l'Angleterre. L'absence de scrupules et l'agressivité des Juifs, l'avarice et la cupidité des Juifs deviennent désormais les caractéristiques et l'empreinte des classes dirigeantes, qui doivent désormais compter avec les Juifs.

Ce sont les pierres angulaires qui ont servi à construire l'Empire britannique sous sa forme actuelle. Ce sont les fondations sur lesquelles il repose.

Si la famille Rothschild exerce son influence par le biais de ses banques à Londres, Paris, Francfort, Vienne et Naples, d'autres grands noms de la finance juive, tels que Bleichroder à Berlin, Warburg à Hambourg, Oppenheim à Cologne et Speyer à Francfort, apparaissent également comme de puissants seigneurs de l'argent qui travaillent en collaboration les uns avec les autres et avec les Rothschild, souvent en concurrence, certes, mais tous liés par leur héritage et leurs traditions juives. Il y avait aussi les Hambro de Londres, les Sassoon de Bombay et la maison Guinzberg de Saint-Pétersbourg.

Bien que ces empires bancaires soient équivalents à ce que l'on appelle aujourd'hui des "banques d'affaires" ou des "banques d'investissement", les Juifs ont également joué un rôle important dans la création de banques dites "commerciales" (plus proches de la banque "moyenne" avec laquelle le commun des mortels traiterait pour obtenir des services financiers) telles que la Deutsche Bank et la Dresdner Bank, deux des "trois grandes" banques allemandes, le Crédit Mobilier et la Banque de Paris et des Pays-Bas en France, la Banca Commerciale Italiana et le Credito Italiano en Italie, le Creditanstalt-Bankverein et la Banque de Bruxelles, entre autres.

Aux États-Unis, les banquiers juifs se sont multipliés : Haïm Solomon, célèbre pendant la guerre d'Indépendance (bien que certains contestent l'affirmation selon laquelle Solomon était "le patriote juif qui a financé la révolution américaine ") et Isaac Moses qui, avec Alexander Hamilton, a fondé la Banque de New York en 1784.

Krefetz a cité les maisons bancaires juives qui se sont développées en Amérique à partir de 1840 : Bache, Goldman, Sachs, J. W. Seligman, Kuhn Loeb, Ladenburg, Thalmann, Lazard Frères, Lehman Brothers, Speyer et Wertheim. Krefetz note que ces banques juives basées aux États-Unis avaient tendance à se marier entre elles et agissaient souvent de concert, projetant ainsi "l'image d'un pouvoir concentré".

Et il va sans dire qu'au milieu de tout cela, les Rothschild opéraient déjà sur le sol américain par l'intermédiaire de leur agent américain, August Belmont, qui travaillait avec bon nombre de ces autres forces capitalistes juives.

Ce qui est intéressant, c'est que Krefetz suggère que ces banques juives n'étaient pas en mesure de concurrencer ce qu'il appelle les banques "protestantes", parmi lesquelles Morgan, Drexel, Gould, Fiske, Harriman et Hill étaient les plus importantes.

Mais, comme nous le verrons plus loin dans ces pages, nombre de ces éléments étaient en fait sous l'emprise de Rothschild et d'autres influences juives.

Pour mémoire, Krefetz a ajouté que, selon lui, il n'y a pas de preuve réelle d'une conspiration internationale de banquiers juifs, mais que "certains juifs du secteur bancaire ont conspiré".

Le jeu de l'argent, a-t-il dit,

> "exerce sur les Juifs une fascination que certains pourraient qualifier d'équivalente au sexe pour les Français, à la nourriture pour les Chinois et au pouvoir pour les politiciens. Et depuis la diaspora [la dispersion des communautés juives], leurs préoccupations financières ont toujours eu une saveur internationale".

Dès 1879, l'essayiste allemand antijuif Wilhelm Marr déclarait franchement que le pouvoir de l'argent juif avait acquis une influence prédominante, en Allemagne en particulier, mais il reconnaissait que ce pouvoir avait une portée internationale. Marr a décrit ses propres écrits comme étant "moins une polémique contre la juiverie que la confirmation d'un fait culturel et historique". Il a ajouté que tout langage intempestif qu'il a pu utiliser "doit être compris comme un simple cri de douleur de l'un des opprimés".

Par "opprimés", Marr entendait le reste des nombreux Européens et peuples du monde entier qui se trouvaient, comme l'a dit un écrivain anglais quelques années plus tard, "sous le talon du Juif" - en référence, en effet, au pouvoir de l'argent juif.

Soulignant que de nombreuses personnes ont écrit des choses désagréables sur les Juifs et la communauté juive organisée, Marr a noté que, néanmoins,

> "notre suffisance nous empêche encore d'admettre ouvertement et honnêtement qu'Israël est devenu une puissance mondiale de tout premier plan".

Il a insisté sur le fait qu'il n'y avait aucun préjugé religieux dans ses écrits. Il permettait simplement à ses lecteurs de se regarder dans ce qu'il appelait "le miroir" des faits culturels et historiques. Il conseillait aux lecteurs de ses œuvres pessimistes de ne pas lui en vouloir si ce miroir leur montrait qu'ils étaient des esclaves.

"Sans la moindre ironie, écrit-il, je proclame publiquement le triomphe historique mondial de la juiverie, la nouvelle d'une bataille perdue, la victoire de l'ennemi sans la moindre excuse pour l'armée en détresse. Il qualifie ses conclusions brutales (et sombres) de "candeur".

Marr a noté que "tout au long de l'histoire, les Juifs ont été détestés par tous les peuples sans exception". Il a souligné qu'une grande partie de cette haine et de cette inimitié n'était pas due à la religion juive et à ses enseignements (en particulier son mépris pour les non-Juifs) - même s'il a reconnu que cela jouait un certain rôle - mais plutôt, selon Marr, au fait que le peuple juif avait été capable de s'adapter à ce qu'il a appelé "l'idolâtrie des autres peuples".

À propos du conflit historique entre Rome et Jérusalem, Marr note que "lorsqu'un peuple en subjugue un autre, il se produit généralement l'une des deux situations suivantes : soit le conquérant se fond dans la culture du conquis et perd sa spécificité, soit le conquérant réussit à imprimer sa spécificité au conquis". Marr a cité les Mongols qui ont conquis la Chine sous Gengis Khan et sont ensuite devenus Chinois. Aussi imposants que soient ces deux phénomènes possibles, ils perdent de leur importance lorsqu'ils sont confrontés à l'histoire culturelle de la juiverie, car dans ce cas, une force entièrement nouvelle entre en jeu. Une race entièrement sémite a été arrachée à sa patrie en Palestine, emmenée en captivité et finalement dispersée.

En ce qui concerne la captivité babylonienne, il semble que les Babyloniens se soient rapidement lassés de leurs captifs juifs, car ils ont été relâchés. La plupart des Juifs retournèrent en Palestine, mais les banquiers et les riches restèrent à Babylone, malgré les cris de colère des anciens prophètes juifs.

À certains égards, Marr fait preuve d'une grande sympathie à l'égard de la situation juive. Il souligne que "les Juifs se sont laissés utiliser par les grands de ce pays afin qu'ils puissent effectuer leurs transactions monétaires aux dépens des gens du peuple". Marr ajoute :

> "Très doués, très talentueux dans ce sens, les Juifs ont dominé le commerce de gros et le commerce de détail au Moyen-Âge. Ils ont rapidement dépassé ceux qui gagnaient leur pain à la sueur de leur front".

Ce qui était intéressant, selon M. Marr, c'était la dynamique de la situation.

Bien que les gens du peuple aient constaté qu'en raison de leurs différences religieuses, les Juifs ne partageaient pas les considérations éthiques des non-Juifs, les Juifs, tant qu'ils gagnaient de l'argent, toléraient tout :

> "Opprimés par le haut selon la politique officielle, les Juifs pouvaient continuer à agir par le bas en toute impunité. Le peuple", dit-il, "n'était pas autorisé à se plaindre de son exploitation par les puissants et leurs agents, les Juifs".

En conséquence, a souligné Marr, la religion a été introduite dans l'équation par ceux qui étaient furieux d'être exploités par les Juifs et par ceux pour qui les Juifs agissaient en tant qu'agents. Il y a donc eu des pogroms occasionnels. Cependant, étonnamment, les Juifs n'ont pas demandé leur propre émancipation, car ils craignaient que cela n'interfère avec leurs transactions financières. Bien que les Juifs "aient été ridiculisés par les érudits, malmenés par la foule, persécutés par les zélotes de l'Église médiévale", ils ont néanmoins "conquis le monde grâce à [leur] esprit juif", a déclaré M. Marr.

Un autre critique allemand du pouvoir financier juif, Adolf Stoecker, ne se contente pas de mettre le doigt sur les problèmes. Il a proposé un certain nombre de solutions qu'il espérait voir utilisées :

Les maladies sociales que les Juifs ont apportées avec eux doivent être soignées par une législation judicieuse. Il ne sera pas facile de soumettre le capital juif aux limitations nécessaires.

Seule une législation organique peut y parvenir. Abolition du système hypothécaire dans l'immobilier ...changement du système de crédit qui libère l'homme d'affaires du pouvoir arbitraire du grand capital ;

changement du système boursier ; ...limitation de la nomination des juges juifs à leur proportion par rapport à la population totale.

S'adressant plus particulièrement à la puissance monétaire internationale de l'empire Rothschild, Henry Ford, le grand industriel, a déclaré que la puissance Rothschild, telle qu'on la connaissait autrefois,

> "avait été tellement élargie par l'entrée d'autres familles bancaires dans la finance gouvernementale, qu'elle devait désormais être connue non pas sous le nom d'une famille de Juifs, mais sous le nom de la race".

Ainsi, selon Ford, cette combinaison est désormais appelée "Finance juive internationale". Il a écrit : Une grande partie du voile du secret qui a tant contribué au pouvoir des Rothschild a été enlevé ; le financement de la guerre a été qualifié pour toujours de "prix du sang" ; et la magie mystérieuse entourant les grandes transactions entre les gouvernements et les individus, par laquelle les contrôleurs individuels de grandes richesses restent les véritables dirigeants des peuples, a été en grande partie enlevée et les faits simples ont été révélés. La méthode Rothschild reste cependant valable, dans la mesure où les institutions juives sont affiliées à leurs institutions raciales dans tous les pays étrangers.

Ainsi, après avoir passé en revue l'ascension des Juifs en tant que rois de la finance mondiale, nous allons maintenant disséquer l'histoire du plus grand de tous les noms de la puissance monétaire juive internationale : la Maison Rothschild, incontestablement *la force prééminente dans le mouvement pour un Nouvel Ordre Mondial ...*

Meyer Rothschild, fondateur de l'empire Rothschild, est représenté - à la manière d'un imitateur - en train de dominer la planète avec ses vautours affamés sur le point d'être lâchés sur les peuples en faillite de la terre. En médaillon, on voit la maison originale de la famille Rothschild à Francfort, en Allemagne, à partir de laquelle Rothschild a lancé son infâme dynastie de prédateurs.

CHAPITRE V

Le règne de la maison Rothschild : le cadre d'un empire juif mondial

Le grand iconoclaste américain, le poète Ezra Pound, était, comme nous l'avons déjà noté, très préoccupé par le pouvoir de la finance juive internationale et par sa politique perfide et dévastatrice de l'usure, par les tactiques qui ont amené les gouvernements et les peuples - les économies de toute la planète - sous l'emprise de l'élite juive.

Pound a souligné qu'il était insensé de prêcher l'antisémitisme sans s'attaquer spécifiquement à la construction financière qui avait permis aux Juifs de régner en maîtres, et sans chercher à y mettre un terme. Dans *Gold and Work*, publié en 1944, il le dit sans ambages : "Il est bien sûr inutile de se livrer à l'antisémitisme en laissant intact le système monétaire hébraïque qui est leur plus formidable instrument d'usure."

En fait, après des siècles, c'est la maison Rothschild qui a fini par dominer ce "système monétaire hébraïque" mondial sur lequel Pound écrivait et donnait des conférences avec tant d'intrépidité et d'acharnement.

L'histoire économique des Juifs, par les écrivains juifs Salo W. Baron, Arcadius Kahan et d'autres (publié par Schocken Books, un éditeur à orientation juive, en 1975), résume les débuts de l'histoire de la famille Rothschild à l'époque où elle s'est imposée comme l'empire bancaire juif prédominant. Bien que le fondateur de la famille, Meyer Amschel Rothschild (1744-1812), ait été actif en tant que prêteur d'argent dès 1763, c'est au début des années 1800 que l'empire Rothschild, désormais aux mains de ses cinq fils, a consolidé sa position en tant que force prééminente de la finance juive internationale. Voici une évaluation succincte de l'ascension des Rothschild dans l'ouvrage de Schocken intitulé *Economic History of the Jews (Histoire économique des Juifs)* : La banque juive commence au XIXe siècle avec la montée en puissance de la maison Rothschild à Francfort, ville qui devient le nouveau centre bancaire de l'Europe à la suite des bouleversements politiques provoqués par la Révolution française et les guerres napoléoniennes.

Le fondateur de la maison, qui est devenue le symbole du type de banque d'affaires du XIXe siècle, Meyer Amschel Rothschild, a commencé comme banquier de l'Électeur de Hesse-Kassel. Ses fils sont devenus de grands banquiers européens : Amschel Meyer à Francfort, Salomon Meyer à Vienne, Karl Meyer à Naples, James Meyer à Paris et Nathan Meyer à Londres.

Après la mort d'Abraham Goldsmid et de Francis Baring en 1810, Nathan Rothschild devient la figure dominante du marché monétaire londonien. La majorité des transactions financières anglaises avec le continent passent par les bureaux des Rothschild.

Après le Congrès de Vienne en 1815, les Rothschild étendent leurs activités à la plupart des États européens, se spécialisant dans la liquidation de monnaies de papier gonflées et dans la fondation de dettes publiques flottantes.

En 1818, ils ont accordé des prêts aux gouvernements européens, en commençant par la Prusse, puis en émettant en faveur de l'Angleterre, de l'Autriche, de Naples, de la Russie et d'autres États, en partie en collaboration avec Baring, Reid, Irving & Company.

Entre 1815 et 1828, le capital total des Rothschild passe de 3 332 000 à 118 400 000 francs.

L'étude monumentale de Chaim Bermant, *The Cousinhood : A Vivid Account of the English-Jewish Aristocracy - une* aristocratie qu'il appelle "les Cohen, Rothschild, Goldsmid, Montefiores, Samuels et Sassoons" - et qui a été publiée en 1971 par MacMillan, note que le fondateur de la dynastie Rothschild, Meyer (parfois rendu par "Maier" et "Mayer") Rothschild, a reçu une formation de rabbin et que Meyer "chérissait toutes les traditions juives". Sa femme, Guttele, était la matriarche juive classique de la légende, comme l'attestent tous les récits sur la famille Rothschild.

Et comme nous l'avons noté au début - et cela mérite d'être répété - un biographe admiratif de Rothschild a dit de lui qu'il était "un croyant zélé du Talmud et qu'il le choisissait comme seul principe directeur de toutes ses actions". De même, Chaim Bermant a rapidement affirmé que l'interaction entre la vie religieuse, sociale, académique et économique des Juifs était un aspect de longue date de la vie juive qui enveloppait tant la famille Rothschild et d'autres grandes familles bancaires juives, voire tous les Juifs.

Il est important de le reconnaître lorsqu'on examine le rôle que la philosophie religieuse talmudique, qui remonte à l'époque glorieuse de la vie juive à Babylone, a joué dans l'ascension de la maison Rothschild et son rôle dans la promotion de ce que nous appelons aujourd'hui le Nouvel Ordre Mondial. Bermant a écrit : Une synagogue n'est ni un temple ni une église juive. Elle est apparue comme une institution à Babylone, sur la place du marché, où les Juifs, après s'être rassemblés pour faire du commerce, étaient encouragés à rester pour prier. Dans les ghettos d'Europe, elle était le point de rencontre de la communauté, où ils pouvaient se réunir pour prier, chanter, étudier, parler, passer le temps, pleurer les moments tristes, célébrer les moments heureux.

Au sujet de la "Cousinhood" - les familles juives d'élite basées en Grande-Bretagne mais ayant des tentacules dans le monde entier - Bermant a écrit que "la Cousinhood n'était pas simplement un groupe de parents. À bien des égards, ils fonctionnaient comme une unité organique et, alors que leurs propres droits [en tant que juifs] n'étaient pas encore totalement garantis, ils mettaient leur richesse et leur influence au service de leurs coreligionnaires persécutés dans d'autres parties du monde. Partout où les Juifs étaient opprimés, des émissaires se précipitaient en Angleterre, chez les Rothschild, à Montefiore, chez les Cousinhood". Ces Juifs d'élite sont ceux qui règnent en maîtres.

Ironiquement, Nathan Rothschild, chef de la branche britannique de la Maison Rothschild, n'avait pas l'image d'un titan mondial. Un voyageur américain en Grande-Bretagne en 1835 a déclaré que Rothschild était "une personne d'apparence très commune, avec des traits lourds, des lèvres pendantes flasques et un œil de poisson projeté. Sa silhouette, corpulente, maladroite et disgracieuse, était enveloppée dans les plis lâches d'un ample surtout".

Cependant, ajoute l'Américain, "il y avait quelque chose d'imposant dans son air et ses manières, et le respect déférent qu'il semblait lui témoigner volontairement montrait qu'il n'était pas une personne ordinaire. La question qui s'imposait était : "Qui est-ce ? Le roi des Juifs", fut la réponse.

Ce roi des Juifs à l'allure disgracieuse et sa famille ont accumulé, au cours du siècle suivant, un puissant empire qui n'avait pas d'égal à l'époque et qui en a encore aujourd'hui.

En 1878, le commandant Osman Bey a rédigé un "essai historique et ethnique" intitulé *La conquête du monde par les Juifs*. L'ouvrage examine comment ce qu'il appelle "le principe des intérêts matériels" asservit les peuples du monde par l'oppression financière. Il décrit ce "principe des intérêts matériels" comme un "pouvoir secret" que le peuple juif, en tant que force unie, a découvert. Il a mis l'accent sur le concept de solidarité juive, suggérant que si l'on attaquait un juif en un lieu, tous les juifs des cinq continents se dresseraient comme un seul homme contre l'agresseur. Ce concept de solidarité juive est à la base de ses écrits dans ce domaine.

Selon lui, les petits usuriers médiévaux se sont transformés en banquiers ou en courtiers modernes. "Les juifs errants d'autrefois sont devenus des spéculateurs astucieux et les vieux marchands de vêtements et colporteurs ont ouvert des entrepôts élégants et des halls industriels. Cependant, il ajoute un point critique qui doit être compris :

Il manquait encore la couronne de l'édifice, c'est-à-dire l'incarnation du mode de principe et d'un pouvoir concret et tangible, qui est inné dans toute entreprise humaine ; car, de même que la règle ecclésiastique ou militaire brute s'est finalement incorporée dans un pape ou un empereur, de même la suprématie monétaire juive devait nécessairement induire la formation d'une dynastie, qui tirait son origine et sa justification permanente du principe des intérêts matériels.

Osman faisait bien sûr référence à l'empire Rothschild.

C'est Rothschild, dit-il, qui s'est élevé

"plus par la force des circonstances que par les conséquences de ses propres efforts, à la position élevée et puissante d'un chef visible de la suprématie juive".

Osman note :

"Tous les Juifs se sont prosternés devant ce nouveau souverain et se prosternent encore depuis que son règne est reconnu d'un bout à l'autre du monde. En tant que roi des finances, Rothschild commande les masses roulantes du capital juif aussi complètement que l'empereur allemand ou russe commande les masses mobiles de ses armées."

Le pouvoir de ce "chef auto-constitué de tous les Juifs", dit Osman,

"ne doit pas être calculé par les milliers de millions qu'il peut appeler les siens, mais par cette masse d'or bien plus grande et vraiment fabuleuse, dont la circulation dépend des ordres émis par son cabinet".

Osman a bien noté que les "masses roulantes du capital juif" avaient une portée internationale :

Chaque millionnaire juif qui effectue des opérations financières à Paris, à Vienne, à Berlin ou aux États-Unis [et notez sa référence de 1878 aux États-Unis-Ed.] est en quelque sorte un lieutenant général de Rothschild, qui régit toujours ses actions en fonction des indications de ce baromètre financier.

Il note que la richesse de trois branches de la famille Rothschild est estimée à environ 3000 millions de dollars et il souligne que "c'est à peu près le montant que le gouvernement français a eu du mal à réunir pour l'indemnité de guerre". Ainsi, conclut-il, "une famille est aussi riche qu'une nation entière". Et d'ajouter : "Quand on pense que cette immense richesse est le fruit du travail de millions de malheureux, on peut douter de sa santé mentale". Osman a tout résumé.

Depuis que le monde existe, un tel état de choses contre nature n'a jamais été connu. Le chef de la famille Rothschild est donc un potentat, un souverain au sens plein du terme, et ses sujets sont les millions d'êtres humains qui travaillent sans cesse pour soutenir son pouvoir et sa splendeur.

Les Rothschild possèdent une douzaine de châteaux, véritables résidences royales, situés dans les pays les plus magnifiques et les plus cultivés.

Ces souverains y déploient une splendeur et reçoivent les adulations des magnats de cette terre, sans exclure les empereurs et les rois, et pourtant le chef de la famille Rothschild n'accorde que peu de valeur au fait qu'il soit appelé un roi. Sa majesté juive se contente manifestement d'*être un roi* et de jouir du pouvoir que lui procurent d'immenses richesses. Mais à tous autres égards, Rothschild joue littéralement le *rôle d'*un souverain et ne néglige pas les devoirs que lui impose sa dignité royale.

C'est lui qui représente le peuple juif avec splendeur comme d'autres souverains représentent la puissance de leurs nations respectives. Le souverain juif, par exemple, n'hésite jamais à participer à toutes les souscriptions que la mode ou le bruit a investies d'une certaine importance [c'est-à-dire que les juifs insèrent leur argent et leur influence de façon très publique - on pourrait dire "tape-à-l'oeil" - afin de faire connaître et "respecter" leur présence et leur nom - ndlr].

Rothschild prend toujours soin, lorsqu'il visite une localité particulière, de laisser un souvenir de sa présence, soit en fondant une institution philanthropique, soit en faisant un don princier.

En outre, les Rothschild, en tant que chef visible de la nationalité juive, se sont récemment fait un devoir de poser la première pierre chaque fois qu'une institution bienveillante, consacrée exclusivement aux Juifs, devait être érigée. Le pouvoir de cet autocrate juif est si incommensurable et illimité qu'il dépasse de loin le pouvoir de tous les autres rois et empereurs.

Quand, il y a quelques années encore, deux grands empires - la France et la Prusse - se sont livrés une guerre sanglante, chaque pays déployant plusieurs centaines de milliers de soldats, il a néanmoins fallu faire appel à un troisième potentat pour rétablir le calme en Europe.

Ce troisième potentat s'appelait Rothschild, ce "roi par la grâce de Dieu", dont la signature était indispensable à la conclusion définitive de [la guerre].

Bien que certains auteurs contemporains, en grande partie des publicistes des Rothschild, aient tenté de diminuer le rôle de l'influence des Rothschild sur le sol américain, Osman a écrit qu'aux États-Unis, "leur pouvoir est bien connu et ressenti".

Il a souligné que, de source sûre, la démonétisation du dollar américain en argent en 1873 avait été réalisée par un agent des Rothschild, Earnest Seagel, qui s'était rendu à Washington dans ce but et qui était censé, "par des moyens corrompus", avoir effectué ce changement, comme le souhaitait l'empire Rothschild. "L'affaire a été menée si habilement qu'il a fallu un certain temps avant que le changement ne soit connu de tous.

Osman a également noté que les forces Rothschild "aspiraient également à un monopole des arts libéraux et des sciences qui ne sont ouverts qu'aux rangs les plus élevés de la société. Sachant pertinemment qu'ils ne peuvent acquérir l'honneur, la considération et le pouvoir politique que par ces moyens, ils se sont engagés dans la littérature, la médecine et l'éducation publique et ont inondé les professions du droit et du journalisme.

> "Les rédacteurs de journaux juifs forment dans chaque État, ajoutait-il, une combinaison étroitement liée et toute puissante, composée d'esprits aussi intelligents et industrieux que dénués de scrupules et qui se sont en quelque sorte approprié un droit d'intervention dans

toutes les affaires afin de prélever un tribut sur la crédulité du public."

"Cette combinaison, dit-il, disposant de tels moyens, bien plus puissante que l'église ou l'État féodal, est en possession d'un pouvoir vaste et terrible entre les mains duquel nous ne sommes que d'abjects esclaves."

Sur les jeux de pouvoir juifs dans l'arène politique, il a écrit :

"Il y a deux principes fondamentaux : les Juifs, en tant que groupe organisé, se sont efforcés de concentrer leur influence, dispersée dans le monde entier à tout moment, sur le point à conquérir de la manière la plus efficace afin de supprimer toutes les tendances locales d'opposition. Ils s'efforcent à tout moment de tirer profit de la désunion des autres.

Pour ce faire, ils mettent leur puissance financière à la disposition [des deux parties qui peuvent être en conflit] tout en veillant à avoir des représentants dans chaque partie.

Grâce à cette politique, les Juifs sont toujours prêts à tourner à leur avantage chaque victoire d'un parti."

Une telle répartition du pouvoir est comparable à une bonne main de cartes, dans laquelle les quatre couleurs sont représentées de sorte que certains points sont toujours sûrs, quelle que soit la couleur retournée.

À titre d'exemple, il a noté :

Par exemple, nous voyons en France : Des Juifs impérialistes, républicains, voire socialistes. Si l'impérialisme gagne un jour, [la finance juive] sera là pour représenter l'intérêt juif.

Si, par contre, la République ou même la Commune a des chances d'être victorieuse, [les socialistes juifs sont] à portée de main pour changer la couleur de l'atout, pour ainsi dire, du jeu de cartes juif.

"En bref, les Juifs préservent leur prestige indépendamment de tout changement de gouvernement et s'approchent de leur objectif ultime - la conquête du monde -, une approche qui, au fil du temps, devient de plus en plus l'objectif ultime, quels que soient les changements de circonstances. Ils ont découvert le secret de gagner avec tous les partis et de perdre avec aucun".

Les Rothschild et leurs satellites ont également joué ce jeu sur la scène internationale.

"Toutes les nations, écrit-il, sont manipulées si nécessaire dans le cadre de ce grand jeu international."

Osman a expliqué comment le pouvoir financier juif était capable de manipuler la presse. Selon lui, il existe trois catégories de journaux : les journaux à la solde des Juifs ; les journaux portant la bannière d'une nationalité ou d'une idéologie spécifique, mais qui sont en fait des façades pour les intérêts juifs ; et enfin, les journaux portant ouvertement la bannière juive.

La première catégorie, celle des journaux à la solde des Juifs, est celle des journaux qui ont été essentiellement achetés. La deuxième catégorie de journaux était celle qu'il décrivait comme les proverbiaux "loups déguisés en brebis" - prétendant représenter les intérêts d'autres groupes mais, en fait, "servant un excellent objectif sous leur masque en effectuant des changements dans l'opinion publique puisque leurs lecteurs perçoivent rarement que les articles qui y sont publiés ... [laissent croire] que ces journaux reflètent l'orientation de l'opinion publique dans [le pays où ils sont publiés]".... [laissent croire au public] que ces journaux reflètent l'évolution de l'opinion publique dans [le pays où ils sont publiés] alors qu'ils ne sont que le reflet du diable juif qui tente de nous égarer à son gré et nous ensorcelle avec les doctrines et les sophismes de l'école moderne".

(Aux États-Unis, on trouve aujourd'hui les revues de ce que l'on pourrait appeler les "libéraux casher" et les "conservateurs casher" qui, bien qu'en désaccord profond sur toutes les autres questions, n'en approuvent pas moins les intérêts juifs et les préoccupations de l'État d'Israël). Ensuite, bien sûr, Osman a noté qu'il y avait ces revues qui se proclamaient ouvertement comme reflétant les intérêts de la communauté juive et orientées vers les Juifs eux-mêmes, conçues, écrit Osman, "pour mener Israël [le peuple juif] dans son mouvement agressif sur la richesse des païens" - c'est-à-dire, les non-Juifs de la planète.

"Cette presse lance le cri de guerre, dirige et conduit les Juifs vers l'avant. Sans ces journaux, le mouvement juif ne formerait pas un tout et son activité manquerait nécessairement de force intérieure."

Osman a décrit tout cela comme une preuve de "l'existence d'un pouvoir secret mais redoutable". Cette combinaison, a-t-il dit, "forme une batterie effroyable, contre laquelle il semble presque impossible de lutter".

Se référant aux journaux indépendants situés en dehors de la sphère d'influence des Rothschild (et des Juifs), Osman a déclaré :

> "Les Juifs ont toujours à leur disposition une pluie de railleries et de calomnies vomies par les bouches mensongères de centaines de journalistes : toute personne qui ne se laisse pas piller par les Juifs est un 'réactionnaire' et si elle prend une peau de vache dans sa main [pour se défendre contre les attaques juives], c'est un 'barbare'".

Osman conclut - il y a si longtemps, en 1878 - que la conquête du monde par les Juifs est désormais ce qu'il appelle

> "un fait avéré qui ne peut être contesté".

Ce qui a contribué à la conquête du monde, c'est l'usure, qu'il décrit comme une "habitude pernicieuse d'émettre des obligations, non seulement par les nations, mais aussi par les municipalités, qui ont ainsi hypothéqué la richesse des nations et des communautés du monde entier". Les intérêts de ces obligations "ne cessent d'augmenter de jour comme de nuit", a-t-il fait remarquer. "Son cours balaie comme une tornade les champs de foire, détruisant tout sur son passage".

Ce qu'Osman appelle "le pouvoir secret de l'intérêt accumulatif" a asservi l'humanité et est devenu "l'arme principale" des intérêts juifs pour mettre en place ce que nous appelons aujourd'hui le Nouvel Ordre Mondial. La seule solution est que les nations et les individus ne s'endettent pas, ce qui, selon lui, briserait les reins de la puissance monétaire internationale dès que toutes les dettes seraient liquidées sur une base à la fois juste et équitable.

L'ironie de la chose, selon Osman, c'est qu'alors que les gens se considèrent comme "libres" et se targuent d'avoir une haute culture dans leur nature, personne n'a encore osé s'élever contre ceux qui n'avaient réussi à conquérir le monde qu'en recourant à la tricherie et à l'usure :

> Le seul moyen de rétablir l'équilibre social est de saisir l'arbre par la racine et de diriger les attaques contre la cause de ce mal cosmopolite et fondamental. Ce n'est qu'ainsi que les vrais hommes d'État pourront réussir à libérer l'humanité du plus grand fléau dont elle ait jamais souffert.

Et la source de ce fléau était bien la construction mondiale de la finance juive internationale dominée par la dynastie Rothschild.

> En 1913, le professeur Roland G. Usher, dans son livre *Le pangermanisme*, réfléchissait aux tentacules mondiaux des

Rothschild : La Russie, la Turquie, l'Égypte, l'Inde, la Chine, le Japon et l'Amérique du Sud sont probablement détenus, pour autant qu'une grande nation puisse être détenue, à Londres ou à Paris. Le paiement des intérêts sur ces sommes considérables est assuré par les recettes publiques de ces pays et, dans le cas des nations les plus faibles, par la remise effective de la perception entre les mains des agents des banquiers anglais et français.

Et, bien sûr, ces "banquiers anglais et français" étaient les Rothschild. Usher a ajouté que :

En outre, une très grande partie, sinon la majeure partie, des actions et des titres industriels du monde sont détenus par ces deux nations et les politiques de nombreuses entreprises mondiales sont dictées par leurs dirigeants financiers.

En bref, il disait que les responsables financiers de l'Angleterre et de la France - c'est-à-dire les Rothschild et ceux de leur sphère d'influence - étaient en fait ceux qui contrôlaient la plus grande partie des actions et des titres industriels de la planète elle-même.

"Le monde entier lui-même, en fait, leur rend hommage", écrit Usher. "Il se lève le matin pour gagner sa vie en utilisant leur capital et occupe ses journées à gagner de l'argent pour leur payer des intérêts, ce qui les rend encore plus riches".

La croissance de l'empire Rothschild a été extraordinaire. L'*encyclopédie annuelle de 1868* note que Jacob Rothschild à Paris, lancé par son père Maier Rothschild avec un capital de 200 000 dollars, est mort en 1868 avec une fortune qui valait alors plus de 300 000 000 dollars américains [à l'époque]. Ses seuls revenus annuels s'élevaient à environ 40 000 000 de dollars.

En 1913, dans son livre *The Romance of the Rothschilds*, Ignatius Balla soulignait qu'à l'époque, aucune fortune en Amérique n'égalait le revenu annuel de Jacob Rothschild. En 1913, selon Balla, la fortune des Rothschild valait plus de 2 000 000 000 $.

Ensuite, il faut bien sûr tenir compte du fait que les différentes branches de l'empire Rothschild dans les grandes villes d'Europe ont trouvé un moyen de maintenir leur influence par le biais de mariages mixtes de leur progéniture avec d'autres membres de leur propre famille élargie. Par exemple, Jacob Rothschild a épousé la fille de son frère, le baron Salomon Rothschild de Vienne.

L'institutionnalisation de l'empire Rothschild s'est poursuivie par le mariage des membres de la famille Rothschild avec des membres d'autres dynasties bancaires juives telles que les Montefiores d'Angleterre et les Sassoons qui, en particulier, ont bâti leur propre fortune gigantesque en Asie. Commerçants d'opium originaires de Bagdad, les Sassoon se sont ensuite lancés dans la banque et ont exercé une influence extraordinaire en Chine, au Japon et dans tout l'Orient, y compris en Australie.

Les prêts internationaux accordés aux nations du monde par la dynastie Rothschild étaient un facteur important à l'époque - lorsque l'auteur américain E. C. Knuth écrivait au début des années 1940 - tout comme ils le sont aujourd'hui. Knuth a décrit les intrigues souvent documentées des Rothschild en disant que "l'un des moyens les plus efficaces employés par la maison Rothschild au fil des ans pour détruire ses concurrents et discipliner les hommes d'État récalcitrants a été de créer artificiellement une inflation excessive par une spéculation prolongée, puis d'encaisser et de laisser à d'autres le soin de tenir le sac". Cette astuce, dit-il, a été utilisée par les Rothschild à intervalles réguliers au fil des ans.

Les Rothschild avaient une emprise mondiale : Belgique, Égypte, Portugal, et bien d'autres pays encore. Au Chili, les Rothschild contrôlaient les nitrates. Le Brésil était tellement plombé par les prêts des Rothschild qu'un écrivain a déclaré, à l'adresse, que ce colosse latin aurait pu être décrit comme "un État Rothschild".

L'influence des Rothschild s'étendait à l'Asie grâce à leurs liens avec la famille Sassoon, à l'Australie grâce aux Montefiores, et à l'Afrique du Sud grâce au contrôle des Rothschild sur les diamants et l'or, une influence qui s'étendait à Cecil Rhodes et à la famille Oppenheimer qui dominait l'industrie du diamant.

De nos jours, les Rothschild, les Oppenheimer, les Bronfman des Amériques et feu Armand Hammer, dont les intrigues s'étendaient jusqu'à l'Union soviétique, étaient connus des initiés sous le nom de "Bande des quatre milliardaires" et étaient les patrons responsables de l'empire médiatique international de Rupert Murdoch, né en Australie, qui est en partie juif (par au moins une lignée de descendance) du côté de sa mère.

Plus tard, avant l'effondrement du régime soviétique, dans les années qui ont suivi la mort de Josef Staline - qui s'efforçait de briser l'influence juive en Russie - ces influences Rothschild ont jugé bon de commencer à manœuvrer pour maintenir leur emprise sur la Russie alors qu'elle s'acheminait vers son effondrement final.

Bien que l'on puisse avoir tendance à penser que l'empire Rothschild est principalement axé sur la finance, la vérité est que ses milliards ont été investis dans de nombreux secteurs.

Les Rothschild contrôlaient le mercure, en rassemblant des mines de mercure en Espagne et en manipulant les affaires politiques de ce pays.

Il en va de même pour le nickel, utilisé pour durcir l'acier et pour lequel il n'existe pas de substitut connu.

Les Rothschild ont pris le contrôle des ressources en nickel au Canada, en Nouvelle-Calédonie et en Norvège. Les intérêts des Rothschild dans le secteur du nickel leur permettent également d'être des acteurs majeurs dans la fabrication d'armes, car la célèbre société allemande Krupp est liée, par l'intermédiaire de ses représentants, à l'entreprise française des Rothschild, Le Nickel.

L'industrie du cuivre est également une source de richesse pour les Rothschild : ils détiennent des parts dans les mines de Rio Tinto en Espagne, qui produisent également du soufre.

Il en va de même pour le plomb et le pétrole. Bien que l'on associe le nom de Rockefeller au pétrole, dans la région du Caucase, où se trouvent les célèbres réserves de pétrole de Bakou, les Rothschild contrôlaient de vastes gisements de pétrole.

Il convient de noter que l'intérêt des Rothschild pour le pétrole a conduit à leur hostilité à l'égard des tsars de Russie, qui étaient les seuls rois européens à avoir constamment résisté aux intrigues des Rothschild.

Ce n'est donc pas une coïncidence si les intérêts Rothschild ont finalement joué un rôle central dans le financement de la révolution bolchevique menée par les juifs, qui a détruit la maison Romanov.

S'il est bien connu que les Rothschild contrôlaient l'industrie du diamant en Afrique du Sud, ils occupaient également une place prépondérante dans les lucratives entreprises d'extraction de l'or en Afrique du Sud.

Tous les lingots d'or passaient entre les mains de trois sociétés juives qui contrôlaient le prix de l'or : Mocatta and Goldsmid, Samuel Montagu & Company et, bien sûr, N. M. Rothschild and Sons.

C'est le président Henrik Krueger d'Afrique du Sud qui a fait la célèbre déclaration suivante : "S'il était possible d'éjecter les monopoles juifs de ce pays, coude à coude, sans déclencher de guerre avec la Grande-Bretagne, le problème de la paix éternelle serait résolu".

(Ironiquement, Krueger est commémoré sur la célèbre pièce d'or sud-africaine connue sous le nom de Kruegerrand).

L'écrivain anglais Arnold Leese a déclaré que les événements entourant l'histoire de la dynastie Rothschild avaient une morale bien définie. Selon lui, cette morale est la suivante : Seule une minorité d'hommes et de femmes dans toute communauté, de toute race, de tout rang et de toute religion, est assez forte pour résister absolument à l'influence exercée sur eux par ceux qui exercent le pouvoir de l'argent, qui devient sans grand effort le véritable dirigeant des gouvernements "démocratiques". Lorsque ce pouvoir de l'argent est exercé par des Juifs, il s'ensuit que la démocratie est condamnée, par sa nature même, à être gouvernée par des Juifs étrangers au pays qui l'adopte.

Leese a déclaré que "l'influence de l'argent s'exerce généralement d'une manière beaucoup plus subtile que celle de la corruption pure et simple. Même les hommes et les femmes de bien, s'ils ne sont pas aussi forts, ont du mal à résister à des faveurs accordées dans des circonstances qui rendent le refus difficile..." Il a décrit quelques-uns des moyens par lesquels cette forme subtile de corruption est accomplie : Conseils sur les fluctuations futures probables des actions et des titres, présentations à des personnes influentes offertes par les riches aux nécessiteux, logements fournis à un coût considérablement inférieur à celui qui est habituel pour ce type de logement, nouvelles précoces des hommes politiques, etc.

Leese a souligné que

> "sous de telles influences, les personnes qui n'ont pas pu être corrompues par des moyens directs se retrouvent tôt ou tard dans des circonstances où il ne leur est plus possible de refuser une sorte de retour de faveur, retour que la position officielle de l'individu concerné leur donne peut-être l'occasion de faire".

Carroll Quigley, professeur à l'université de Georgetown, écrit dans *Tragedy and Hope* (*Tragédie et espoir*), à propos de l'influence des banques juives en Europe.

Il note que les Rothschild et d'autres banques juives ont souvent collaboré avec des intérêts non juifs et qu'ils "ont souvent coopéré ensemble, même lorsque leurs groupes étaient en concurrence".

En France, au XIXe siècle, note Quigley, "un groupe majoritairement juif" s'est allié aux intérêts bancaires protestants, comme ceux exercés par le groupe Mirabaud.

(Il est intéressant, ici, de souligner que cet éminent professeur de l'université de Georgetown - qui était, de l'aveu public de l'ancien président Bill Clinton, un mentor intellectuel admiré de Clinton - ferait, dans son premier ouvrage, la distinction entre les intérêts bancaires « juifs » et « protestants ». On a assuré à l'Américain moyen qu'il était politiquement incorrect et absolument inacceptable d'aborder la question de la religion d'une personne en dehors d'une discussion directe sur la religion elle-même, c'est-à-dire de préciser les convictions religieuses de quelqu'un, ce qui est, au pire, de la bigoterie et, au moins, impoli et déplacé.)

Ainsi, en dépit de ce qui a été mis sur le dos de l'Américain moyen, dans le but de l'effrayer et de l'empêcher de discuter du pouvoir et de l'influence juifs, le fait que M. Quigley ose se référer avec désinvolture et franchise aux intérêts bancaires juifs devrait être instructif pour cet Américain moyen.

Cependant, selon M. Quigley, les intérêts des Mirabaud et des Rothschild

> "dominaient ensemble l'ensemble du système financier, étant plus riches et plus puissants que toutes les autres banques privées réunies".

En 1902, le libéral anglais J.A. Hobson, dans son célèbre ouvrage *Imperialism: A Study*, le libéral anglais J.A. Hobson notait le pouvoir de la dynastie Rothschild dans son contexte politique :

> Quelqu'un pense-t-il sérieusement qu'un État européen pourrait entreprendre une grande guerre ou souscrire un grand emprunt d'État si la maison Rothschild et ses relations s'y opposaient ?

> Tout grand acte politique, impliquant un nouveau flux de capitaux ou une fluctuation importante de la valeur des investissements existants, doit recevoir la sanction et l'aide pratique de ce petit groupe de rois de la finance... La finance manipule les forces patriotiques que génèrent les politiciens, les soldats, les philanthropes et les commerçants... L'intérêt financier possède ces

qualités de concentration et de calcul lucide qui sont nécessaires à la mise en œuvre de l'impérialisme.

Un homme d'État ambitieux, un soldat des frontières, un missionnaire trop zélé, un commerçant arriviste peuvent suggérer ou même initier une étape de l'expansion impériale, peuvent aider à éduquer l'opinion publique patriotique sur le besoin urgent d'une nouvelle avancée, mais la décision finale revient à la puissance financière.

L'influence directe exercée par les grandes sociétés financières sur la "haute politique" est renforcée par le contrôle qu'elles exercent sur l'opinion publique par l'intermédiaire de la presse qui, dans tous les pays "civilisés", devient de plus en plus leur instrument obéissant...

En 1911, Werner Sombart, dans son célèbre ouvrage déjà cité, *Les Juifs et le capitalisme moderne*, déclarait : "Le nom de Rothschild signifie plus que la firme qui porte ce nom". Il fait référence à tous les Juifs impliqués dans la finance internationale et souligne que : "Car ce n'est qu'avec leur aide que les Rothschild ont pu atteindre cette position de pouvoir suprême - on peut même dire la seule maîtrise du marché obligataire - que nous leur voyons détenir depuis un demi-siècle". Il a ajouté :

"Il n'est certainement pas exagéré de dire qu'un ministre des finances qui s'aliénait cette maison mondiale et refusait de coopérer avec elle devait plus ou moins fermer son bureau... [Non seulement en termes quantitatifs, mais aussi en termes qualitatifs, la bourse moderne est Rothschildienne (et donc juive)."

Un roman tristement célèbre, intitulé *L'argent*, a été écrit par Émile Zola. Dans ce roman, il y avait un personnage - un Gundermann - qui était un banquier juif (modelé, bien sûr, sur rien moins que le français Rothschild).

Gundermann a été décrit par Zola :

Le roi banquier, le maître de la bourse et du monde ... l'homme qui connaissait [tous] les secrets, qui faisait monter et descendre à son gré les marchés comme Dieu fait monter et descendre le tonnerre ... le roi de l'or ... Gundermann était le vrai maître, le roi tout-puissant, craint et obéi par Paris et par le monde... On voyait déjà à Paris que Gundermann régnait sur un trône plus solide et plus respecté que l'empereur.

Un autre personnage du livre de Zola, un certain Saccard, antisémite, est contraint de demander l'aide de Gundermann, tout en prévoyant "la conquête finale de tous les peuples par les Juifs". Saccard qualifie les Juifs de "race maudite qui n'a plus de raison d'être" :

> Cette race maudite qui n'a plus de patrie, plus de prince, qui vit en parasite dans la maison des nations, feignant d'obéir à la loi, mais n'obéissant en réalité qu'à son dieu du vol, du sang, de la colère [...] accomplissant partout sa mission de conquête féroce, pour guetter sa proie, sucer le sang de tous [et] s'engraisser de la vie d'autrui.

Les personnes sensibles, politiquement conscientes et politiquement correctes, ont sans doute été choquées de lire ces remarques sur le peuple juif et les intérêts financiers juifs sous la plume d'Émile Zola, car, bien sûr, il était surtout connu (et on s'en souvient encore aujourd'hui) pour sa défense du juif français Alfred Dreyfuss, accusé - à tort, dit-on - de trahison.

Et puis, il y a le financier français Paul Eugène Bontoux, qui parle de "La Banque Juive", dont il dit qu'elle n'est

> "pas contente des milliards qui sont entrés dans ses caisses depuis cinquante ans ... pas contente du monopole qu'elle exerce sur les neuf dixièmes, au moins, de toutes les affaires financières de l'Europe...".

Bontoux sait de quoi il parle. Il avait été directeur de l'Union générale et avait rendu "la finance juive et son alliée, la franc-maçonnerie gouvernementale", responsables de la faillite de l'entreprise. Inutile de préciser que les Rothschild sont au cœur de l'affaire de l'Union Générale.

Dans son célèbre ouvrage de 1899, *Les Juifs contre la France,* le grand essayiste Edouard Drumont écrit :

> "Le Dieu Rothschild est le véritable maître de la France. Ni empereur, ni tsar, ni roi, ni sultan, ni président de la république... il n'a aucune des responsabilités du pouvoir et tous les avantages ; il dispose de toutes les forces gouvernementales, de toutes les ressources de la France à des fins privées".

Même le journal britannique *Labor Leader* a dénoncé les Rothschild comme étant

> "la vis suceuse de sang [qui] a été la cause d'un nombre incalculable de malheurs et de misères en Europe au cours de ce siècle et a accumulé sa prodigieuse richesse principalement en fomentant des

guerres entre des États qui n'auraient jamais dû se quereller". Partout où il y a des troubles en Europe, partout où des rumeurs de guerre circulent et où l'esprit des hommes est affolé par la peur du changement et des calamités, vous pouvez être sûr qu'un Rothschild au nez crochu est à son jeu, quelque part près de la région de la perturbation".

Ezra Pound, dans son ouvrage *Gold and Work*, publié en 1944, déclarait :

"La guerre est la forme la plus élevée de sabotage, la forme la plus atroce de sabotage. Les usuriers provoquent des guerres pour imposer des monopoles dans leur propre intérêt afin de prendre le monde à la gorge. Les usuriers provoquent des guerres pour créer des dettes, afin d'extorquer les intérêts et d'engranger les profits résultant des changements de valeur des unités monétaires."

L'écrivain libéral britannique J.A. Hobson a déclaré que la guerre des Boers avait été

"conçue par un petit groupe de financiers internationaux, principalement d'origine allemande et de race juive". Il a ajouté qu'ils étaient "prêts à s'attacher à n'importe quel endroit du globe [...] en tirant leurs gains non pas des fruits et de l'industrie véritables, voire de l'industrie des autres, mais de la construction, de la promotion et des manipulations financières des entreprises".

S'il a été dit que Hobson avait évité "une ligne d'argumentation antisémite" en avançant un argument socialiste contre le capitalisme, ses détracteurs ont affirmé que Hobson avait jeté les bases d'une grande partie de la pensée de ceux qui ont été considérés comme "antisémites".

En ce qui concerne l'antisémitisme, Meyer Karl Rothschild lui-même a déclaré en 1875,, lors d'une conversation avec Otto von Bismarck :

"En ce qui concerne le sentiment antisémite, les Juifs eux-mêmes sont à blâmer et l'agitation actuelle doit être attribuée à leur arrogance, à leur vanité et à leur insolence indescriptible".

À la mort de Lord Nathan Rothschild en 1915, le *Western Morning News* de Grande-Bretagne a déclaré :

La mort de Lord Rothschild est un événement que même la guerre ne peut éclipser. Ce prince des financiers et ami du roi Édouard en savait probablement plus sur l'histoire intérieure des guerres européennes et de la diplomatie en général que les plus grands hommes d'État que nous ayons jamais eus.

Chaque grand coup politique de la nation au cours du dernier demi-siècle a été précédé d'une annonce brève mais significative : "Lord Rothschild a rendu visite au premier ministre hier". C'était l'un des signes que ceux qui se trouvaient dans les coulisses regardaient lorsque de grandes décisions étaient imminentes.

L'un des grands mythes de l'histoire veut que les Rothschild européens n'aient pas été touchés par la montée et l'expansion de l'Allemagne nationale-socialiste.

Les biens des Rothschild sont confisqués en Autriche, en France et en Allemagne. De nombreux Rothschild ont quitté l'Europe occupée par les Allemands, car ils en avaient manifestement les moyens. Pourtant, de nombreux écrivains "patriotes" américains et des commentateurs sur Internet continuent de promouvoir le mensonge selon lequel "Hitler n'a jamais touché aux Rothschild". Ce n'est pas vrai.

Mais beaucoup de ces "patriotes" ne voient pas d'inconvénient à ignorer les faits.

Dès 1841, Alexandre Weill écrivait un essai intitulé "Rothschild et les finances de l'Europe". Il disait :

> Il n'y a qu'une seule puissance en Europe et c'est Rothschild. Ses satellites sont une douzaine d'autres sociétés bancaires ; ses soldats, ses écuyers, tous des hommes d'affaires et des marchands respectables, et son épée est la spéculation. Rothschild est une conséquence qui devait apparaître ; et si ce n'avait pas été Rothschild, cela aurait été quelqu'un d'autre. Il n'est cependant pas une conséquence accidentelle, mais une conséquence primaire, née des principes qui ont guidé les États européens depuis 1815. Rothschild a eu besoin des États pour devenir Rothschild, tandis que les États, de leur côté, ont eu besoin de Rothschild. Aujourd'hui, il n'a plus besoin de l'État, mais l'État a toujours besoin de lui.

Dans son *Histoire de la Maison Rothschild*, publiée en 1893, l'écrivain allemand Freidrich von Scherb écrit :

> "La Maison Rothschild est née des querelles entre États, elle est devenue grande et puissante grâce aux guerres [et] le malheur des États et des peuples a fait sa fortune".

Même les grands d'Europe sont liés aux Rothschild, y compris le grand-duc Metternich, dont le nom est aujourd'hui synonyme d'intrigues internationales et de politique de puissance.

Metternich était lié à l'empire Rothschild, utilisant leur service de courrier privé pour sa correspondance personnelle et confiant ses finances à Salomon Rothschild. À cet égard, le biographe moderne Niall Ferguson, qui soutient les Rothschild, a écrit : "La preuve que les Rothschild ont établi un réseau de relations financières privées avec des personnalités publiques clés de l'Europe de la restauration est irréfutable". Cependant, Ferguson a expliqué, comme s'il voulait l'écarter :

> Pourtant, les théoriciens de la conspiration de cette époque et des époques suivantes ont mal compris le rôle de ces relations en les présentant comme la clé du pouvoir des Rothschild. L'image des Rothschild au centre d'un réseau de "corruption" deviendra courante dans les années qui suivront 1830.

> En réalité, ce ne sont pas les pots-de-vin, les prêts et autres faveurs accordés à des hommes comme Metternich qui ont fait d'eux la force dominante de la finance internationale après 1815. Non, c'est l'ampleur et la sophistication de leurs opérations.

Bien que les aristocrates et les chefs d'entreprise aient accepté avec empressement les invitations aux galas Rothschild, connus pour ce que Niall Ferguson a décrit comme leur "extravagance pure", on ne peut pas dire que les frères Rothschild étaient appréciés.

Par exemple, Nathan Rothschild était, dit-il, "considéré par beaucoup comme grossier au point d'être carrément impoli dans ses manières".

Le fait que les Rothschild soient si puissants a suscité de nombreux commentaires sur leur force brute. Ludwig Borne a déclaré : "Rothschild est le grand prêtre de la peur, le [dieu] sur l'autel duquel la liberté, le patriotisme, l'honneur et toutes les vertus civiques sont sacrifiés". Juif converti au christianisme, Borne a écrit :

> Ne serait-ce pas une bonne chose pour le monde si les couronnes étaient placées sur les têtes [des Rothschild], au lieu de reposer à leurs pieds comme c'est le cas aujourd'hui ? ...Bien que les Rothschild n'occupent pas encore de trônes, on leur demande en tout cas leur avis sur le choix du dirigeant lorsque le trône devient vacant.

> Ne serait-ce pas une grande bénédiction pour le monde si tous les rois étaient démis de leurs fonctions et si la famille Rothschild était installée sur leurs trônes ?

> Pensez aux avantages. La nouvelle dynastie ne contractera jamais d'emprunt, car elle sait mieux que quiconque à quel point ces

choses-là sont chères, et rien que pour cela, le fardeau de ses sujets serait allégé de plusieurs millions par an.

Heinrich Heine, poète et journaliste, également juif converti au christianisme, a entretenu des relations avec la famille Rothschild. Il disait que ce qu'il appelait "le système Rothschild" était révolutionnaire en soi.

Le système, disait-il, possède "la force morale ou le pouvoir que la religion a perdu, il peut agir comme un substitut de la religion - en fait, c'est une nouvelle religion - et quand la vieille religion finira par disparaître, il fournira des substituts pour ses bénédictions pratiques". "Curieusement, ajoute Heine, ce sont encore une fois les Juifs qui ont inventé cette nouvelle religion...".

Heine a dit :

"Personne ne fait plus pour la révolution que les Rothschild eux-mêmes... Et, bien que cela puisse paraître encore plus étrange, ces Rothschild, les banquiers des rois, ces détenteurs de bourses princières, dont l'existence pourrait être mise en danger par l'effondrement du système étatique européen, portent néanmoins dans leur esprit la conscience de leur mission révolutionnaire."

Qu'en est-il de cette mission révolutionnaire ? Heine décrit Rothschild comme "l'un des plus grands révolutionnaires" à avoir fondé la démocratie moderne. Avec Robespierre et Richelieu, Heine dit que Rothschild fait partie des "noms terroristes" qui signifient "l'anéantissement progressif de la vieille aristocratie".

Ils étaient, selon lui, "les trois plus redoutables niveleurs de l'Europe". Heine a écrit :

"Richelieu a détruit la souveraineté de la noblesse féodale et l'a soumise à ce despotisme royal qui la reléguait au service de la cour ou la laissait pourrir dans l'inactivité des provinces.

Robespierre décapite cette noblesse soumise et oisive mais la terre reste et son nouveau maître, le nouveau propriétaire terrien, devient un autre aristocrate comme son prédécesseur dont il poursuit les prétentions sous un autre nom.

Puis vint Rothschild [qui] détruisit la prédominance de la terre, en élevant le système des obligations d'État au rang de pouvoir suprême, mobilisant ainsi la propriété et le revenu et dotant en même temps l'argent des privilèges antérieurs de la terre.

Il est vrai qu'une nouvelle aristocratie est apparue, mais celle-ci, reposant sur l'élément le moins fiable, l'argent, ne pourra jamais jouer un rôle aussi durablement régressif que l'ancienne aristocratie enracinée dans la terre, dans la terre elle-même.

Car l'argent est plus fluide que l'eau, plus insaisissable que l'air, et l'on pardonne volontiers les impertinences de la nouvelle noblesse en considération de son caractère éphémère. En un clin d'œil, il se dissout et s'évapore."

Heine a conclu - trop correctement – que

"L'argent est le Dieu de notre temps, et Rothschild est son prophète."

Le prince Albert et la reine Victoria - comme Metternich avant eux - se sont appuyés sur le service de courrier privé des Rothschild comme s'il s'agissait de leur propre service postal. Selon Niall Ferguson, les Rothschild étaient ainsi en mesure de fournir un service d'information "unique" à l'élite européenne. Les événements politiques majeurs et les informations confidentielles pouvaient être relayés bien avant les informations passant par les canaux officiels.

Cela signifiait également, bien que Ferguson ne l'ait pas dit, que les Rothschild étaient donc au courant de toutes les communications "secrètes" des membres de la famille royale britannique et de tous les autres représentants du pouvoir européen qui permettaient aux Rothschild d'être les canaux officiels - bien qu'officiellement non officiels - par lesquels ils communiquaient.

La célèbre nouvelle de Nathan Rothschild concernant l'issue de la bataille de Waterloo (la défaite de Napoléon) n'est qu'un exemple parmi d'autres de la compétence de leur service de courrier privé, qui est entré dans la légende. Tout cela a permis aux Rothschild d'être très au fait des affaires du monde.

James Rothschild a déclaré en 1834 : "En ce qui me concerne, la Russie peut aller au diable et nous pouvons très bien nous passer d'elle". Il dit à son frère : "Ne donne pas [au tsar russe] une autre occasion de te mettre dans l'embarras". Les Rothschild estimaient apparemment qu'on ne leur accordait pas le respect dû aux "banquiers des rois".

"James a demandé à son frère : "Penses-tu que nous serons un jour en bons termes avec la Russie ? Selon Niall Ferguson, biographe des Rothschild et ami de la Russie, "il est évident qu'il ne le pensait pas" : "De toute évidence, il ne le pensait pas".

En ce qui concerne le contretemps des Rothschild avec la Russie sous le tsar, Ferguson commente qu'"il est difficile de trouver une meilleure illustration des limites du pouvoir financier des Rothschild". Ainsi, bien que Ferguson ne le dise pas, il n'est évidemment pas surprenant que les Rothschild et leurs agents aient joué un rôle aussi important dans la destruction de la Maison Romanov en Russie.

Bien que, comme nous l'avons noté, il soit certainement politiquement incorrect de citer Adolf Hitler, il est néanmoins approprié de le faire, en particulier lorsqu'on examine le fait que les nations de l'Allemagne et de la Russie, qui ont été jetées l'une contre l'autre dans deux guerres mondiales, étaient en fait deux nations dans lesquelles l'influence juive régnait en maître (au moins pendant la période entre ces deux guerres mondiales).

Dans un discours prononcé le 13 avril 1923, Hitler a déclaré que la juiverie

> "haïssait par-dessus tout les deux États, l'Allemagne et la Russie, qui, jusqu'en 1914, ont fait obstacle à la réalisation de son objectif : la domination du monde". Dans ces deux pays, disait Hitler, les Juifs se voyaient refuser ce qui, selon lui, était déjà tombé aux mains des Juifs dans les démocraties occidentales :

> Ils n'étaient pas encore les seuls à diriger la vie intellectuelle et économique. Les parlements n'étaient pas non plus les instruments exclusifs du capital et la volonté juifs. L'Allemand et le Russe authentique avaient gardé une certaine distance par rapport au Juif. [souligné dans l'original].

> "Il y avait encore chez les deux peuples l'instinct sain du mépris des Juifs. Et il était encore possible que, dans ces monarchies, surgisse à nouveau un Frédéric le Grand ou un Guillaume Ier, qui enverraient au diable la démocratie et les chicaneries parlementaires. C'est ainsi que les Juifs devinrent des révolutionnaires ! La république devait les conduire à l'enrichissement et au pouvoir. Ils déguisent cet objectif [avec cette rhétorique] : "À bas les monarchies ! Autonomisation du "peuple souverain" !

Hitler a ajouté :

> "Il fallait donc abattre l'Allemagne et la Russie pour que l'ancienne prophétie s'accomplisse. C'est ainsi que le monde entier a été mis sens dessus dessous. C'est ainsi que les mensonges et la propagande ont été brutalement employés contre l'État avec les derniers

idéalistes restants - l'Allemagne ! [Et c'est ainsi que Juda a gagné la guerre mondiale [c'est-à-dire la Première Guerre mondiale] !]

"Ou soutiendrez-vous, a-t-il demandé, que les "peuples" français, anglais ou américain ont gagné la guerre ? Tous, a-t-il conclu, vainqueurs et vaincus, nous sommes des vaincus. Un seul domine tous les autres : le marché boursier mondial, qui est devenu le seigneur des nations", a-t-il déclaré. [souligné dans l'original].

Thomas Raikes, un journaliste anglais de renom, a observé que les Rothschild étaient devenus ce qu'il a appelé "les souverains métalliques de l'Europe" et qu'ils

"ont obtenu le contrôle des échanges européens qu'aucun parti n'avait pu obtenir auparavant et ils semblent maintenant tenir les ficelles des finances publiques. Aucun souverain ne peut désormais obtenir un prêt sans leur aide".

Niall Ferguson, biographe ami des Rothschild, a déclaré que s'il y avait bien un seul "secret" de la réussite des Rothschild, c'était le système de coopération entre les maisons financières des cinq frères, qui, ensemble, formaient la plus grande banque du monde, tout en étendant leur influence, individuellement, à travers cinq grands centres financiers répartis dans toute l'Europe. Ce système multinational était régi par des accords contractuels qui étaient périodiquement révisés et qui, selon Ferguson, constituaient effectivement "la constitution d'une fédération financière".

Selon Ferguson, "le taux de croissance et la taille de leur capital au cours de la période précédant 1850 sont sans précédent dans l'histoire bancaire". En 1818, le total général du capital combiné des Rothschild (entre les cinq maisons) s'élevait à 500 000 livres. En 1828, il s'élevait à 4 330 333 livres, soit 14 fois la taille de leur plus proche concurrent de longue date, la Barings. Selon Ferguson, "on ne saurait trop insister sur l'ampleur des ressources des Rothschild".

Alors que Ferguson, écrivain financier, est à l'aise avec ces chiffres gigantesques, les chiffres actuels - tant d'années plus tard - sont tellement stupéfiants qu'ils rendraient fou le commun des mortels, ne serait-ce que pour commencer à considérer la profondeur et l'étendue de la richesse accumulée par les Rothschild.

À cette époque, James Rothschild était apparemment l'homme le plus riche de France, tandis qu'Amschel, Salomon et Karl devançaient leurs rivaux continentaux ; ainsi, ensemble - entre les frères - selon Ferguson, "les Rothschild étaient la famille la plus riche du monde".

Et ce, avant 1840. Imaginez le montant des intérêts qui se sont accumulés depuis lors.

Ferguson a noté qu'"au milieu des années 1830, chacune des cinq maisons Rothschild s'était imposée comme une force prééminente dans les finances publiques de son pays de base respectif".

Bien que les Rothschild aient été identifiés, au sens national, à chacun des pays dans lesquels ils exerçaient leur influence, Ferguson a noté que "ces identifications nationales n'avaient pas beaucoup d'importance si la paix régnait en Europe". Cependant, "lorsque les intérêts des grandes puissances s'affrontaient, comme c'était le cas périodiquement, il était de moins en moins facile pour les Rothschild de rester neutres".

Il ajoute cependant qu'"il y a peu de régions du monde dans lesquelles les puissances européennes n'ont pas d'intérêts, et aucune région dans laquelle leurs intérêts coïncident parfaitement". Dans quatre régions - l'Ibérie, l'Amérique, les Pays-Bas et le Proche-Orient - les Rothschild ont dû relever le défi d'élaborer des politiques conformes à l'intérêt collectif des cinq maisons des cinq frères et de leurs héritiers respectifs, même lorsque "les intérêts nationaux de leurs gouvernements locaux" étaient en conflit, a fait remarquer M. Ferguson.

Les Rothschild étaient donc bel et bien "internationaux", sans aucune loyauté envers une nation autre que Juda, dont ils étaient les princes.

Niall Ferguson, déjà cité, a franchement écrit sur la façon dont les "tensions internationales" pouvaient être "bénéfiques aux Rothschild". Il a noté que :

> Les Rothschild avaient constamment utilisé leur pouvoir financier pour promouvoir la paix tout au long des années 1830, mais lorsque les grandes puissances ont été complètement restreintes dans leur politique étrangère ... le flux de nouveaux prêts a commencé à se tarir.

> En revanche, lorsqu'ils s'engagent dans des politiques de réarmement, comme c'est le cas à partir de 1840, cela ne nuit pas nécessairement aux intérêts des Rothschild.

Les Rothschild se sont associés à la Banque des États-Unis vers 1837. En conséquence, ils se retrouvèrent, selon Ferguson, à recevoir de grandes quantités d'obligations d'État américaines, non seulement de New York mais aussi d'États plus récents tels que l'Indiana, l'Alabama, le Missouri et le Michigan, ainsi que des actions dans un certain nombre de nouvelles banques et même dans une société de canaux. Dans un prochain chapitre, nous explorerons plus en détail le rôle méconnu de la famille Rothschild dans les affaires américaines. Nous confirmerons, sans l'ombre d'un doute, que l'affirmation selon laquelle les Rothschild n'ont joué que très peu de rôle - voire aucun - aux États-Unis est tout simplement fausse. En fait, ce sont eux - et leurs satellites - qui dirigent l'Amérique aujourd'hui. Il s'agit de la principale entreprise dans le cadre de l'instauration d'un nouvel ordre mondial.

Les Rothschild ont-ils un équivalent moderne ? Leur biographe apologète Ferguson répond par la négative.

Ferguson proclame que "même la famille royale saoudienne ne possède pas aujourd'hui une part comparable des ressources mondiales. Même les hommes d'affaires les plus riches du monde ne peuvent prétendre sans réserve être aussi riches, en termes relatifs, que Nathan Rothschild l'était lorsqu'il est mort au sommet de sa fortune". Apparemment, même Bill Gates n'est pas aussi riche que Rothschild.

Le professeur Carroll Quigley de l'Université de Georgetown a cité les noms des familles de banquiers : Baring, Lazard, Erlanger, Warburg, Schroeder, Seligman, Speyers, Mirabaud, Mallet, Fould, et, selon son expression, "surtout" les Rothschild et les Morgan. Quigley écrit :

> Même après que ces familles de banquiers se soient pleinement impliquées dans l'industrie nationale, par l'émergence du capitalisme financier, elles sont restées différentes des banquiers ordinaires par des aspects distinctifs.
>
> 1) Ils étaient cosmopolites et internationaux ;
>
> 2) Ils étaient proches des gouvernements et s'intéressaient particulièrement aux questions de dettes publiques, y compris les dettes des gouvernements étrangers, même dans des régions qui semblaient à première vue présenter de mauvais risques, comme l'Égypte, la Perse, la Turquie ottomane, la Chine impériale et l'Amérique latine ;
>
> 3) Leurs intérêts se portaient presque exclusivement sur les obligations et très rarement sur les marchandises, car ils admiraient la liquidité et considéraient les engagements sur les matières premières ou même sur l'immobilier comme le premier pas vers la faillite ;
>
> 4) Ils étaient donc des fanatiques de la déflation (qu'ils appelaient "monnaie saine" en raison de ses liens étroits avec les taux d'intérêt

élevés et la valeur élevée de la monnaie) et de l'étalon-or qui, à leurs yeux, symbolisait et garantissait ces valeurs ;

5) Ils étaient presque aussi attachés au secret et à l'utilisation secrète de l'influence financière dans la vie politique.

Ces banquiers ont été appelés "banquiers internationaux" et plus particulièrement "banquiers d'affaires" en Angleterre, "banquiers privés" en France et "banquiers d'investissement" aux États-Unis.

Dans tous les pays, elles exercent différents types d'activités bancaires et de change, mais partout elles se distinguent nettement d'autres types de banques plus évidentes, telles que les caisses d'épargne ou les banques commerciales.

"L'influence du capitalisme financier et des banquiers internationaux qui l'ont créé", a déclaré Quigley, "s'est exercée à la fois sur les entreprises et sur les gouvernements, mais elle n'aurait pu le faire si elle n'avait pas été capable de les persuader d'accepter deux axiomes de sa propre idéologie". De ces deux axiomes de l'idéologie de la puissance monétaire internationale, Quigley a écrit :

Ces deux axiomes reposaient sur l'hypothèse que les hommes politiques étaient trop faibles et trop sujets aux pressions populaires temporaires pour qu'on leur confie le contrôle du système monétaire ; en conséquence, le caractère sacré de toutes les valeurs et la solidité de la monnaie devaient être protégés de deux manières : en basant la valeur de la monnaie sur l'or et en permettant aux banquiers de contrôler l'offre de monnaie. Pour ce faire, il était nécessaire de dissimuler, voire d'induire en erreur, tant les gouvernements que les populations, sur la nature de la monnaie et ses méthodes de fonctionnement.

Dans un ouvrage peu connu, *A World Problem*, publié d'abord en Pologne puis aux États-Unis en anglais en 1920, Stephanie Laudyn qualifie la Finance juive internationale de "nation de commerçants et de spéculateurs" qui ont "une foi profonde et exaltée dans leur mission royale, qui est de faire d'eux les seigneurs de toutes les nations".

La force profonde de l'écriture élégante de Laudyn est si pertinente qu'elle doit être commémorée ici pour l'histoire, d'autant plus qu'au cours des 88 années qui se sont écoulées depuis que Laudyn a mis ces pensées sous presse, le pouvoir de l'empire Rothschild s'est développé au-delà de toute compréhension.

Laudyn déclare :

L'or qu'ils engrangent si avidement n'est qu'un moyen palpable de réaliser leurs fantastiques aspirations. Sous ce couvert se cache le désir ardent de soumettre le monde et d'arracher la domination morale sur l'humanité. Ils le suivent logiquement et sont conscients de chaque pas qu'ils font.

N'ont-ils pas fait d'énormes progrès à cet égard ? N'ont-ils pas atteint un haut degré de l'immense échelle qui doit les conduire à l'agression dont ils ont rêvé dans les régions nébuleuses de leur âme historique ? N'ont-ils pas pris le contrôle de la presse mondiale aujourd'hui ? N'insufflent-ils pas leur esprit à la pensée et à l'atmosphère morale de l'époque ? ...

Cette race ancienne, qui a donné naissance à des prêtres et à des prophètes et qui a toujours été imprégnée d'un mysticisme triste et d'aspirations élevées, n'ignore pas les vanités des poursuites commerciales - l'or et l'argent. Ses ambitions s'élèvent plus haut, indéfiniment plus haut.

Dans l'Antiquité, les Juifs eux-mêmes méprisaient les Phéniciens - les premiers commerçants du monde - parce qu'ils s'adonnaient au commerce, et aujourd'hui ? Les annales les plus noires ne sont-elles pas associées aux commerçants juifs ? Leur veau d'or ne se tient-il pas dans une posture menaçante, étendant ses ailes noires de honte, l'une, l'usure, l'autre, l'esclavage des Blancs ? C'est terrible ! Y aura-t-il assez d'eau claire dans l'Euphrate pour laver les taches de sang de leurs mains impitoyables et avides ? Une force régénératrice pourra-t-elle enlever la rouille de leur âme...

Ils n'ont jamais cultivé le sol qu'ils occupaient, ni versé leur sang pour le défendre. Le progrès spirituel, culturel et intellectuel des peuples au sein desquels ils vivaient ne faisait pas partie de leurs préoccupations et de leur travail.

Au contraire, ils n'ont fait que troquer et échanger, valorisant même les idéaux les plus élevés de l'humanité contre de l'or, afin d'augmenter le capital et d'asseoir l'autocratie des Juifs. Bien que dispersés dans le monde entier, ils formaient néanmoins un corps uni d'intermédiaires qui manipulaient les produits des autres nations...

Au cours de longs siècles, une nouvelle puissance mondiale sans nom s'est progressivement développée, et ses racines s'enfoncent dans chaque crevasse de l'effort humain et aujourd'hui, elle dirige l'entreprise de chaque nation.

Aussi mystérieux soit-il, ce pouvoir est réel, impitoyable dans son action et préjudiciable au bien-être et aux idéaux de tout peuple au sein duquel il se développe. Herder, dans son ouvrage sur *Les idéaux de l'histoire de l'humanité,* qualifie les Juifs de "nation de parasites et d'intermédiaires", qui dépravent le monde par leur usure.

Même Kant condamne leurs pratiques, et Bismarck parle avec horreur de la misère de la population rurale, exploitée de la manière la plus impitoyable par les Juifs. Voltaire, Goethe, Schiller les ont qualifiés de destructeurs. Martin Luther, Schopenhauer et Napoléon ont mis le peuple en garde contre eux.

Alors que les autels de la force et de l'abus sont tombés et que les dieux de la tyrannie et de l'esclavage gisent dans la poussière, Israël a surgi et, avec une puissance accrue, domine les affaires du monde. Il est à la tête d'une armée servile d'anarchistes et son influence atteint même les dirigeants des plus grandes démocraties du monde.

Les classes supérieures des nations - les diplomates, les savants, les écrivains, les législateurs, les gens de pensée et de réflexion - protègent les Juifs et se soumettent à l'hypnotisme de l'esprit juif.

Mais les gens ordinaires - la vie et les muscles mêmes de la nation - les masses qui ne peuvent pas discuter, mais qui sentent sur leur dos les lourdes iniquités [et] se révoltent de plus en plus avec découragement. Ils entreprennent leur propre châtiment [...].

Il ne fait aucun doute que les intrigues de l'empire Rothschild ont largement contribué à la montée du phénomène mondial de l'antisémitisme. Le célèbre écrivain français Edouard Drumont, auteur de *La France juive*, l'une des plus importantes analyses du XIXe siècle sur le pouvoir financier juif, a déclaré de manière satirique qu'il allait écrire un livre intitulé *La victoire des Juifs*, rappelant un ouvrage antérieur d'un autre écrivain sur la Révolution française intitulé *La victoire des Jacobins*. Drumont a dit :

Il s'agit ni plus ni moins d'une conquête, par une minorité infime mais cohérente... C'est la caractéristique de cette conquête : un peuple entier travaille pour un autre, un peuple qui s'approprie, par un vaste système d'exploitation financière, les bénéfices du travail d'autrui. Les immenses fortunes juives, les châteaux, les hôtels particuliers, ne sont pas le fruit d'un travail réel, d'une production quelconque. Elles sont le tribut prélevé par une race dominante sur une race asservie.

Il est certain que la famille Rothschild, qui dans sa seule branche française vaut trois milliards de francs, n'avait pas cet argent lorsqu'elle est venue en France. Cette famille n'a pas fait de grandes inventions, n'a pas découvert de mines, n'a pas labouré la terre. Elle a simplement pris trois milliards aux Français sans rien donner en échange.

Certaines de leurs entreprises, dont les actions ne valent plus rien aujourd'hui, et qui n'ont pu être lancées que par la fraude, sont des escroqueries pures et simples. Cet énorme détournement de l'argent accumulé par les travailleurs se fait sans que personne ne lève le petit doigt pour l'arrêter...

Aujourd'hui, grâce aux juifs, l'argent, auquel le monde chrétien n'accordait autrefois que peu d'importance, est devenu tout-puissant. Le pouvoir du capital, concentré dans la main de quelques-uns, régit la vie économique de populations entières, asservit les travailleurs et se nourrit de gains mal acquis sans travail...

Or, comme presque tous les journaux et tous les organes de publicité en France appartiennent directement ou indirectement à des Juifs, il n'est pas étonnant qu'ils nous aient soigneusement caché l'importance et l'étendue de l'immense mouvement antisémite qui commence à se manifester un peu partout.

En tout cas, il m'a semblé utile de décrire les phases successives de la conquête juive et de montrer comment, peu à peu, à cause des Juifs, la vieille France s'effondre, comment ce peuple de grands principes, heureux et aimant, est devenu haineux, orgueilleux et se laisse peu à peu mourir de faim. Tout le monde a la prémonition que la fin est proche...

Ce dont personne ne parle, c'est du rôle joué par l'élément juif dans l'agonie de cette nation généreuse, du rôle dans la destruction de la France de l'introduction de ce corps étranger dans un organisme jusqu'alors en parfaite santé.

Mais la France n'est pas la seule nation à tomber entre les mains de la dynastie Rothschild. Les tentacules de ces "rois des rois" s'étendaient au monde entier. Et la clé pour comprendre la croissance du pouvoir des Rothschild est de reconnaître le rôle particulier de la famille Rothschild dans le développement de l'Empire britannique. En fait, la domination des Rothschild en Grande-Bretagne - à l'exception de la famille royale britannique - est reconnue depuis longtemps.

Pas plus tard qu'en juin 2008, la télévision iranienne a diffusé une série de documentaires intitulée *Armageddon Secret*, mettant en scène des universitaires iraniens qui affirmaient que les Juifs cherchaient à régner sur le monde en détruisant toutes les autres nations de la planète. Un professeur d'université iranien, Ali-Reza Karimi, a déclaré dans le documentaire que l'objectif d'Israël était de "prendre le contrôle du monde et de conserver sa position centrale" et que "les Juifs aspirent à dominer le monde. Ils encouragent la destruction et la ruine, et nous pouvons être témoins de telles actions autour de nous".

Karimi a affirmé que les Juifs croyaient non seulement à la promesse de régner du Nil à l'Euphrate, mais aussi que "Dieu leur a donné le monde entier".

Le documentaire cite la famille Rothschild à la tête de ce qui est décrit comme un "culte politique secret" qui, "pendant des centaines d'années, a distribué un réseau secret dans le monde entier".

Le documentaire note que la famille Rothschild "a implanté dans l'esprit des riches juifs l'idée que la Palestine est la terre promise", précisant que "le gouvernement britannique, contrôlé par l'empire sioniste dirigé par la famille Rothschild, s'est engagé à réaliser l'objectif sioniste".

Si quelqu'un considère qu'il s'agit d'une "théorie du complot de fanatiques musulmans", il faut savoir qu'en 1896, Mary Ellen Lease, leader populiste américaine, a déclaré franchement :

> "La monnaie scripturale et les obligations porteuses d'intérêts sont la malédiction de la civilisation. Nous payons un tribut aux Rothschild d'Angleterre, qui ne sont que les agents des Juifs".

Elle n'était pas la seule à porter de telles accusations.

Un autre populiste américain influent, William "Coin" Harvey, a écrit un ouvrage alors très populaire, *A Tale of Two Nations*, l'histoire d'un riche banquier londonien, le baron Rothe - un personnage à peine voilé inspiré de Rothschild - qui a fomenté un complot visant à prendre le contrôle du système économique américain.

Dans notre prochain chapitre, nous examinerons le rôle historique de la finance juive et la montée en puissance de l'empire Rothschild en tant que force principale dans l'orientation des fortunes de ce que l'on appelle l'empire "britannique", mais que certains appellent l'empire "yiddish". Quoi qu'il en soit, les faits montrent que la Grande-Bretagne est bel et bien un empire "Rothschild".

Cette illustration datant de la Seconde Guerre mondiale met en évidence le rôle de l'Empire britannique contrôlé par les Rothschild, qui domine les peuples de la planète.

À droite, Winston Churchill, depuis longtemps à la solde des intérêts juifs : un tireur des Rothschild.

"John Bull, symbole de la Grande-Bretagne, est montré (à juste titre) tenu en laisse par des ploutocrates juifs.

CHAPITRE VI

La "City de Londres" : Le joyau de la couronne impériale de Rothschild

En 1944, un ingénieur américain, E. C. Knuth, de Milwaukee, dans le Wisconsin, a publié un ouvrage intrigant, aujourd'hui largement oublié, intitulé *The Empire of the City : The World Super State (L'empire de la ville : le super État mondial)*. Knuth y décrit ce qu'il appelle "les cinq idéologies de l'espace et du pouvoir". Ces idéologies sont les suivantes :

1.) L'idéologie du "monde unifié" ;

2) L'idéologie panslave ;

3) "L'Asie pour les Asiatiques" ;

4) le pangermanisme ; et

5) L'isolationnisme panaméricain.

L'idéologie du "monde unifié" dont parle Knuth est, selon lui, ce qu'il décrit comme "l'idéologie secrète de la finance internationale" qui s'efforce d'établir la domination du monde par "un groupe étroitement soudé et bien discipliné de privilégiés". Knuth a noté que la plupart des Américains n'en avaient pas conscience, mais que la plupart des Européens, en revanche, avaient une idée assez précise de son existence et de son fonctionnement.

Le concept de panaméricanisme de Knuth - une idéologie qu'il qualifiait d'"Amérique pour les Américains" - s'exprimait dans la célèbre doctrine Monroe. Il s'agit, a-t-il souligné à juste titre, de la politique étrangère établie des États-Unis depuis 1823 jusqu'à son abandon par l'adhésion des États-Unis à l'idéologie de la domination du monde par la finance internationale. Il a déclaré que les États-Unis avaient en effet abandonné leurs propres traditions pour aligner leur politique sur cette idéologie secrète de la finance internationale, dont le but ultime était d'écraser l'idéologie panslave (de la Russie), "l'Asie pour les Asiatiques" (l'idéologie japonaise) et, bien sûr, le pangermanisme.

En effet, lors de la première guerre mondiale, les États-Unis se sont opposés à l'Allemagne et lors de la deuxième guerre mondiale, ils se sont de nouveau opposés à l'Allemagne (et cette fois-ci au Japon).

Aujourd'hui, nous voyons une nouvelle Russie - sous la direction de Vladimir Poutine - qui s'est efforcée de briser les chaînes des oligarques juifs internationaux, et qui doit maintenant faire face à l'hostilité de l'idéologie secrète de la finance internationale, qui contrôle fermement les États-Unis. Pourtant, en même temps, comme l'a souligné Knuth, il y a eu cette imbrication du pouvoir entre l'Empire britannique - ce que l'on appelle "l'Empire de la City" - et les États-Unis qui, bien que de nombreuses années après que Knuth a écrit, sont aujourd'hui une base d'opérations majeure (au moins sur le plan militaire) de l'idéologie secrète de la finance internationale.

En fait, lorsque Knuth écrivait - avant même la fin de la Seconde Guerre mondiale - il prédisait un conflit entre l'idéologie secrète de la finance internationale et l'idéologie de la Russie. Il soulignait que cet éventuel duel imminent jusqu'à la mort serait le résultat de ceux qu'il appelait "les peuples assujettis que [chaque force] pourrait amener ou contraindre à se joindre à ses forces". Un tel duel, dit-il, semble inévitable au vu des profondes animosités et des pressions économiques explosives qui existaient déjà à l'époque où il écrivait.

Knuth a souligné que les partenaires américains des forces financières internationales entourant la "City of London", qui avaient adhéré à la "nouvelle idéologie secrète", renonçaient et abandonnaient l'isolationnisme établi de longue date de "l'Amérique pour les Américains".

En même temps, bien sûr, certains aux États-Unis ont reconnu les dangers de cette nouvelle idéologie. Le révérend Henry Van Dyke - un nom bien connu à son époque - a dit, de manière si éloquente et si appropriée (en particulier à notre époque moderne d'aventures américaines dans le "mondialisme") :

> Si les Américains n'ont pas soif de garnison sous les tropiques, ils doivent être achetés ou contraints de servir. Accroître délibérément notre besoin de force militaire par une extension immense et inutile de notre frontière de danger, c'est lier un lourd fardeau et le poser sur le dos inconscient des futures générations d'hommes laborieux. Si nous allons parmi eux, nous devrons nous battre lorsqu'ils sonneront de la trompette.

Il convient de préciser d'emblée que l'expression "City of London" ne fait pas référence à la ville géographique de Londres, la capitale de l'Angleterre. Comme le savent les personnes les mieux informées, le terme "City of London" fait plutôt référence à une section spécifique de la capitale britannique (c'est-à-dire une partie particulière de la ville) où sont situées les principales banques nationales et internationales.

La "City" était - et est encore aujourd'hui - une zone de quelque 677 acres qui, bien que faisant partie de l'agglomération londonienne, n'est même pas sous la juridiction du service de police officiel de la ville géographique actuelle de Londres.

Au lieu de cela, elle disposait de sa propre force de police privée, composée de quelque 2000 hommes. C'est ici, bien sûr, que se trouve le siège de la Banque d'Angleterre qui, comme le Système fédéral de réserve aux États-Unis, est, malgré son nom, une institution privée. En Angleterre, la Banque d'Angleterre n'est même pas soumise à la réglementation du Parlement britannique (!) et a donc toujours été, à toutes fins utiles, une puissance mondiale souveraine à elle seule.

Dans la "City" se trouvent également la bourse et d'autres institutions d'envergure mondiale - toutes, bien sûr, sous la domination, sinon le contrôle direct, de l'Empire Rothschild. Et cette "Cité" est, en fait, la face publique du cœur de la dynastie Rothschild, sinon dans le monde entier, du moins certainement dans la mesure où elle est le centre de ce que nous appelions communément "l'Empire britannique", car la vérité est que l'Empire "britannique" n'était rien d'autre que la base géographique de la puissance monétaire internationale : l'Empire Rothschild.

La puissance monétaire - la "sixième grande puissance d'Europe", comme on l'appelait autrefois - était en effet le pouvoir de la famille Rothschild ou, comme on appelait l'assemblée de pouvoir des Rothschild : "La Fortune".

La face publique de "The Fortune" était "The City" et Knuth a déclaré qu'il s'agissait probablement de "la forme de gouvernement la plus arbitraire et la plus absolue au monde". Il a souligné que tant de personnes vivant sous le contrôle de l'Empire britannique - dont 80% étaient des "gens de couleur" - étaient "les sujets sans voix" de l'oligarchie financière internationale de la "City".

Et, comme il le fait remarquer, "The City" utilise l'allégorie de la "Couronne" britannique - la famille royale - comme symbole du pouvoir, mais, en fait, l'oligarchie financière avait alors - comme elle l'a toujours aujourd'hui - son siège dans l'ancien centre financier de Londres : c'est-à-dire "The City".

L'industriel américain Andrew Carnegie (né en Écosse) a fait remarquer un jour, en réfléchissant au pouvoir de la "City" (à laquelle ses propres activités étaient liées), qu'en raison de ce pouvoir, "six ou sept hommes peuvent plonger la nation dans la guerre" ou "l'engager dans des alliances inextricables sans la moindre consultation du parlement".

Carnegie a déclaré qu'il s'agissait là de "l'effet palpable le plus pernicieux découlant de la théorie monarchique", puisque ces intermédiaires du pouvoir menaient ces politiques "au nom du roi", mais, a-t-il ajouté, bien que le roi soit toujours un véritable monarque, "il n'était en réalité qu'une marionnette commode à utiliser par le cabinet pour servir ses propres fins".

Les propos étonnants d'Andrew Carnegie ont été repris des années plus tard, à certains égards, par l'agence d'information allemande World-Service, qui a souligné que le gouvernement "anglais" ne représentait guère les intérêts de l'Anglais moyen :

> Le gouvernement anglais n'est que la façade britannique du Juif en arrière-plan. Les hommes d'État anglais sont les pantins bien payés du capitalisme financier juif-anglais.

> L'Empire britannique est la plus grande entreprise capitaliste qui existe. Il s'agit d'une énorme société dont les principaux actionnaires sont des Juifs. Le but de cette société est d'exploiter les personnes qui vivent dans l'Empire britannique et dans les États sous hégémonie britannique, et d'accumuler toujours plus de richesses incalculables, qui ne profitent qu'à la clique ploutocratique juive-anglaise au pouvoir, et dont elle jouit.

> En Angleterre, nous trouvons donc d'une part des richesses excessives et d'autre part une pauvreté et un dénuement extrêmes pour des millions d'Anglais. Le capitalisme juif-anglais, la ploutocratie juive-anglaise ne se contente pas d'exploiter les habitants des colonies de la manière la plus éhontée ; dans sa cupidité insatiable, elle ne fait preuve d'aucun sens des responsabilités à l'égard de sa propre nation. Comme le gouvernement britannique n'est que l'adjoint du capital financier juif-anglais, les intérêts britanniques et les intérêts des classes dirigeantes anglaises aujourd'hui en Angleterre sont identiques ; mais aucun d'entre eux n'est en aucune façon identique à l'intérêt

de la nation anglaise. Au contraire, leurs intérêts sont directement contraires à ceux de la nation anglaise.

La Grande-Bretagne, le pays le plus riche du monde, présente l'image de la plus grande et de la plus puissante pauvreté au milieu d'une énorme richesse. Un État dont le gouvernement examine chaque question sous l'angle "Est-ce avantageux pour les finances ou non ?" a donc abaissé un sixième de sa population au point qu'elle vit dans des taudis impropres à l'habitation humaine.

En Angleterre, 13 millions de personnes, soit un quart de la population totale, souffrent de malnutrition. Avant le début de la guerre actuelle, l'Angleterre comptait 2 millions de chômeurs. Aujourd'hui, il y a encore un million de chômeurs.

Des dizaines de milliers de personnes migrent chaque année de la campagne vers les villes, pour y mener une maigre vie de prolétaire ou sombrer dans la misère.

Chaque année, des milliers d'hectares de terres agricoles sont retirés de la culture. Chaque année, un nombre croissant de filatures de coton ferment leurs portes et jettent leurs ouvriers à la rue.

Tout cela se produit parce que c'est dans l'intérêt de la finance, car les énormes profits de la clique ploutocratique juive-anglaise ne sont que dans une mesure limitée les résultats des forces productives du travailleur anglais.

Les bénéfices proviennent principalement de la sueur des indigènes mal payés d'Extrême-Orient ; ils proviennent du flux continu de viande argentine importée et de produits alimentaires étrangers, tandis que chaque agriculteur anglais doit se battre pour sauver son exploitation de la faillite. Alors que les travailleurs britanniques des usines de chaussures et de cuir arpentent les rues de Northampton et de Leicester à la recherche d'un emploi, des millions de paires de chaussures sont importées d'outre-mer.

Pendant que dans le Yorkshire et le Lancaster on ferme les usines, on importe d'Extrême-Orient des millions de yards de coton et de matériel et l'on comble l'énorme déficit de matériel d'exportation par la création d'industries similaires dans les colonies et par l'exploitation rigoureuse des indigènes en Extrême-Orient, au détriment de l'industrie-mère et par là même au détriment de la nation anglaise qui s'improvise de plus en plus et est de plus en plus jetée dans le chômage.

Alors que l'agriculteur est confronté à une ruine absolue, des millions de tonnes de viande, de légumes et de fruits étrangers sont jetés sur le marché anglais, et tout cela uniquement parce que la clique ploutocratique juive-anglaise en tire de plus grands profits. C'est ainsi que l'économie internationale des "voleurs" s'exerce aux dépens de la nation anglaise.

C'est la malédiction de la ploutocratie. Dans ce marais ploutocratique judéo-anglais, toutes les formes de corruption se développent naturellement.

C'est feu Cecil Rhodes qui rêvait d'une planète gouvernée par la Grande-Bretagne, avec les anciennes colonies américaines réunies en tant que partie intégrante de cet empire : à bien des égards, c'est tout à fait parallèle au concept d'utopie juive.

Lorsque Rhodes parlait de la domination anglo-saxonne sur le globe, il faisait référence à l'élite du pouvoir de l'Empire britannique, mais nous savons bien aujourd'hui que l'Empire britannique n'était guère entre les mains des Anglo-Saxons d'Angleterre. Il était au contraire fermement tenu par l'empire Rothschild.

Et Cecil Rhodes lui-même n'était, en réalité, qu'un agent très influent et bien rémunéré des intérêts Rothschild.

Si l'on se souvient aujourd'hui de Rhodes comme de l'*éminence grise* du rêve impérial britannique, le livre de l'historien britannique Niall Ferguson, *The House of Rothschild : The World's Banker 1849-1999* fournit au lecteur les données spécifiques qui démontrent, sans l'ombre d'un doute, que, comme le dit Ferguson, les Rothschild avaient "une emprise financière substantielle sur Rhodes", qui était indubitablement une créature de leur fabrication.

Le regretté Carroll Quigley, de l'université de Georgetown, dans son énorme ouvrage *Tragedy & Hope* et, plus directement, dans son travail ultérieur, *The Anglo-American Establishment*, s'est concentré sur les liens de Rhodes avec l'élite non juive de Grande-Bretagne, mais il a ignoré la domination de la dynastie Rothschild sur Rhodes.

Le livre de Ferguson décrit la prédominance des Rothschild dans le monde de Cecil Rhodes et de cette élite, suggérant peut-être que l'utilisation du terme "anglo" n'est pas strictement exacte au sens ethnique du terme, non seulement parce que les Rothschild étaient juifs par leur foi et leur culture, mais aussi parce que leur influence était de portée internationale.

En ce qui concerne l'élite "britannique", il convient de noter à nouveau, à ce stade, qu'en fait, bon nombre des anciennes familles aristocratiques de Grande-Bretagne ont commencé à côtoyer des membres de l'élite bancaire juive. Comme l'a noté l'écrivain anglais Hillaire Belloc :

> Les mariages ont commencé à se multiplier entre ce qui avait été les familles territoriales aristocratiques de ce pays et les fortunes commerciales juives. Après deux générations de ce type, à l'aube du vingtième siècle, les grandes familles territoriales anglaises qui n'avaient pas de sang juif sont devenues l'exception. Dans presque toutes ces familles, la souche était plus ou moins marquée, dans certaines d'entre elles, si forte que même si le nom était encore un nom anglais et les traditions celles d'une lignée purement anglaise du passé, le physique et le caractère étaient devenus entièrement juifs et les membres de la famille étaient pris pour des Juifs chaque fois qu'ils voyageaient dans des pays où la noblesse ne s'était pas encore [mariée avec des Juifs].

Mais les choses vont bien au-delà des relations familiales.

L'influence juive - et, bien sûr, plus particulièrement celle de l'empire Rothschild - était bien ancrée même dans les grandes institutions corporatives mondiales qui étaient synonymes de l'empire "britannique", notamment la célèbre Compagnie britannique des Indes orientales.

L'auteur américain L. B. Woolfolk, dans son ouvrage classique (mais aujourd'hui méconnu), *Le grand dragon rouge*, publié en 1890, décrit la chute de la Compagnie des Indes orientales entre les mains de la finance juive internationale :

> En 1764, la Compagnie britannique des Indes orientales était la plus grande et la plus riche entreprise du monde.
>
> C'est la seule société qui dirige un empire territorial. Elle s'enrichit par le trafic, par l'extension de son commerce par la conquête des comptoirs de ses rivaux continentaux et par le pillage de l'Inde.
>
> Elle avait été dès le départ le meilleur investissement de capitaux que l'on pouvait trouver dans les îles britanniques. Ses actions étaient achetées avec empressement par tous ceux qui en avaient les moyens.
>
> Les commerçants prenaient autant d'actions qu'ils pouvaient se le permettre ; mais, comme nous le savons, les commerçants n'ont généralement pas plus de capital qu'ils n'en ont besoin pour leurs activités habituelles.
>
> L'aristocratie terrienne britannique tirait d'importants revenus de ses domaines et, étant dans l'obligation de rechercher les meilleurs

investissements afin d'assurer la subsistance de ses jeunes enfants, elle a investi massivement dans la Compagnie des Indes orientales.

Mais les grands capitalistes de l'époque étaient les Juifs. Ils étaient les détenteurs de l'argent.

Ils souscrivaient largement aux actions et, comme, à chaque génération, les actions de l'aristocratie étaient vendues à des enfants plus jeunes, les Juifs - toujours économes, toujours pleins d'argent et toujours à la recherche des meilleurs investissements - achetaient les actions mises sur le marché.

C'est ainsi que la majeure partie des actions de la Compagnie des Indes orientales et des autres compagnies créées par la suite à partir des dividendes de cette grande entreprise sont tombées entre les mains des Juifs. Les Juifs sont devenus les grands rois de l'argent du monde.

Quoi qu'il en soit, comme l'a souligné E. C. Knuth, ce grand rêve de ce que nous appelons aujourd'hui le Nouvel Ordre Mondial avait un problème : ses défenseurs ne voyaient pas que les guerres gigantesques à venir allaient résulter de ce qu'il appelait "l'opposition de races puissantes qui refuseraient de reconnaître une doctrine fantastique de la supériorité raciale du [peuple] anglo-saxon et de son destin prédestiné à dominer toutes les races de la terre".

En fait, cette doctrine faisait partie intégrante de "l'idéologie secrète de la finance internationale". Mais, à vrai dire, cette idéologie secrète - masquée d'une certaine manière par le rêve de Rhodes de domination anglo-saxonne - était, bien sûr, le vieux rêve talmudique d'un imperium mondial.

En l'occurrence, l'objectif de l'utopie juive se cachait derrière l'image de l'Angleterre anglo-saxonne qui, à l'époque du XXe siècle, était un mécanisme intégral (peut-être central) par lequel l'empire Rothschild (en tant que maison royale de l'élite juive dirigeante) travaillait par l'intermédiaire de la City de Londres à l'établissement de son Nouvel Ordre Mondial. Feu Vincent Cartwright Vickers, ancien gouverneur de la Banque d'Angleterre et grand fabricant d'armes dans la société duquel les Rothschild détenaient une part importante, a écrit à propos de ces opérations :

> Les financiers ont pris sur eux, peut-être pas la responsabilité mais certainement le pouvoir de contrôler les marchés du monde et donc les nombreuses relations entre une nation et une autre, impliquant des amitiés ou des méfiances internationales.

Les prêts aux pays étrangers sont organisés par la City de Londres sans la moindre considération pour le bien-être de ces nations, mais uniquement dans le but d'augmenter l'endettement, ce qui permet à la City de prospérer et de s'enrichir.

Cette dictature de l'argent, nationale et surtout internationale, qui monte les pays les uns contre les autres et qui, par la possession d'une grande partie de la presse, transforme la publicité de sa propre opinion privée en un semblant d'opinion publique générale, ne peut plus longtemps faire du gouvernement démocratique un simple surnom.

Aujourd'hui, nous voyons à travers un verre sombre, car il y a tant de choses qu'"il ne serait pas dans l'intérêt public de divulguer".

E. C. Knuth a souligné que le pouvoir de l'oligarchie financière résidait dans ce qu'il appelait sa "nature sans âge et auto-perpétuelle, sa planification à long terme et sa prescience, sa facilité à attendre et à briser la patience de ses opposants, ceux qui", comme l'a dit Knuth, "ont tenté de freiner cette monstruosité", c'est-à-dire les politiciens populistes et nationalistes qui ont perçu les dangers de la puissance monétaire internationale.

Les détracteurs de cette force puissante, note Knuth, ont tous été vaincus parce qu'ils ont été obligés par ceux qui soutenaient leurs efforts "de montrer des actions et des résultats dans un laps de temps trop court".

Les vrais patriotes qui se sont opposés à la puissance monétaire internationale ont été "déjoués et défaits, inondés d'obstacles et de difficultés, finalement obligés de temporiser et de battre en retraite".

Ceux qui, aux États-Unis et en Grande-Bretagne, ont osé s'attaquer à la finance internationale, a déclaré Knuth, ont souvent connu ce qu'il a appelé "une fin honteuse".

En revanche, ceux qui avaient bien servi les forces du grand capital en avaient tiré d'immenses bénéfices.

La Banque d'Angleterre, contrôlée par les Rothschild, nous rappelle Knuth, était en fait une puissance mondiale souveraine qui n'était pas soumise à la réglementation ou au contrôle, dans la moindre mesure, du parlement britannique.

Cette institution - entre les mains de l'empire Rothschild - agissait, selon Knuth, comme "le grand balancier du crédit du monde, capable d'étendre ou de contracter le crédit à volonté", soumis uniquement aux ordres de "La City" - en bref, la dynastie Rothschild.

Knuth n'était pas le premier auteur à reconnaître l'emprise des Rothschild sur la Grande-Bretagne. Le major Osman Bey, écrivant en 1878 dans *The Conquest of the World by the Jews* (cité plus haut), décrivait la relation spéciale qui existait entre la puissance monétaire internationale de la dynastie Rothschild et l'Empire britannique comme la conséquence de concessions mutuelles :

> Une sorte d'entente amicale a été conclue sur la base d'un intérêt commun entre ces deux puissances commerciales, en vertu de laquelle l'Empire britannique prête son influence politique et son assistance matérielle au judaïsme, tandis que ce dernier met son influence financière à la disposition de l'Angleterre et soutient le commerce britannique. Les Anglais et les Juifs tirent tous deux avantage de cette entente tacite, les premiers parce qu'elle leur permet d'utiliser l'immense capital juif pour écouler leurs articles de commerce par l'intermédiaire d'intermédiaires juifs.

Le critique américain de la finance juive, Ezra Pound, dans son livre *Gold and Work*, publié en 1944, l'a exprimé de manière succincte : "Après l'assassinat du président Lincoln, aucune mesure sérieuse contre l'usurocratie n'a été tentée jusqu'à la formation de l'axe Berlin-Rome".

(Dans le chapitre suivant, nous examinerons le conflit entre Lincoln et l'empire Rothschild au moment où celui-ci progressait sur le sol américain). Ce n'est donc pas un hasard si, en 1940, le gouvernement allemand, dans le cadre de sa division de publicité World-Service, a candidement avancé la proposition, en termes non équivoques, que c'était précisément à cause de la domination juive de la Grande-Bretagne, par le biais des forces ploutocratiques de l'empire Rothschild, que le peuple anglais avait été précipité dans la guerre contre l'Allemagne nationale-socialiste qui, comme l'a dit Ezra Pound, avait tenté de prendre des "mesures sérieuses" contre la puissance monétaire internationale. World-Service a écrit :

> C'est dans le système ploutocratique du gouvernement anglais que se trouve la véritable raison pour laquelle l'Angleterre a aujourd'hui déclaré la guerre à l'Allemagne national-socialiste et anti-juive.

> Le gouvernement anglais n'a pas déclaré la guerre à l'Allemagne dans l'intérêt du peuple anglais, ni pour protéger éventuellement les sujets britanniques contre d'éventuels actes d'agression allemands, mais il a déclaré la guerre uniquement dans l'intérêt des Juifs qui contrôlent l'Angleterre et dans l'intérêt du capital financier juif-

anglais qui cherchait la première occasion de se défaire, tous deux étant les ennemis reconnus de toute forme de national-socialisme.

L'Angleterre ne peut mener aucune guerre dans l'intérêt de la nation anglaise, car le gouvernement anglais ne peut être considéré comme le représentant de son propre peuple et ne possède pas la confiance de la nation.

Au contraire, elle ne fait que protéger l'immense richesse qui est entre les mains d'un petit cercle : la classe dirigeante juive-anglaise ; elle garantit en outre que la petite clique juive-anglaise augmentera son énorme capital sans entrave.

Aujourd'hui, les Juifs, ainsi que la presse anglaise, veulent nous faire croire que l'alliance judéo-anglaise n'est apparue qu'au cours de la présente guerre, qu'elle trouve sa cause naturelle dans la persécution des Juifs en Allemagne et que les lois anti-juives du Troisième Reich ont poussé les Juifs à se ranger du côté de l'Angleterre dans cette guerre. Comme nous l'avons vu, ce n'est pas vrai.

L'alliance judéo-anglaise trouve son origine uniquement et simplement dans le lien inséparable entre l'impérialisme juif et l'impérialisme britannique, et dans le fait que le capital financier juif est identique au capital financier britannique.

Elle trouve son origine uniquement et simplement dans les liens de sang entre les Juifs et la noblesse anglaise et dans le fait que les Juifs ont réussi à transformer l'Angleterre en un État ploutocratique.

Les Juifs ne sont pas entrés en guerre en tant qu'alliés de l'Angleterre parce que l'Allemagne les avait persécutés, mais l'Angleterre a déclaré la guerre à l'Allemagne parce que le gouvernement anglais est le serviteur obéissant et aveugle des ordres juifs, exactement comme l'Angleterre est l'ennemi juré de tous les États antijuifs et, selon sa structure ploutocratique, doit nécessairement l'être.

Le gouvernement anglais a déclaré la guerre à l'Allemagne parce qu'il s'agit d'un gouvernement contrôlé par les Juifs et qu'à ce titre, il représente l'épée de Juda contre l'antijudaïsme et contre toute forme de national-socialisme.

Le gouvernement anglais a déclaré la guerre à l'Allemagne parce que les Anglais ne sont pas les dirigeants de l'Angleterre, mais parce que le capital financier juif est au pouvoir et que l'Angleterre est un État ploutocratique.

Bien que de nombreux ouvrages aient été écrits sur le thème de la finance internationale en général au fil des ans, le public n'a guère compris ou reconnu la situation dans son ensemble.

Cependant, comme l'a fait remarquer E. C. Knuth, en parcourant les nombreux volumes qui ont abordé ces sujets, on trouve ce qu'il a appelé "d'étonnantes pépites d'information" qui, mises ensemble, "dévoilent l'histoire stupéfiante et la structure juridique d'un État mondial souverain". Cet État mondial est bien entendu gouverné par la "City" de Londres qui, selon Knuth, "fonctionne comme un super gouvernement mondial et aucun incident ne se produit dans aucune partie du monde sans sa participation sous une forme ou une autre".

"Le grand plan de cet ordre "un seul monde" décrète qu'il est nécessaire, écrit Knuth, de limiter rapidement et de manière péremptoire l'expansion politique et territoriale de la Russie.

Et c'est bien sûr ce que Knuth écrivait dans les derniers jours de la Seconde Guerre mondiale, alors que les États-Unis et la Grande-Bretagne étaient encore alliés à la Russie, mais c'est peu après la guerre qu'est apparue ce que l'on appelle la guerre froide et maintenant, dans les premières années du XXIe siècle, une "deuxième guerre froide" - une "nouvelle guerre froide" - se construit contre la Russie dans sa nouvelle incarnation en tant qu'État nationaliste qui a défié les intérêts monétaires juifs internationaux.

Aujourd'hui, le grand colosse qu'est la Russie, libéré de l'emprise du communisme et du capitalisme, deux têtes du même dragon, fait obstacle au Nouvel Ordre Mondial.

Au moment même où nous écrivons ces lignes, en 2009, nous constatons que les sphères d'influence occidentales liées aux Rothschild, en particulier les États-Unis, s'agitent en faveur d'une confrontation avec la Russie, les "néo-conservateurs" sionistes battant effectivement le tambour de la guerre contre la Russie. (*Les* ouvrages de cet auteur, *The Golem* et *The Judas Goats*, explorent ce phénomène de manière assez détaillée). Knuth a demandé, avec sarcasme, s'il était dans l'intérêt du public d'exposer le grand plan de ce qu'il a appelé la "camarilla d'un seul monde" (c'est-à-dire un groupe de conspirateurs) alors qu'ils étaient si près d'atteindre leur objectif d'établir un imperium mondial. Combien de vies supplémentaires devraient être sacrifiées, a-t-il demandé, pour réaliser "le grand rêve [...] d'un monde gouverné par une intelligentsia despotique bienveillante et créer ainsi la "paix pour l'éternité"" ?

Knuth a réfléchi au contrôle des médias par cette élite internationaliste, en soulevant les questions suivantes :

> Comment a-t-il été possible d'ériger cette structure internationaliste de fausses représentations et de tromperies parmi nous et de la protéger de toute exposition pendant près d'un demi-siècle ? Pourquoi nos professeurs d'histoire, nos présidents d'université, nos éducateurs ou nos journaux n'ont-ils pas dénoncé cette monstruosité ?

Il a déclaré qu'il y avait "des raisons évidentes et très pratiques" au fait que les personnes chargées d'informer et d'éduquer le public ne l'avaient pas fait en ce qui concerne la puissance monétaire internationale, et l'une des principales raisons était que "l'existence de nos journaux dépend absolument de la publicité des grands intérêts commerciaux" et, a-t-il ajouté, un peu cyniquement, que "la principale fonction des présidents d'université est de collecter les fonds dont dépend l'existence de leurs institutions, d'être en bons termes avec les bonnes personnes".

Ceux qui ont tenté d'exposer l'Empire Rothschild et le Nouvel Ordre Mondial et ses origines talmudiques - ou même simplement des parties de la grande histoire - ont rencontré peu de succès car, comme l'a reconnu Knuth, les travaux de ce type ont reçu peu de reconnaissance et "parce qu'ils sont considérés comme "controversés" [sont] traités avec le mépris du silence".

Tout à fait à l'opposé, a souligné Knuth, notons les tirages massifs, de plusieurs millions de dollars, de ce que Knuth a décrit comme "les produits hautement acclamés et largement médiatisés des partisans de l'internationalisme ; avec la domination complète de la radio [et aujourd'hui, de la télévision] par les propagandistes internationalistes..."

L'influence de l'empire Rothschild s'est donc emparée de la Grande-Bretagne impériale il y a longtemps, infiltrant ses familles aristocratiques et ses institutions financières, et l'influence des Rothschild s'est étendue au monde entier.

Pendant ce temps, de l'autre côté de l'Atlantique, la dynastie Rothschild progressait déjà pour prendre le contrôle du Nouveau Monde et s'assurer que les nouveaux États-Unis étaient fermement sous son emprise.

Dans les chapitres qui suivent, nous commencerons à examiner le rôle de l'empire Rothschild dans les affaires américaines, pour aboutir, au

XXe siècle, à l'émergence des États-Unis en tant que moteur du pouvoir impérial entre les mains de la dynastie Rothschild.

August Belmont, Jacob Schiff, Joseph Seligman et Paul Warburg (de gauche à droite) comptent parmi les principaux représentants des intérêts de la dynastie Rothschild et de la finance juive internationale sur le sol américain, bien que de nombreux Américains non juifs aient été des partenaires et des hommes de paille des Rothschild dans divers aspects de la finance et de l'industrie américaines, la famille Rockefeller en étant l'exemple le plus notable.

Harry Truman sur le pouvoir juif ...

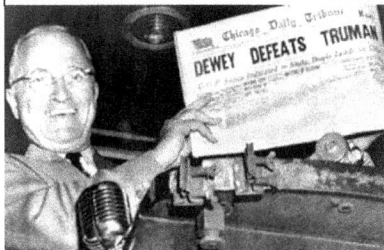

Bien que le président Harry Truman soit salué comme le président américain qui a reconnu le nouvel État d'Israël en 1948, le monde juif a été horrifié le 11 juillet 2003 lorsque le Washington Post a publié des extraits du journal privé inédit de Truman dans lequel ce dernier se livre à une réflexion très franche sur les attitudes et le pouvoir des juifs.

L'une d'entre elles, datée du 21 juillet 1947, était particulièrement sévère et se lisait comme suit :

"Les Juifs n'ont aucun sens des proportions, ni aucun jugement sur les affaires du monde. Je trouve que les Juifs sont très, très égoïstes. Ils se moquent du nombre d'Estoniens, de Lettons, de Finlandais, de Polonais, de Yougoslaves ou de Grecs qui sont assassinés ou maltraités en tant que personnes déplacées [après la guerre], tant que les Juifs bénéficient d'un traitement spécial. Pourtant, lorsqu'ils détiennent le pouvoir - physique, financier ou politique - ni Hitler ni Staline n'ont rien à leur reprocher en matière de cruauté ou de mauvais traitements à l'égard des laissés-pour-compte."

Rappelez-vous : il ne s'agit pas des délires d'Adolf Hitler ou d'un agitateur de rue antisémite de droite. Ces mots n'ont pas été écrits par un "théoricien du complot" ou par un "terroriste musulman". Ce ne sont pas les murmures d'un misanthrope amer. Ce sont les réflexions privées d'un président américain bien-aimé, l'homme de l'indépendance, qui n'est autre que "Give'Em Hell Harry". Avait-il tort ?

CHAPITRE VII

Les Rothschild et l'Amérique : D'abord une colonie, puis le moteur du pouvoir impérial

Dans *Gold and Work*, publié en 1944, Ezra Pound réfléchit au rôle de la finance juive internationale - l'empire Rothschild - dans la dictature des affaires économiques des nations de la planète. Critique précoce et virulent du système de la Réserve fédérale contrôlée par les Rothschild sur le sol américain (nous y reviendrons plus tard), Pound a commenté la perte de liberté dont tant de gens ont souffert en conséquence de la montée du capitalisme ploutocratique et de sa domination usuraire sur l'argent mondial :

> Personne n'est assez fou pour laisser à quelqu'un d'autre la gestion de son propre compte bancaire privé ; pourtant, les nations, les individus, les industriels et les hommes d'affaires ont tous été tout à fait prêts - presque désireux - à laisser le contrôle de leurs monnaies nationales et de l'argent international entre les mains de la lie la plus puante de l'humanité.

L'auteur américain E. C. Knuth (écrivant dans les derniers jours de la Seconde Guerre mondiale) a reconnu que le système américain faisait désormais partie de la toile des Rothschild. Évaluant la manière dont la puissance monétaire mondiale s'est imbriquée dans le système américain au cours du XXe siècle, il a conclu - avec consternation - que les États-Unis étaient devenus "un sujet des lois de l'Angleterre".

En bref, les États-Unis sont tombés entre les mains de la dynastie Rothschild, principale force de l'empire "britannique".

Et malgré le fait que durant les dernières décennies du 19ème siècle et les premières années du 20ème siècle, les questions d'argent et de finance, d'or et d'argent, de dette, de guerre et d'impérialisme, étaient des sujets de discussion courants dans les affaires politiques américaines, les Américains sont restés largement ignorants de l'existence de l'Empire Rothschild.

Bien qu'il y ait eu - comme nous l'avons noté dans le chapitre précédent - une certaine reconnaissance du rôle de la dynastie Rothschild et de ses pratiques prédatrices du capitalisme financier international, Knuth a écrit :

> "Dans une large mesure, la plupart des Américains ne savaient pas grand-chose des Rothschild, à quelque moment que ce soit de l'histoire. Les Rothschild étaient généralement considérés comme un mythe ou une légende."

Cependant, il a déclaré, et c'est certainement un euphémisme : "Il devrait être tout à fait évident que la gigantesque fortune de cette famille reste un facteur très important dans les affaires du monde." Et cette fortune n'a cessé de croître depuis.

En fait, comme nous le verrons plus loin, la montée de l'influence des Rothschild aux États-Unis n'est pas un phénomène du XXe siècle, comme beaucoup ont tendance à le croire. Au contraire, les intrigues des Rothschild sur le sol américain remontent aux premières années du XIXe siècle.

The Economic History of the Jews, de Salo W. Baron, Arcadius Kahan et d'autres (publié par Schocken Books en 1975), résume les débuts de la finance juive internationale aux États-Unis :

> Ce n'est toutefois qu'au milieu du XIXe siècle, avec l'arrivée en Amérique d'une importante immigration juive allemande, que des établissements bancaires juifs sur le modèle européen ont vu le jour aux États-Unis...

> Toutes ces entreprises fonctionnaient essentiellement comme des banquiers d'investissement - le secteur plus établi de la banque commerciale offrait relativement peu d'opportunités aux immigrants juifs allemands - et contribuaient ainsi à financer un grand nombre de services publics et de sociétés américaines dont la croissance rapide au cours de la seconde moitié du XIXe siècle avait créé une demande insatiable de capitaux.

> Pour réunir ces fonds, ces maisons juives ont non seulement utilisé leurs vastes relations européennes, en particulier en France, en Angleterre et en Allemagne, mais elles ont également créé entre elles une chaîne d'associations et de directions interdépendantes qui leur a permis de mobiliser rapidement des sommes plusieurs fois supérieures à leurs avoirs individuels et de rivaliser avec succès avec des entreprises païennes plusieurs fois plus grandes qu'elles.

Non seulement les enfants et les parents d'une entreprise donnée se mariaient souvent entre eux, mais des alliances matrimoniales se produisaient aussi fréquemment entre différentes familles de banquiers juifs, comme ce fut le cas pour les Kuhn, les Loebs, les Schiffs et les Warburgs.

Souvent aussi, les enfants de ces familles se mariaient avec des familles de grandes entreprises juives allemandes dans une variété d'autres domaines et ces dernières procédaient alors à l'obtention de capitaux par l'intermédiaire des maisons de banque qu'elles avaient rejointes.

Sur le plan social, le résultat de ces liens commerciaux et de parenté a été la création d'une aristocratie bancaire et commerciale juive allemande basée à New York, dont les descendants ont continué pendant plus d'un siècle à jouer un rôle dominant dans la vie financière, culturelle et politique de la communauté juive américaine et, dans une moindre mesure, de la nation dans son ensemble.

La contribution de ces banques juives au processus de formation du capital aux États-Unis à la fin du XIXe siècle et au début du XXe siècle a été considérable à tous points de vue.

Les étudiants en histoire américaine connaissent - ou devraient connaître - les batailles historiques du président Andrew Jackson et d'autres nationalistes américains contre les intrigues des intérêts financiers qui étaient déterminés à mettre en place une "banque centrale" sur les côtes américaines.

Et bien qu'à cette époque - dans les premières décennies du XIXe siècle - les Rothschild eux-mêmes n'étaient pas officiellement installés aux États-Unis (bien qu'ils fussent certainement, à ce moment-là, la principale force financière en Europe), il y avait des banquiers américains et leurs alliés politiques - notamment Alexander Hamilton (qui était peut-être, mais ce n'est pas certain, d'ascendance partiellement juive) - qui défendaient effectivement les intérêts de la dynastie Rothschild dans la mesure où les Rothschild cherchaient à étendre leurs tentacules dans les affaires financières de la nouvelle république.

Alors que la première banque des États-Unis (créée en 1791), puis la deuxième banque des États-Unis (créée en 1816) étaient ostensiblement des institutions "américaines", l'histoire montre que les détracteurs de la banque ont souvent exprimé leurs inquiétudes quant au fait que les banquiers "britanniques", en particulier, se mêlaient des affaires américaines par le biais de leurs investissements dans ces institutions financières et de leurs relations avec elles.

Ainsi, bien qu'un éminent Américain non juif tel que Nicholas Biddle - fondateur de l'une des "grandes familles américaines" - ait occupé le poste de président de la deuxième banque des États-Unis, il agissait, à toutes fins utiles, en tant qu'agent des intérêts financiers étrangers - c'est-à-dire "britanniques" (en fait, c'est-à-dire Rothschild) - opérant dans les coulisses. De même, Eustace Mullins, dans son ouvrage clé *The Secrets of the Federal Reserve*,[1] a noté qu'un autre Rothschild - James of Paris - était un personnage clé qui profitait des machinations de la Seconde Banque des États-Unis. En bref, la présence des Rothschild en Amérique était un phénomène bien réel, même dans les premières années de notre histoire.

En ce qui concerne la montée de l'influence des Rothschild sur le sol américain, nous sommes redevables au regretté Arnold Spencer Leese, historien anglais indépendant et défenseur du nationalisme anglais, vétérinaire, autoproclamé "médecin des chameaux" de formation (en fait, dit-on, l'une des autorités les plus connues en matière de santé des chameaux), qui a produit l'une des monographies les plus directes sur les intrigues des Rothschild. Intitulée *Gentile Folly : The Rothschilds*, elle a été publiée en 1940.

L'évaluation par Leese de l'influence des Rothschild aux États-Unis, contrairement à de nombreux ouvrages "standard", confirme que les Rothschild ont, en fait, longtemps été influents dans les affaires américaines. Leese note qu'en ce qui concerne notre histoire, les Rothschild ont envoyé un agent du nom de Schoenberg à New York en 1837, mais Schoenberg a changé son nom en August Belmont et s'est présenté comme un disciple de la foi chrétienne, bien qu'il soit juif, comme les Rothschild. Belmont s'est fait les dents dans la finance ( ) dans les succursales de Francfort et de Naples de la maison Rothschild. À cet égard, l'historien américain Stephen Birmingham, dans sa célèbre chronique mondaine, *Our Crowd : Les grandes familles juives de New York :*

---

[1] Dont la traduction a été publié par Le Retour aux Sources, *Les secrets de la Réserve Fédéale*, www.leretourauxsources.com.

La première chose que la société new-yorkaise a remarquée à propos d'August Belmont, c'est qu'il avait beaucoup d'argent. C'était de l'argent Rothschild, bien sûr, mais il l'utilisait somptueusement.

En tant que financier disposant des fonds de la plus grande banque privée du monde, il a immédiatement joué un rôle important non seulement pour les entreprises américaines, mais aussi pour le gouvernement des États-Unis, qui était toujours à court de liquidités et dont le crédit nécessitait des injections constantes de la part des banquiers.

Lors de la grande panique de 1837, Belmont, l'agent des Rothschild, a négocié d'importants prêts auprès des Rothschild pour le compte des banques débitrices américaines. "En d'autres termes, selon Birmingham, il a pu, grâce à l'immensité du réservoir de capitaux des Rothschild, commencer à faire fonctionner en Amérique son propre système de réserve fédérale. (Et ce, bien avant la création officielle du Système de Réserve Fédérale en 1913 !)[2]

Et après s'être établi aux États-Unis en tant que premier agent Rothschild - bien qu'il y ait eu beaucoup d'autres actifs Rothschild en place au fil du temps - il a fini, grâce à l'influence de Salomon

---

[2] Au cours de cette période, l'émigration des catholiques romains vers les États-Unis - en particulier d'Irlande - a été très importante, et la vérité est que des intérêts juifs bien établis y ont vu un danger. En fait, l'un des principaux bigots américains à avoir mené la lutte contre l'immigration aux États-Unis - en particulier l'immigration catholique irlandaise - était un éminent juif américain, Lewis Charles Levin. Bien que l'histoire nous dise souvent que le mouvement "Know Nothing" - le Native American Party - était "dirigé par des protestants" et "visait les catholiques et les juifs", la vérité est que Levin - un juif - était non seulement l'un des fondateurs du parti, mais aussi l'un des rédacteurs de son organe national et l'un des premiers membres "Know Nothing" élus au Congrès ! Né en 1808 à Charleston, en Caroline du Sud, qui - comme le savent les étudiants en commerce d'esclaves contrôlé par les Juifs - a été le centre de la population juive des États-Unis pendant de nombreuses années, bien avant que la ville de New York ne le devienne, Levin s'est ensuite installé, en tant qu'avocat, à Philadelphie, où il a publié et édité le *Philadelphia Daily Sun*. En 1844, il est élu au Congrès de Pennsylvanie sur la liste américaine ("Know Nothing") et occupe ce poste pendant trois mandats, jusqu'à ce qu'il soit battu lors de sa réélection en 1850. Levin meurt dix ans plus tard. Le fait que Levin ait été l'un des premiers agitateurs anti-catholiques sur le sol américain est pour le moins intéressant, car les livres d'histoire ont pris soin de "retoucher" les faits en ce qui concerne le rôle de Levin dans le mouvement "Know Nothing". La carrière de Levin a été reléguée dans le "trou de mémoire" orwellien. Au lieu de cela, nous entendons toujours dire que "les protestants" et "les catholiques" ont été si hostiles aux "pauvres immigrants juifs fuyant les persécutions".

Rothschild, par être nommé par le gouvernement américain pour servir de 1844 à 1850 en tant que consul général autrichien à New York City !

Trois ans plus tard, ce juif allemand et agent des Rothschild est nommé ambassadeur américain aux Pays-Bas. En 1860, cet agent des Rothschild devint président du Comité national démocrate. Il a épousé la fille du célèbre commodore Matthew Perry qui a "ouvert" le Japon à l'Occident, ce qui, en fait, comme le notent les nationalistes japonais modernes, était une première manifestation de l'impérialisme "américain", mais, comme nous ne le savons que trop bien, ce n'était en réalité rien d'autre que l'impérialisme des Rothschild, qui s'inscrivait dans la volonté d'instaurer un nouvel ordre mondial tel qu'il a été décrit pour la première fois dans le Talmud.

À l'époque où Belmont consolide la place de l'empire Rothschild sur le sol américain, les Rothschild établissent des bureaux dans tout le Sud américain afin d'acheter de la laine qui est ensuite expédiée en France et commercialisée. De même, la famille Rothschild achète les récoltes de tabac. Les navires contrôlés par les Rothschild transportent d'énormes cargaisons entre les États-Unis et la France.

Il n'est donc pas surprenant que les intérêts des Rothschild aient été profondément impliqués dans les intrigues financières et politiques qui ont conduit à la guerre de Sécession. Le célèbre poète américain Ezra Pound a déclaré :

> "Les nations sont poussées à la guerre pour se détruire elles-mêmes, pour briser leur structure, pour détruire leur ordre social, pour réduire leurs populations. Et il n'y a pas de cas plus flamboyant et flagrant dans l'histoire que notre propre guerre de Sécession, dont on dit qu'elle est un record occidental pour la taille des armées employées et qu'elle n'est surpassée que par les triomphes plus récents de [l'empire Rothschild :] les guerres de 1914 et la guerre actuelle [la Seconde Guerre mondiale]."

Arnold Leese a écrit que les Rothschild étaient alors en conflit avec Napoléon III de France qui avait des visées sur les Amériques - tout comme les Rothschild. Napoléon III rêvait d'étendre son pouvoir en prenant le contrôle du Mexique et de certaines parties du sud des États-Unis et il voulait que la Grande-Bretagne se joigne à lui en obligeant le Nord à abandonner son blocus des ports du Sud. Cependant, les États confédérés, désireux d'apaiser Napoléon, lui offrent des territoires, notamment la Louisiane et le Texas. La possibilité que les Britanniques et les Français soient sur le point d'intervenir dans la guerre civile américaine au nom de la Confédération était bien réelle.

Cependant, le tsar Alexandre de Russie - qui s'était toujours opposé aux efforts des Rothschild pour interférer dans les affaires de l'empire russe - a envoyé sa flotte de l'autre côté de l'Atlantique et l'a mise à la disposition du président Lincoln au cas où les intrigues des Rothschild parviendraient à pousser les forces britanniques et françaises à entrer en guerre au nom de la Confédération. Les Rothschild n'ont pas oublié ce fait.

En fin de compte, que voulaient les Rothschild ? Benjamin Disraeli, allié de longue date des Rothschild et futur premier ministre d'Angleterre, a écrit sur l'avenir des États-Unis après la guerre de Sécession. Ce serait, selon lui, une Amérique "d'armées, de diplomatie, d'États rivaux et de cabinets à la manœuvre, de turbulences fréquentes et probablement de guerres fréquentes". En bref, comme l'a dit Arnold Leese,

> "les Rothschild souhaitaient reproduire en Amérique les conditions chaotiques de l'Europe, où ils gouvernaient tous les États. Une Amérique unie serait trop puissante pour eux. Elle doit être divisée et c'est le moment de le faire".

Cependant, Napoléon de France ne veut pas travailler avec eux. Que devaient faire les Rothschild ? Ils ont réagi en soutenant à la fois le Nord et le Sud et en s'efforçant d'empêcher une victoire franche de l'un ou l'autre camp, afin de séparer les deux régions, avec la possibilité pour l'Empire britannique, contrôlé par les Rothschild, d'annexer les États du Nord au Canada, un dominion britannique. Dans la pratique, cela signifiait qu'il fallait aider le Sud faible plutôt que le Nord plus puissant, et c'est précisément ce que les Britanniques ont fait.

En dépit d'un sentiment anglais largement favorable au Nord, qui s'opposait à l'esclavage, le gouvernement britannique, dirigé par les Rothschild, a suivi une politique de soutien au Sud. Les Britanniques reconnurent la Confédération et autorisèrent la construction, l'armement et l'entretien des navires sudistes dans les ports britanniques, même si, ironiquement, à New York, l'agent des Rothschild, August Belmont, soutenait ostensiblement la cause du Nord. Mais tout cela, bien sûr, faisait partie de l'objectif des Rothschild de mettre le Nord en pleine agression contre le Sud afin de forcer la guerre de sécession qui s'est effectivement produite.

Toutefois, il convient de noter que Lionel Rothschild pensait que le Nord gagnerait et qu'il a exercé son influence sur les financiers en Angleterre et en France pour soutenir le Nord. Ainsi, comme l'a dit

Leese, l'empire Rothschild avait en fin de compte des intérêts matériels dans les deux camps.

Il est également évident qu'August Belmont collaborait étroitement avec Judah Benjamin, le procureur général juif, puis le secrétaire à la guerre et enfin le secrétaire d'État de la Confédération. L'épouse de Belmont, une Gentille, était la nièce de John Slidell, l'un des partenaires juridiques de Benjamin.

La propre fille de Slidell a épousé le baron Frederick Emil d'Erlanger, chef d'une importante société bancaire juive à Paris, dont le père, le baron Rafael d'Erlanger de Francfort, avait été un représentant confidentiel des Rothschild !

Entre-temps, le président Abraham Lincoln avait ses propres intentions vis-à-vis de la puissance monétaire internationale et cherchait à introduire des prêts d'État pour libérer le peuple américain de l'empire Rothschild. Il n'est évidemment pas surprenant que Belmont se soit fortement opposé à la nomination et à l'élection de Lincoln en tant que président en 1860. Lincoln a contourné les intrigues des Rothschild pendant la guerre de Sécession en finançant la guerre par des crédits d'État, évitant ainsi de dépendre des banques juives sous l'emprise de l'empire Rothschild.

Ce n'est donc pas une coïncidence si, au moment où John Wilkes Booth conspirait pour assassiner Lincoln, un attentat était également perpétré contre le secrétaire d'État William Seward qui, en fait, avait invité le tsar de Russie, Alexandre II, à envoyer sa flotte aux États-Unis dans le but de mettre un terme aux efforts des Rothschild pour diviser les États-Unis. En 1881, le tsar lui-même a été assassiné.

En 2004, l'auteur Charles Higham (qui est par ailleurs un fervent promoteur des préoccupations juives) a publié son livre, *Murdering Mr. Lincoln*, qui décrit en fait de manière assez détaillée le rôle des intérêts Rothschild (et ceux des sociétés secrètes alliées dans la sphère d'influence Rothschild) dans l'assassinat du président Lincoln - un point qui presque officiellement, semble-t-il, n'est pas mentionné par le grand nombre d'écrivains "grand public" qui ont consacré des millions de mots à l'assassinat du 16ème président.

(Et, compte tenu du fait que le président James Garfield, qui est entré en fonction en 1881, a également été assassiné, ce n'est probablement pas une coïncidence si Garfield était un critique virulent de la puissance monétaire internationale et de ses actifs américains qui cherchaient à contrôler le crédit américain). Dans les années qui ont suivi la guerre civile, Belmont et d'autres agents de Rothschild ont fourni aux États-Unis 3,2 millions d'onces d'or en échange d'obligations portant un taux d'intérêt de 4% et à un prix bien inférieur au prix du marché de ces titres à l'époque. Cette opération s'est toutefois avérée impopulaire aux États-Unis, car l'allègement des finances nationales n'a duré que dix mois et l'économie du pays s'est fortement dégradée. Mais les États-Unis ont lancé un emprunt en vendant leurs obligations au public américain, ce qui a permis de soulager les citoyens.

Belmont lui-même devint le patron de la célèbre Tammany Society - populairement connue sous le nom de Tammany Hall - qui dirigeait la machine politique de la ville de New York, laquelle devint, bien sûr, le siège de la finance Rothschild en Amérique. Arnold Leese a décrit Tammany Hall comme "une sorte de façade païenne pour la Kehillah juive", c'est-à-dire le gouvernement secret juif.

Bien que Belmont soit décédé en 1890, ses fils Perry et August ont continué à défendre les intérêts de l'empire Rothschild. Le fils d'August, Morgan, puis le fils de Morgan, John Mason, travaillèrent pour les Rothschild jusqu'à leur mort.

August Belmont s'est aligné sur J. P. Morgan qui, selon l'auteur Stephen Birmingham, a rejoint les Rothschild dans "un axe de puissance financière" que même la grande maison bancaire Seligman a eu du mal à affronter. En fin de compte, les Seligman ont rejoint les Rothschild dans ce qui a été décrit par Birmingham comme "la combinaison la plus puissante de l'histoire de la banque...". L'alliance Seligman-Belmont-Morgan-Rothschild fut si fructueuse que [dans les dix ans qui suivirent] on se plaignait à Wall Street que les "banquiers basés à Londres [et] en Allemagne" avaient le monopole de la vente d'obligations américaines en Europe - ce qui était pratiquement le cas".

La famille Seligman, on s'en souvient, était au centre du premier scandale, resté célèbre, de "l'antisémitisme en Amérique", un membre de la famille s'étant vu interdire l'accès à l'hôtel Grand Union en raison de ses origines juives. Toutefois, il est intéressant de noter que, selon Birmingham, au lieu d'éteindre l'antisémitisme, cet incident l'a en fait attisé.

On a dit un jour que les Seligman étaient la famille juive la plus riche d'Amérique et c'est à juste titre qu'on les a surnommés "les Rothschild américains". Cependant, d'autres grandes familles bancaires juives ont émergé à cette époque, toutes satellites de la dynastie Rothschild.

Selon Stephen Birmingham, qui écrit dans *Our Crowd : Les grandes familles juives de New York :* Si Joseph Seligman a pratiquement inventé la banque internationale en Amérique, c'est Jacob Schiff qui a repris cette invention, l'a affinée et en a fait un art...". "À son apogée, Schiff "dominait toutes les figures financières de Wall Street".

Schiff, qui avait épousé en 1875 la fille de l'un des fondateurs de la banque Kuhn-Loeb, prit bientôt le contrôle du puissant empire. Le mariage de Schiff lui a permis de faire partie d'une élite qui n'était pas seulement liée économiquement, mais aussi maritalement. Comme l'a fait remarquer un journaliste, en se référant à la famille bancaire Warburg - une autre famille bancaire juive du groupe "Our Crowd" - Les Warburg n'étaient personne jusqu'à ce qu'ils se marient avec les Schiff, et Schiff n'était personne jusqu'à ce qu'il se marie avec les Loeb.

Aujourd'hui, cette alliance comprend la famille de l'ancien vice-président Al Gore, dont la fille, Karenna, a épousé Drew Schiff, un membre de la famille Schiff. Ainsi, bien que Gore ait déclaré, lors de la Convention nationale démocrate de 2000 qui l'a désigné comme président, "Je me suis fait tout seul", sa relation avec le clan Schiff - et donc avec l'empire Rothschild - laisse supposer le contraire.

En 1881, note Birmingham, "la finance américaine était entrée dans le grand âge de Schiff". Cependant, la famille Schiff, à elle seule, avait des liens très étendus avec les Rothschild depuis les générations précédentes. Selon Birmingham :

> Au XVIIIe siècle, les Schiff et les Rothschild partageaient une double maison... jusqu'à ce que l'un des Schiff, déjà suffisamment prospère pour s'installer à Londres, vende le reste de la maison au premier Rothschild à avoir fait fortune. Si on les presse, les Schiffs admettent généralement que, bien qu'ils ne soient pas aussi collectivement riches que les Rothschild, leur famille est la plus auguste. Les Rothschild n'étaient connus que comme de grands banquiers.

> L'arbre généalogique des Schiff comptait non seulement des banquiers prospères, mais aussi d'éminents érudits et des membres du rabbinat. Ainsi, au XVIIe siècle, Meir ben Jacob Schiff, compositeur de commentaires remarquables sur le Talmud, et David Tevele Schiff, qui, à la fin du XVIIIe siècle, devint grand rabbin de la Grande Synagogue d'Angleterre, font partie de la famille Schiff.

Les Schiff peuvent également démontrer qu'ils sont une famille beaucoup plus ancienne que les Rothschild. Le pedigree des Schiff, soigneusement établi dans l'encyclopédie juive, est le plus long de toutes les familles juives existantes, les Schiff de Francfort remontant au quatorzième siècle.

Jacob Schiff a en fait remonté son ascendance encore plus loin que cela, jusqu'au 10e siècle avant J.-C., et jusqu'à nul autre que le roi Salomon et, de là, jusqu'à David et Bethsabée, où il a choisi d'arrêter de remonter. Jacob Schiff a pris au sérieux sa descendance du roi d'Israël...

L'industriel américain Henry Ford, pour sa part, a noté que Schiff, dans ses jeunes années, avait en fait fait son apprentissage dans le bureau de son père, qui était un agent des Rothschild. Comme l'a noté Ford, Schiff est devenu

"l'un des principaux canaux par lesquels les capitaux juifs allemands ont afflué dans les entreprises américaines, et son activité dans ce domaine lui a donné une place dans de nombreux départements importants des affaires américaines, en particulier les chemins de fer, les banques, les compagnies d'assurance et les sociétés de télégraphe".

Dans le magazine *Truth* du 16 décembre 1912, George R. Conroy a révélé que les liens entre Rothschild et Schiff s'étendaient jusqu'au XXe siècle :

M. Schiff est à la tête de la grande banque privée Kuhn, Loeb & Co, qui représente les intérêts des Rothschild de ce côté-ci de l'Atlantique. Il a été décrit comme un stratège financier et a été pendant des années le ministre des finances de la grande puissance impersonnelle connue sous le nom de Standard Oil [qui, bien sûr, était publiquement identifiée à la famille Rockefeller]. Il a travaillé main dans la main avec les Harriman, les Gould et les Rockefeller dans toutes leurs entreprises ferroviaires et est devenu la puissance dominante dans le monde ferroviaire et financier de l'Amérique.

En fait, en 1912, une commission sénatoriale, connue sous le nom de commission Pujo, du nom de son président, a enquêté sur les trusts monétaires de l'époque. La commission a révélé que Kuhn, Loeb - malgré son alliance avec J. P. Morgan - était principalement allié à la National City Bank contrôlée par Rockefeller. Cependant, Jacob Schiff était depuis longtemps administrateur de cette entité Rockefeller, et Schiff était donc impliqué dans les deux grands blocs financiers opérant sur le sol américain, qui n'étaient donc pas aussi "indépendants" que le public aurait pu le penser. Des intérêts "juifs" étaient en effet impliqués dans ces deux influences.

Selon Stephen Birmingham, le comité Pujo a découvert que Jacob Schiff dirigeait *les deux* principaux intérêts financiers : "Le groupe Morgan-Baker-First National Bank et le groupe Rockefeller-Stillman-National City Bank formaient le cercle intérieur. Les puissances étaient l'acier et le pétrole, chacune avec sa banque massive. Contrairement à ce que tout le monde avait supposé, aucune 'rivalité' n'a été révélée entre ces [factions]. Kuhn, Loeb, a décidé le comité, un peu vaguement, n'était qualifié d'allié que du groupe intérieur". Alors que certains se demandaient ce que cela signifiait, d'autres, en particulier certains membres de la presse, en ont déduit que Jacob Schiff avait des contacts privilégiés avec les deux principales puissances de Wall Street [et] même [Schiff] a admis que c'était le cas".

Ainsi, la vieille légende, véhiculée par de nombreux écrivains "patriotes" américains, selon laquelle il y aurait eu une "lutte" entre les Rockefeller et l'élite bancaire juive, tombe à plat. Les Rockefeller, dans tous les cas, n'étaient guère plus que des hommes de main bien payés, des satellites de l'empire Rothschild !

En ce qui concerne la famille Rockefeller, il convient de noter qu'il n'existe aucune information solide dans l'arène publique indiquant qu'elle est d'origine juive, bien qu'il y ait eu de nombreuses spéculations depuis plus d'un siècle. Contrairement à une idée répandue, la "preuve" souvent évoquée que "les Rockefeller sont juifs" n'est pas une preuve du tout.

La rumeur selon laquelle les Rockefeller seraient juifs provient en grande partie du fait que le susmentionné Stephen Birmingham - dans son livre de 1971 de Harper & Row, *The Grandees,* un profil de l'histoire de l'élite juive sépharade américaine (descendant de familles juives espagnoles et portugaises) - mentionne que le nom "Rockefeller" se trouve dans une rare étude généalogique de 1960, *Americans of Jewish Descent (Américains d'origine juive)*, de Malcolm H. Stern.

Alors que certains se sont précipités sur cette information et ont commencé à faire circuler l'histoire selon laquelle il s'agissait d'une "preuve" que "les Rockefeller sont juifs", une lecture attentive de l'*ensemble du* livre démontre que - pour autant que cela soit documenté dans ce livre - les Rockefeller qui ont *effectivement* du sang juif proviennent de la lignée de Godfrey Rockefeller qui a épousé une certaine Helen Gratz, qui était juive. Leurs enfants et héritiers ont été élevés dans l'Église épiscopale et n'ont pas eu grand-chose à voir avec les affaires juives ou israéliennes.

Godfrey Rockefeller était en fait issu d'*une lignée distincte de la famille Rockefeller*, descendant de l'un des frères de John D. Rockefeller, Sr. et cousin au second degré des célèbres frères Rockefeller - Nelson, David, Laurence et John D. III. Ainsi, la fameuse histoire selon laquelle les Rockefeller seraient juifs - du moins celle qui est si souvent citée - est basée sur une lecture erronée de ce qui est réellement apparu dans le livre très cité de Birmingham.

Ce n'est pas un grand plaisir que de détruire le mythe populaire selon lequel "les Rockefeller sont juifs", qui a été diffusé par de nombreuses personnes bien intentionnées, mais les faits concernant l'origine de cette rumeur parlent d'eux-mêmes. Il ne s'agit évidemment pas de suggérer qu'il n'y a pas de sang juif dans les veines de la famille Rockefeller (depuis des générations), mais toute accusation en ce sens devrait être fondée sur des faits, et non sur l'interprétation erronée d'une référence passagère dans un livre.

Pourtant, malgré ces faits - que l'on peut découvrir en se référant au livre de Birmingham, d'où *est issue* la version la plus récente de la rumeur selon laquelle *"les Rockefeller sont juifs"* - peu de gens consultent le livre eux-mêmes et préfèrent transmettre la légende.

Mais de nombreuses familles américaines éminentes qui ne sont pas juives (pour autant que l'on sache) ont été mêlées aux nouveaux pharisiens de l'empire Rothschild sur les côtes américaines.

Si l'on considère, comme nous l'avons déjà mentionné, que la famille de l'ancien vice-président Al Gore a longtemps entretenu des liens étroits avec Armand Hammer, l'industriel juif américain connu pour ses relations avec l'élite bolchevique - et qui était le fils d'un père fondateur du Parti communiste américain - il est logique que la belle-famille de Gore, la famille Schiff (et ses associés, les Rothschild), ait joué un rôle majeur dans le financement de la révolution bolchevique en Russie en 1917. Initialement, selon le professeur Gore, la famille Schiff a joué un rôle majeur dans le financement de la révolution bolchevique en Russie.

Albert S. Lindemann, dans *Esau's Tears* :

> L'ennemi le plus tenace de la Russie tsariste était Jacob H. Schiff [qui] a joué un rôle crucial non seulement en refusant aux Russes les obligations qu'ils recherchaient sur le marché international pour financer la [guerre russo-japonaise], mais aussi, de manière encore

plus décisive, en apportant un soutien financier au Japon, qui a alors vaincu la Russie de manière si humiliante [...] Schiff se réjouissait de la manière dont lui et d'autres Juifs avaient pu contribuer à l'humiliation du grand empire russe. Il s'est vanté qu'après son humiliation lors de la guerre russo-japonaise, la Russie avait compris que "la juiverie internationale est finalement une puissance".

Plus tard, de concert avec les Rothschild et d'autres intérêts bancaires juifs, Schiff a personnellement financé la prise de contrôle de la Russie chrétienne par les bolcheviks et l'assassinat de millions de chrétiens, en finançant Léon Trotski et les autres bouchers qui ont pris le pouvoir et se sont installés au Kremlin.

L'histoire complète du rôle des Schiff dans cette tragédie qui a contribué à préparer le terrain pour la Seconde Guerre mondiale, la Corée, le Vietnam et toutes les autres crises nées de la "guerre froide" n'est connue que de quelques-uns, mais elle fait partie de la légende de l'empire Rothschild et de son rôle dans la manipulation des affaires mondiales. En fin de compte, bien que la dynastie Schiff ait été une force majeure à elle seule, le fait est qu'elle a fait partie de l'empire Rothschild.

À ce stade, après avoir examiné le rôle des intrigues de l'empire Rothschild en Amérique, il est essentiel de reconnaître le rôle des Rothschild dans l'établissement du système de la Réserve fédérale aux États-Unis.

Bien qu'il y ait eu beaucoup d'écrits sur la Réserve fédérale et la réalité de ce qu'elle constitue - un monopole monétaire privé et contrôlé par des institutions bancaires - le fait que la famille Rothschild ait été, en fin de compte, la force principale derrière l'établissement du système sur le sol américain, n'est pas quelque chose qui est pleinement compris.

Par exemple, parce qu'il n'y avait aucune personne nommée "Rothschild" lors de la fameuse réunion au large de la côte de Géorgie à Jekyll Island où le cadre de la Réserve Fédérale a été établi, il y a ceux qui dissocieraient la famille Rothschild de toutes les circonstances. Cependant, la main fine de Rothschild était bel et bien présente, représentée par Paul Warburg de la Kuhn, Loeb Company qui, comme nous l'avons noté, était sous le contrôle de Jacob Schiff, un associé de longue date de Rothschild.

Issu d'une autre grande famille de banquiers juifs allemands, Warburg a été le principal architecte du système de la Réserve fédérale, créé en 1913, qui a consolidé le contrôle du système monétaire américain par l'empire Rothschild et la finance juive internationale.

La discussion d'Henry Ford sur ce qu'il appelait "l'idée juive d'une banque centrale pour l'Amérique" concernait la Réserve fédérale. Ford a écrit :

> Ce que le peuple des États-Unis ne comprend pas et n'a jamais compris, c'est que si la loi sur la Réserve fédérale était gouvernementale, l'ensemble du système de la Réserve fédérale est privé. Il s'agit d'un système bancaire privé créé officiellement.

> Interrogez les 1000 premières personnes que vous rencontrez dans la rue, et 999 d'entre elles vous diront que le Système de Réserve Fédérale est un dispositif par lequel le gouvernement des Etats-Unis s'est lancé dans les affaires bancaires pour le bénéfice du peuple. Ils pensent qu'à l'instar du bureau de poste et du bureau de douane, la Réserve fédérale fait partie de l'appareil officiel du gouvernement...

> Les encyclopédies classiques ne contiennent pas d'inexactitudes, mais elles ne disent pas non plus que le système de la Réserve fédérale est un système bancaire privé ; le lecteur profane a l'impression qu'il fait partie du gouvernement.

> Le système de la Réserve fédérale est un système de banques privées, la création d'une aristocratie bancaire au sein d'un système d'aristocratie déjà existant, par lequel une grande partie de l'indépendance bancaire a été perdue, et par lequel il a été rendu possible pour les financiers spéculatifs de centraliser de grandes sommes d'argent à leurs propres fins, qu'elles soient bénéfiques [pour le peuple des États-Unis] ou non.

Abordant la question des liens entre la Réserve fédérale et ce qu'il appelle "les plans économiques des Juifs internationaux", Ford a affirmé, à juste titre, que

> "La force de l'argent juif réside dans son internationalisme. Il étend une chaîne de banques et de centres de contrôle financier à travers le monde et les fait jouer du côté du jeu qui favorise Juda".

Ford a déclaré que les banques juives isolées dans un pays donné ne constitueraient pas une menace. En tant que simples banquiers dans leur propre pays, ils ne susciteraient pas d'inquiétude. M. Ford a fait remarquer que dans les banques commerciales conventionnelles, les

Juifs n'avaient pas prédominé et que les banques de dépôt traditionnelles ne faisaient guère partie du réseau financier juif.

"Les Rothschild n'ont jamais été des banquiers au sens propre du terme ; ils étaient des prêteurs d'argent aux nations dont ils avaient corrompu les représentants pour qu'ils sollicitent des prêts. Ils ont fait des affaires précisément sur le modèle du prêteur de rue qui séduit le fils du riche pour qu'il emprunte une grosse somme, sachant que le père paiera. Ce n'est pas vraiment de la banque. Les cerveaux de ce genre peuvent "obtenir" de l'argent, mais ils ne "font" pas d'argent.

C'est pourquoi, selon M. Ford, il est nécessaire d'examiner l'étendue internationale du pouvoir bancaire juif. Ce système, a-t-il dit, n'exige pas qu'une banque juive soit la plus importante puissance financière d'un pays donné. Ce n'est pas la richesse et l'importance d'une seule de ces banques, mais, au contraire, la richesse et l'importance de la chaîne mondiale des différentes banques juives qui donnent sa force à la puissance monétaire internationale.

Par exemple, Ford a cité Paul Warburg, de la Kuhn, Loeb & Company, qui a été l'un des principaux instigateurs de la création du système de la Réserve fédérale aux États-Unis. L'entreprise de Warburg était loin d'être la banque la plus puissante des États-Unis, mais en raison de ses connexions internationales - qui étaient, comme l'a dit Ford, "toutes juives" - elle a pris un nouvel aspect en termes d'impact sur la vie américaine.

Le dossier montre que c'est bien la création de la Réserve fédérale en 1913 qui a mis en place le cadre nécessaire à l'expansion du contrôle des Rothschild sur la finance et l'industrie américaines.

Les Américains, bien sûr, ne comprenaient pas grand-chose à tout cela. L'auteur américain E. C. Knuth a noté qu'en 1945, dans son ouvrage *The Empire of "The City"*, le sénateur Edward Hall Moore de l'Oklahoma avait rendu public le fait que "le gouvernement britannique" possédait de vastes participations dans 80 des plus grandes sociétés industrielles américaines, dont General Motors et Standard Oil of Indiana. Que la Standard Oil en fasse partie pourrait surprendre les Américains naïfs qui ont longtemps cru que la famille Rockefeller, qui semblait dominer la Standard Oil, était en quelque sorte une famille "royale" en termes américains, alors qu'en fait, l'influence des Rothschild s'étendait même jusqu'aux rangs d'une société "américaine" aussi célèbre.

En fait, l'empire Rockefeller, à plus d'égards que beaucoup ne l'ont jamais réalisé, a toujours été une filiale de l'empire Rothschild, riche et puissant certes, mais néanmoins une filiale de Rothschild. Et comme nous le verrons plus loin dans ces pages, de nombreuses institutions traditionnellement perçues comme faisant partie de la sphère d'influence "Rockefeller" sont aujourd'hui fermement tombées entre les mains d'agents de l'empire Rothschild.

Knuth l'a bien dit :

> "Le public américain a été aveuglément conduit à l'abattoir, comme autant de moutons conduits sur la rampe de l'abattoir, avec des années interminables de ruine et de peur à la clé pour des millions de personnes".

Il faisait référence au fait que "l'argent intelligent de l'Europe" avait, en fait, impitoyablement provoqué le grand krach boursier de 1929 et, par ce biais, avait acquis un pouvoir absolu sur l'économie américaine.

Mais le peuple américain comptait quelques dirigeants nationalistes qui s'opposaient à ce système. Par exemple, James J. Hill, le grand constructeur américain de chemins de fer, a mis en garde contre l'augmentation de la dette nationale et les dangers de voir la nation tomber entre les mains des usuriers :

> Je n'ai pas besoin de vous rappeler que le crédit public, quoique vaste, n'est pas inépuisable... De toutes les ressources, celle-ci doit être conservée avec le plus grand soin, d'abord parce qu'on ne peut jamais savoir à l'avance où commence l'épuisement.

> La terre et ses produits nous indiquent clairement ce que nous pouvons attendre d'eux à l'avenir, mais le crédit est apparemment illimité à un moment donné et s'effondre à l'instant suivant.

> La seule règle sûre est de ne lui imposer aucun fardeau qui puisse être évité et de le garder pour les jours de grand besoin.

Hill a lancé un avertissement à ses concitoyens américains :

> "Il ne nous servira à rien de conserver ce qu'il nous reste des grandes ressources nationales qui ont été la propriété de ce continent, si nous ne préservons pas le crédit national comme étant plus précieux que toutes ces ressources. Lorsqu'il sera épuisé, le cœur de la nation cessera de battre".

Au cours des années qui ont précédé la Seconde Guerre mondiale et dans les premiers jours de la guerre qui a suivi, d'autres se *sont* exprimés. Cependant, la plupart de ces dirigeants nationalistes ont finalement été chassés de leur poste ou réduits au silence. Comme l'a dit Knuth :

> "le sort des transgresseurs des plans des "mondialistes" [avait] été dur et malheureux depuis lors".

Avec le nouveau système international imposé après la Seconde Guerre mondiale par la Banque mondiale et le Fonds monétaire international - tous des projets de la puissance monétaire internationale de l'empire Rothschild - Knuth a déclaré que les États-Unis avaient été "piégés dans une position de péril illimité et . Les nations étrangères [continueraient] à tirer parti de leur position fallacieuse en exigeant sans vergogne et avec insolence d'énormes subventions sous la forme de prêts, qui ne sont en fait rien d'autre qu'un chantage à l'égard des politiciens américains, certains de perdre leur voix dans la politique mondiale [comme l'a fait] Woodrow Wilson après la Première Guerre mondiale, s'ils ne continuent pas à donner".

Bien entendu, dans ses écrits, Knuth a souligné que le système américain, ostensiblement indépendant à la suite de la révolution américaine, était en fait dominé de loin, puisque tant de fortunes américaines étaient liées à celles des Rothschild et de leurs confrères de la puissance monétaire internationale tourbillonnant autour de la "City" de Londres. Knuth a déclaré

> Des millions d'hommes [aux États-Unis] influencent le destin et la vie ou la mort de leurs concitoyens avec une organisation qui est subversive par rapport à l'esprit et à la lettre de la Constitution des États-Unis, une organisation dont pas un sur mille de leurs concitoyens n'a jamais entendu parler.
>
> L'objectif de ces hommes est entièrement lié à la dépendance de leur propre fortune, invariablement grande, à l'égard des opérations de la "City", citadelle de la finance internationale. Non seulement ces hommes exercent collectivement une influence planifiée d'un poids immense dans le plus grand secret, mais ils agissent avec le soutien des fonds immenses fournis par Cecil Rhodes et Andrew Carnegie.

Et comme nous l'avons noté, Rhodes a été un instrument de l'empire Rothschild dès son entrée dans le monde de la finance et de l'industrie mondiale. On peut en dire autant de Carnegie, aussi titanesque qu'il ait été.

L'"organisation" à laquelle Knuth se réfère spécifiquement, dans ce cas précis, est la "Pilgrim Society", qui promeut la fraternité britannico-américaine. La Pilgrim Society a été fondée à Londres en 1902, quatre mois après la mort de Cecil Rhodes et, bien sûr, comme nous l'avons vu, le concept de Rhodes était de remettre les États-Unis sous le contrôle direct et ouvert de l'Empire britannique. De nombreux Américains fortunés et influents étaient actifs au sein de cette organisation.

Le Council on Foreign Relations, basé à New York (qui était étroitement lié à la Pilgrim Society) n'était, comme nous l'avons déjà souligné, rien de plus qu'une filiale américaine, un cousin cadet, pour ainsi dire, du Royal Institute of International Affairs (RIIA) basé à Londres, lui-même le bras armé de l'Empire Rothschild en matière de politique étrangère, qui utilisait le RIIA comme base d'opérations pour diriger les entreprises étrangères officielles de l'Empire "britannique". Le RIIA était basé dans la "City" de Londres.

Soulignant que le capital "britannique" [lire juif, lire Rothschild] avait joué un rôle majeur dans le déclenchement du grand krach de 1929 et notant que l'inflation étendue qui a provoqué le krach aurait pu être contrôlée et stoppée à n'importe quel moment de sa progression par ce que Knuth appelait le "grand balancier du crédit mondial" dominé par les Rothschild, Knuth a décrit les conséquences :

> Il ne fait aucun doute que l'immense krach et la perte de titres américains ont servi non seulement à endommager et à paralyser le plus grand concurrent de la Grande-Bretagne à l'époque, mais aussi à discipliner une administration récalcitrante et inamicale. Le fait que des milliards de dollars d'or étranger aient été transférés hors des États-Unis au cours de l'année électorale 1932 afin de discréditer davantage l'administration Hoover et d'influencer ainsi cette élection ne fait pas non plus de doute.

> De même, le fait qu'un montant massif similaire en or étranger, totalisant 1 139 672 000 dollars, ait été transféré aux États-Unis en 1935 afin d'influencer les élections [à venir en 1936], de recréer la "confiance" et de préparer l'investisseur américain à une nouvelle tonte en 1937, ne semble pas non plus faire de doute.

> En résumé, le fait que la Maison Rothschild ait gagné de l'argent dans les grands krachs de l'histoire et les grandes guerres de l'histoire, les périodes mêmes où d'autres ont perdu leur argent, ne fait aucun doute.

En résumé, comme l'a dit l'un des hommes de main des Rothschild, le vicomte Reginald Esher, "la position des Rothschild, vis-à-vis des affaires des pays du monde entier, est indispensable pour eux tous, mais n'est responsable d'aucun d'entre eux".

En examinant tout cela d'un point de vue américain, en examinant la manière dont la puissance monétaire internationale a affecté le cours des affaires mondiales, Knuth a déclaré à propos des Américains :

> Beaucoup de gens se rendent compte que cette situation mystificatrice, dans laquelle une nation prétendument démocratique et autonome est en fait contrôlée contre la volonté de son peuple dans ses affaires étrangères, indique clairement qu'il doit y avoir une organisation secrète très puissante et bien financée qui planifie et dirige les affaires étrangères américaines et, faute d'une identification plus spécifique, cette organisation secrète présumée est communément appelée "les Financiers Internationaux".

Mais, bien sûr, comme Knuth l'a expliqué très clairement, ces "financiers internationaux" étaient en fait les membres de la famille Rothschild et leurs agents soigneusement placés dans toute l'Europe et ailleurs et, en fait, sur le sol américain. Et à mesure que l'influence des Rothschild augmentait sur la planète, un nombre croissant de patriotes reconnaissaient les dangers auxquels leurs nations étaient confrontées entre les mains de ces vautours ploutocrates prédateurs.

Le professeur Carroll Quigley, de l'université de Georgetown, a écrit dans *Tragedy and Hope* (*Tragédie et espoir*) sur ce qu'il considérait comme l'opportunité pour les intérêts financiers internationaux de dominer la vie politique américaine. Il a déclaré en toute franchise

> Le principal problème de la vie politique américaine a longtemps été de savoir comment rendre les deux [partis au Congrès] plus nationaux et plus internationaux. L'argument selon lequel les deux partis devraient représenter des idéaux et des politiques opposés, l'un, peut-être, de droite et l'autre de gauche, est une idée insensée, sauf pour les doctrinaires et les universitaires. Au contraire, les deux partis devraient être presque identiques, de sorte que le peuple américain puisse "jeter les coquins dehors" lors de n'importe quelle élection, sans que cela n'entraîne de changements profonds ou étendus dans la politique.

Quigley a déclaré que les politiques de l'élite internationale qu'il considérait comme "vitales et nécessaires pour l'Amérique" ne faisaient plus l'objet d'un désaccord significatif, mais qu'elles n'étaient "contestables que sur des détails de procédure, de priorité ou de méthode". Il fait l'éloge des politiques internationalistes et déclare que "tout parti national américain qui espère gagner une élection présidentielle doit accepter ces choses".

Cependant, a-t-il ajouté,

"l'un ou l'autre parti au pouvoir devient, avec le temps, corrompu, fatigué, peu entreprenant et sans vigueur. Il devrait alors être possible de le remplacer, tous les quatre ans si nécessaire, par l'autre parti, qui ne sera rien de tout cela, mais qui poursuivra avec une nouvelle vigueur à peu près les mêmes politiques de base."

Il est clair qu'avec la montée en puissance de l'empire Rothschild dans les affaires américaines, les élus des États-Unis sont rapidement devenus des instruments au service de ces intérêts prédateurs. Les démocrates et les républicains se sont mis en place, préconisant des politiques qui ont fait avancer l'agenda de l'élite mondiale - poussant plus loin l'objectif d'un Nouvel Ordre Mondial.

L'avènement d'Adolf Hitler en Europe, défiant les Rothschild et la finance juive internationale, a ouvert la voie à ce qui est devenu la Seconde Guerre mondiale. Aux États-Unis, Franklin Delano Roosevelt a œuvré sans relâche pour faire entrer les États-Unis en guerre contre l'Allemagne. Il suffit de dire que le rôle de FDR dans cette tragédie a fait l'objet de nombreux ouvrages formidables, rédigés par d'éminents historiens révisionnistes tels que Harry Elmer Barnes, Charles Beard, Charles Callan Tansill et d'autres.

Aucun étudiant honnête de cette époque ne peut s'empêcher de conclure que la Seconde Guerre mondiale était une guerre que l'Amérique n'avait pas besoin de faire et qu'elle n'aurait pas dû faire. Cette guerre n'a pas apporté le "bien" à la planète ou à l'Amérique. Au contraire, elle a jeté les bases des guerres futures et mis en place un cadre d'après-guerre sur lequel la volonté d'instaurer un nouvel ordre mondial a progressé plus que jamais.

En ce qui concerne la famille Roosevelt, des informations largement publiées suggèrent que la famille Roosevelt avait des ancêtres juifs, que le nom de famille original était "Rossocampo", un nom porté par les juifs séfarades qui faisaient partie des personnes expulsées d'Espagne en 1620. Ce nom aurait ensuite été modifié au fur et à mesure que les différentes branches de la famille s'installaient ailleurs en Europe. Mais il n'existe aucune preuve solide que cette histoire souvent citée soit un fait absolu.

Nous savons que des descendants des membres de la famille d'origine hollandaise - qui s'appelaient évidemment Rosenvelt - ont émigré aux États-Unis et que le nom a fini par devenir le nom "Roosevelt" que nous connaissons aujourd'hui. D'aucuns affirment que les Rosenvelt étaient à l'origine juifs, qu'ils soient ou non d'origine séfarade.

Entre-temps, nous savons qu'en l'espace de plusieurs générations, les Roosevelt se sont mariés avec d'autres personnes qui n'étaient absolument pas juives et qu'à l'époque où Franklin et Eleanor Roosevelt - des cousins qui allaient devenir mari et femme - étaient de jeunes membres fortunés de l'élite américaine, ils n'étaient pas connus pour pratiquer la religion juive.

Pendant l'ère Roosevelt, un tableau généalogique de la famille Roosevelt, qui a circulé à la fois en Europe et aux États-Unis, a accusé une autre souche familiale juive - à savoir celle de la lignée "Samuels" - d'avoir été introduite dans la lignée Roosevelt qui en a résulté.

Aussi passionnante qu'ait pu être cette information à l'époque pour les détracteurs de FDR, sa provenance est pour le moins obscure. Même si beaucoup ont voulu le croire, le nom "Samuels" est souvent un nom juif, mais nous ne savons pas avec certitude qu'ils étaient juifs.

Cependant, pour une source de données peut-être plus immédiate concernant un éventuel héritage juif dans la famille Roosevelt - selon une source juive - nous pouvons nous tourner vers le numéro du 5 février 1982 du *London Jewish Chronicle* qui contenait un article intitulé "FDR 'had Jewish great-grandmother'" (FDR 'avait une arrière-grand-mère juive'). L'article, rédigé par Leon Hadar, se lit comme suit :

> Le défunt président américain Franklin Delano Roosevelt avait une arrière-grand-mère juive, a déclaré la semaine dernière M. Philip Slomovitz, rédacteur en chef du *Detroit Jewish News*, qui a publié une lettre qui lui avait été envoyée il y a 45 ans par feu le rabbin Steven Wise, ancien président du Congrès juif mondial.
>
> Dans sa lettre, le rabbin Wise décrit un déjeuner que sa femme a eu avec Mme Eleanor Roosevelt, l'épouse du président défunt (et l'une de ses lointaines cousines), qui lui a dit : "Souvent, notre cousine Alice et moi-même disons que le cerveau de la famille Roosevelt vient de notre arrière-grand-mère juive", qui s'appelait Esther Levy.
>
> La lettre ajoute que Mme Roosevelt a dit à [Mme Wise] que "chaque fois que notre cousine Alice ou moi-même mentionnons notre arrière-grand-mère juive, la mère de Franklin se met en colère et dit : "Tu sais bien que ce n'est pas le cas. Pourquoi le dis-tu ?" Selon le rabbin Wise, Mme Roosevelt a également dit à sa femme : "Tu ne dois pas te servir de cela. Je pense qu'il vaut mieux laisser tomber l'affaire maintenant".
>
> Dans une lettre séparée adressée à M. Slomovitz, Franklin Roosevelt, dont on célèbre cette année le centième anniversaire de

la naissance, a écrit que ses ancêtres "pouvaient être juifs, catholiques ou protestants". Le rabbin Wise, qui était très proche du président Roosevelt, a indiqué que sa lettre à M. Slomovitz était "strictement privée et confidentielle".

Ironiquement, il convient de souligner que Franklin et Eleanor Roosevelt étaient tous deux connus pour tenir des propos antijuifs en privé, même s'ils étaient peut-être d'origine juive. Malgré cela, ils sont tous deux devenus des icônes de la vision juive du monde. Toutefois, ce phénomène a semblé s'estomper au cours des dernières années du XXe siècle et des premières années du XXIe siècle, car des auteurs juifs agressifs affirment aujourd'hui que FDR - malgré sa guerre mondiale sanglante contre Hitler - "n'a pas fait assez pour arrêter l'Holocauste".

Quoi qu'il en soit, il convient de noter que l'auteur se souvient avoir lu, il y a de nombreuses années, dans le magazine *American Heritage* qu'un chercheur avait trouvé des informations démontrant que les ancêtres maternels de FDR dans la famille Delano étaient d'origine juive, un détail intéressant si l'on considère que la mère de FDR elle-même était connue pour faire des remarques anti-juives.

Le fait que FDR ait été juif (ou en partie juif) n'a donc aucune importance dans le tableau d'ensemble. Il n'en reste pas moins que de très nombreux hommes politiques américains non juifs ont été - ou sont aujourd'hui - des défenseurs de l'agenda juif, favorisant l'avènement d'un nouvel ordre mondial, l'utopie juive.

La conclusion est la suivante : Au cours du XXe siècle, les États-Unis d'Amérique sont devenus le principal mécanisme de contrôle entre les mains de l'empire Rothschild. Le sang et le trésor américains sont devenus les moyens par lesquels le Nouvel Ordre Mondial a progressé rapidement.

Le contrôle juif des médias et de pratiquement toutes les formes d'éducation et de communication s'est développé de manière exponentielle, ce qui a permis aux Rothschild et aux dynasties juives modernes opérant dans leur sphère d'influence d'exercer un contrôle politique accru sur les affaires américaines.

Dans les chapitres suivants, nous examinerons la nature du pouvoir juif en Amérique, en passant en revue ses paramètres et en dévoilant les noms et les intrigues des nouveaux pharisiens qui font avancer l'agenda des Rothschild : l'établissement d'un imperium juif mondial.

Ci-dessus : Cette caricature du 19ème siècle du "Monopoly News Delivery" - suggérant le contrôle de la presse américaine par une élite - est encore plus représentative de la situation des médias américains aujourd'hui, avec une poignée de familles juives et d'intérêts financiers dans la sphère d'influence des Rothschild qui contrôlent les principaux médias, leur influence étant complétée par un nombre extraordinaire de rédacteurs en chef et de journalistes juifs en place dans les industries de l'audiovisuel et de l'édition. En outre, un large éventail de "groupes de réflexion" et de groupes de pression contrôlés par les juifs renforcent la mainmise de l'empire Rothschild sur les médias.

L'image antijuive (à gauche) - "Such a Bisiness" - qui se moque du sens des affaires des Juifs, pourrait à juste titre s'appliquer à l'industrie moderne des médias ainsi qu'aux intrigues prédatrices et corrompues des éléments juifs de Wall Street qui ont conduit l'économie américaine, jadis si prospère, au bord de la destruction.

CHAPITRE VIII

Oui, les Juifs contrôlent les médias : le mécanisme de domination politique de Rothschild

En fin de compte, nous ne pouvons pas parler du cours des affaires modernes, nationales ou internationales, sans reconnaître le rôle prééminent des médias modernes (influencés par Rothschild) dans la dictature de la politique publique et dans la détermination de la sélection des présidents américains et des politiciens élus par le peuple à tous les niveaux. Et pour aborder correctement et précisément la question du pouvoir des médias, nous devons reconnaître le fait que les juifs exercent un contrôle substantiel sur les médias de masse, en particulier en Amérique. C'est un fait essentiel qui ne peut être nié.

En 1993, dans *Tribes*, l'auteur juif Joel Kotkin affirmait que même si, dans sa position, les Juifs "ne contrôlaient pas les médias et les arts, comme le suggèrent certains antisémites", le fait était le suivant :

> Les Juifs exercent manifestement une influence disproportionnée sur le cinéma, l'édition, la publicité et le théâtre. Dans les médias, selon une enquête réalisée dans les années 1970, un quart des personnalités dirigeantes étaient juives, soit plus de dix fois leur pourcentage dans la population générale.

L'écrivain juif Norman Cantor, dans *The Sacred Chain*, s'exprime ainsi sur l'influence des médias juifs aux États-Unis :

> Comme à Berlin et à Vienne avant Hitler, le rôle des Juifs dans l'édition était important. En 1950, des familles juives possédaient deux des trois journaux les plus influents des États-Unis, *le New York Times* et le *Washington Post*. En outre, les deux familles étaient directement impliquées dans le fonctionnement quotidien des journaux et dans la définition de leur politique éditoriale.

J. J. Goldberg - encore un autre écrivain juif - dans son livre de 1996, *Jewish Power : Inside the American Jewish Establishment* (*Le pouvoir juif : à l'intérieur de l'establishment juif américain*), a reconnu :

Il est vrai que les Juifs sont représentés dans le secteur des médias en nombre largement disproportionné par rapport à leur part de la population. Des études ont montré que si les Juifs ne représentent qu'un peu plus de 5% de la presse nationale - à peine plus que leur part de la population - ils constituent un quart ou plus des rédacteurs, des éditeurs et des producteurs des "médias d'élite" américains, y compris les divisions d'information des réseaux, les principaux hebdomadaires et les quatre principaux quotidiens (*New York Times, Los Angeles Times, Washington Post, Wall Street Journal*).

Dans le monde en évolution rapide des mégacorporations médiatiques, les Juifs sont encore plus nombreux. Dans un article de *Vanity Fair* d'octobre 1994, intitulé "The New Establishment", qui dresse le profil des caïds de la nouvelle élite des médias, un peu moins de la moitié des deux douzaines d'entrepreneurs présentés étaient juifs.

Selon les rédacteurs du magazine, il s'agit de la véritable élite américaine, "des hommes et des femmes des secteurs du divertissement, de la communication et de l'informatique, dont les ambitions et l'influence ont fait de l'Amérique la seule véritable superpuissance de l'ère de l'information".

Et dans quelques secteurs clés des médias, notamment parmi les dirigeants des studios hollywoodiens, les Juifs sont si nombreux que le fait de dire que ces entreprises sont contrôlées par des Juifs n'est guère plus qu'une observation statistique.

"S'il y a un pouvoir juif, c'est le pouvoir de la parole, le pouvoir des chroniqueurs juifs et des faiseurs d'opinion juifs", déclare Eugene Fisher, directeur des relations catholiques-juives à la Conférence nationale des évêques catholiques, et l'un des plus ardents défenseurs de la communauté juive dans les cercles religieux chrétiens. "La communauté juive est très instruite et a beaucoup à dire. Et si vous pouvez influencer l'opinion, vous pouvez influencer les événements".

M. Goldberg ajoute que

Le poids combiné de tant de Juifs dans l'une des industries les plus lucratives et les plus importantes d'Amérique confère aux Juifs d'Hollywood un grand pouvoir politique...

Mais on pourrait dire la même chose, à un degré bien plus élevé, d'autres secteurs d'activité où l'on trouve d'importantes concentrations de Juifs : Wall Street, l'immobilier new-yorkais ou l'industrie de l'habillement.

Dans chacun de ces secteurs, les Juifs constituent un bloc significatif - une minorité importante à Wall Street, une quasi-majorité dans l'habillement et l'immobilier commercial - et ont traduit leur influence en une présence visible sur la scène politique.

L'écrivain juif Steven Silbiger a écrit en 2000 dans son livre *The Jewish Phenomenon*, qui est un catalogue virtuel de l'influence juive, que

> "L'influence juive est tout aussi prononcée à la télévision qu'au cinéma. Dans les journaux télévisés, les Juifs ont été très visibles devant la caméra. En tant que journalistes, leurs croyances religieuses et culturelles personnelles ne sont pas prises en compte dans leurs reportages, mais leur pouvoir est important car ils influencent la façon dont nous, Américains, voyons le monde et façonnons nos opinions... Les producteurs de journaux télévisés sont encore plus influents que les reporters, puisqu'ils décident des sujets qui seront diffusés, de leur ordre et de leur durée. Un nombre disproportionné d'entre eux sont également juifs...

> Dans les années 1980, les producteurs exécutifs des trois journaux télévisés du soir étaient juifs.

> En outre, comme le souligne *Jewish Power* [de J. J. Goldberg, cité ailleurs-Ed.], alors que les Juifs représentent "5% de la presse nationale - à peine plus que leur part de la population - ils constituent un quart des rédacteurs, des éditeurs et des producteurs des "médias d'élite" américains, y compris les divisions d'information des réseaux, les principaux hebdomadaires d'information et les quatre principaux journaux".

> Le pourcentage remarquablement élevé de Juifs à la télévision perdure depuis des générations, peut-être parce qu'il s'agit d'une communauté relativement petite et soudée.

> Dans un sondage réalisé auprès des créateurs de la télévision, 59% d'entre eux ont déclaré avoir été élevés dans la foi juive, tandis que 38% [de ce groupe] s'identifient toujours comme juifs.

Dans son ouvrage *The Sacred Chain*, l'écrivain juif Norman Kantor a également noté la prédominance de l'influence juive dans le monde lucratif du sport professionnel. Bien que Cantor n'énonce pas ce point *en tant que tel*, le fait est que le contrôle juif de l'arène sportive est directement lié au pouvoir médiatique juif, dans la mesure où la radiodiffusion sportive est devenue une partie intégrante des médias de masse, conduisant en grande partie - en raison de l'obsession des Américains pour le sport - à ce que les Américains soient mal orientés et donc incapables de se concentrer sur les véritables problèmes auxquels ils sont confrontés :

> Dans les années 1990, les milliardaires juifs ont montré qu'ils avaient atteint le sommet de la prouesse sociale et de l'importance culturelle en achetant des équipes de sport professionnel, jusque-là fière chasse gardée des WASP et des magnats irlandais. En 1993, les Giants de New York - le nom le plus honoré du sport professionnel -, deux autres équipes de la Ligue nationale de football et deux des franchises de la ligue majeure de baseball étaient aux mains de juifs.

> L'un de ces propriétaires juifs avait tellement de poids auprès des autres propriétaires qu'il a organisé le licenciement du commissaire du baseball et a pris la relève en tant que commissaire intérimaire, représentant les propriétaires devant une commission du Congrès.

> Dans les années 1930, les Juifs américains ont cru bien faire en produisant deux champions de boxe.

> Les Juifs n'avaient plus besoin de montrer leur corps en sueur, ils possédaient les équipes.

L'écrivain juif Charles Silberman, écrivant en 1985 dans *A Certain People*, a énoncé sa propre évaluation du pouvoir médiatique juif, en particulier dans le domaine du journalisme et de la gestion de l'information, tant dans la presse écrite que dans les médias audiovisuels :

> Dans l'ensemble, le journalisme est devenu une profession intellectuellement passionnante, raisonnablement bien payée et prestigieuse, dans laquelle les Juifs jouent un rôle de plus en plus important.

> En 1982, par exemple, les Juifs représentaient un peu moins de 6% de l'ensemble de la presse nationale, mais 25 à 30% de l'"élite des médias" - ceux qui travaillent pour le *New York Times, le Washington Post* et le *Wall Street Journal*, pour *Time, Newsweek* et *U.S. News & World Report*, ainsi que pour les divisions d'information de CBS, NBC, ABC, et du Public Broadcasting System et de ses principales stations. (Une étude de 1971 évalue à 25% le nombre de Juifs dans l'élite des médias.) Si l'on considère les postes de décision clés, le rôle des Juifs semble encore plus important.

Les Juifs sont tout aussi influents, bien que moins connus, dans la gestion des informations télévisées. Ce sont les correspondants de la chaîne, bien sûr, qui sont devenus des noms familiers, parmi lesquels des Juifs ...

La plus grande concentration de Juifs se trouve toutefois au niveau des producteurs, et ce sont eux qui décident des sujets qui seront diffusés, de leur durée et de l'ordre dans lequel ils seront présentés.

En 1982, avant un changement d'affectation, les producteurs exécutifs des trois journaux télévisés du soir étaient juifs, de même que les producteurs exécutifs de 60 Minutes de CBS et de 20/20 d'ABC.

Les Juifs sont presque aussi nombreux aux postes de "producteur principal" et de "producteur d'émissions", ainsi qu'aux postes de direction.

Un autre écrivain juif, Barry Rubin, qui écrit dans *Assimilation and Its Discontents*, n'a relevé qu'un exemple de la façon dont les "nouvelles" et "informations" à orientation juive sont constamment présentées dans la presse grand public :

La section des critiques du *Washington Post* du 18 octobre 1992 est pleine de livres écrits par des Juifs ou sur des Juifs : sur le sport et l'expérience juive américaine ; une biographie de Bill Graham, survivant de l'Holocauste et grand imprésario du rock & roll ; l'histoire d'une famille new-yorkaise de la classe supérieure infectée par l'antisémitisme ; le portrait de groupe d'une femme sud-africaine de son groupe d'amis juifs ; l'ouvrage d'un couple juif sur les investissements étrangers en Amérique, analysant les problèmes de loyautés multiples et d'influence étrangère parallèlement aux questions d'assimilation ; et le livre d'un auteur juif sur la politique dans l'enseignement supérieur, discutant du multiculturalisme en termes tirés de l'intégration des juifs dans la société américaine.

Tout cela sans parler de l'incroyable éventail de rédacteurs et d'écrivains juifs (généralement virulemment pro-israéliens) qui contribuent à un vaste éventail de journaux "indépendants" de diverses tendances politiques - allant du "conservateur" *Weekly Standard* à l'ostensiblement "libéral" *New Republic - ainsi* qu'à un large éventail d'autres publications intermédiaires, qui s'alignent toutes sur la promotion des exigences globales de l'empire Rothschild et de sa volonté d'instaurer un nouvel ordre mondial. De même, l'influence d'Internet n'a pas besoin d'être mentionnée. La vérité sur l'influence des médias juifs ne peut être niée.

Publier à nouveau une liste de tant de noms et de publications reviendrait à rabâcher le point, mais le fait est que les journalistes et les publications qui cherchent à défier le pouvoir de l'argent juif international et qui tentent de mettre des bâtons dans les roues de l'utopie juive sont marginalisés et forcés de chercher des moyens indépendants pour défier ce désastre imminent.

Heureusement, il existe des publications telles que *American Free Press* (americanfreepress.net) et *The Barnes Review* (barnesreview.com), ainsi que des organes de diffusion indépendants sur Internet tels que Republic Broadcasting (que l'on trouve sur republicbroadcasting.org) - et une foule d'autres ressources - mais leur influence est (malheureusement) réduite à néant face à la cacophonie médiatique dirigée depuis les plus hauts rangs de l'empire Rothschild.

Il est étonnant de constater que l'influence juive sur les médias n'est pas un phénomène propre au XXe siècle, qu'elle n'est pas apparue avec l'essor des grandes sociétés de radiodiffusion nationales (et aujourd'hui internationales) ou des grands hebdomadaires d'information.

Comme nous l'avons vu à plusieurs reprises dans ces pages, le fait est que, comme le montre l'histoire, l'influence juive sur les médias de masse dans les nations occidentales a été un facteur majeur derrière les critiques des "Juifs" et ceux qui se sont élevés pour critiquer le pouvoir juif sur les médias pointaient singulièrement dans la direction de la puissance monétaire internationale telle que personnifiée par l'empire Rothschild en Europe dans toutes les grandes capitales.

Le problème des médias ne date donc pas d'hier. L'*American Free Press*, basée à Washington, a franchement affirmé que "les médias sont l'ennemi". C'est un problème qui ne peut être abordé sans reconnaître l'influence substantielle des juifs sur ces médias.

Et en poursuivant notre examen de l'influence de l'Empire Rothschild sur les côtes américaines, nous verrons que ce pouvoir s'étend bien au-delà des seuls médias. À bien des égards, l'Amérique est véritablement devenue le moteur de l'empire Rothschild et de sa volonté d'instaurer un imperium juif, une utopie juive, un nouvel ordre mondial.

Cette grande célébration, dans le New York du XIXe siècle, de la fête juive centrale de Pourim commémore le livre d'Esther de l'Ancien Testament, qui salue le génocide de 75 000 Perses - ancêtres des Iraniens d'aujourd'hui (qui sont à nouveau la cible de l'utopie juive). Aucune autre fête juive - toutes celles qui célèbrent la défaite et la destruction des non-Juifs - n'illustre mieux le rêve du Nouvel Ordre Mondial que Pourim. Les non-Juifs connaissent peu les enseignements horribles qui sous-tendent le judaïsme.

CHAPITRE IX

Le "nouvel establishment" juif

Si vous pensez que les États-Unis sont dirigés par une élite protestante blanche anglo-saxonne (WASP), comme certains le prétendent encore, détrompez-vous. La réalité est bien différente, selon un magazine américain de la vieille école qui, en effet, était autrefois la voix de ce qu'on appelle l'establishment "WASP".

Vanity Fair, le mensuel élégant qui appartient désormais à la famille milliardaire sioniste Newhouse, publie chaque année une liste des 100 personnes les plus puissantes d'Amérique, ce que *Vanity Fair* appelle le "New Establishment".

Cette liste étonnante (publiée pour l'année 2007) révèle une réalité que beaucoup auront du mal à accepter : Le "New Establishment" américain est très largement dominé par des personnalités juives ou par des personnes qui sont à la solde ou dépendent de familles juives et d'intérêts financiers qui financent le puissant lobby israélien en Amérique. Cette conclusion, aussi "choquante" ou "controversée" soit-elle aux yeux de certains, est inéluctable.

La liste 2007 de *Vanity Fair* va de 1 à 100, mais il y a en fait 108 noms sur l'ensemble de la liste, avec huit cas où il y a deux noms listés (parfois un ou les deux noms sont juifs, dans d'autres cas non).

Ainsi, bien que 62 personnes sur les 108 figurant sur la liste soient juives (ce qui signifie que 57% des personnes figurant sur la liste sont juives), le nombre total de noms juifs occupe en fait 62% des postes de pouvoir sur la base de la liste, sur une base de 1 à 100.

Et comme il y a au moins quatre personnes qui pourraient être juives, selon certaines sources (pas nécessairement fiables, il convient de le noter), nous pourrions extrapoler et dire que le grand total *possible* de noms juifs sur la liste est en fait de 66 sur 108 - ce qui signifie que 61% des personnes sur la liste sont juives, occupant 65% des places de pouvoir (sur la base de 1-100).

Il y a également des rumeurs concernant l'ascendance juive d'au moins une des personnes figurant sur la liste, mais comme il n'y a pas de preuve dans un sens ou dans l'autre, nous n'avons pas répertorié cette personne comme étant juive. Cela signifie, bien entendu, que si cette personne est d'origine juive, le pourcentage de noms et d'influence juifs (par rapport à cette liste) augmentera.

Quoi qu'il en soit, compte tenu des informations solides dont nous disposons - nonobstant les rumeurs et les allégations -, quelle que soit la manière dont on calcule, il ne fait absolument aucun doute que les membres les plus puissants du "New Establishment" - tel qu'il est perçu par *Vanity Fair* - sont juifs.

Il convient de noter que l'évaluation faite par *Vanity Fair* de ce qui constitue le "New Establishment" est une évaluation que les critiques seraient bien en peine de contester.

Ce magazine n'a jamais été accusé de promouvoir des "théories du complot" ou de la "haine antijuive" de quelque manière que ce soit. En fait, le magazine est considéré comme étant "à la mode" et comme une lecture incontournable pour les personnes qui veulent être à la mode !

Le fait qu'une publication juive ait publié les noms de ces courtiers juifs (sans citer spécifiquement leur héritage ethnique et religieux) est intéressant, d'autant plus que le prestigieux journal israélien, le *Jerusalem Post*, a annoncé la publication de la liste le 11 octobre 2007, en titrant que "le pouvoir juif domine [à la] liste de *Vanity Fair*". Le journaliste du *Post*, Nathan Burstein, a noté : "Il s'agit d'une liste de "personnes les plus influentes" : Il s'agit d'une liste des "personnes les plus puissantes du monde", 100 banquiers et magnats des médias, éditeurs et créateurs d'images qui façonnent la vie de milliards de personnes. Il s'agit d'un club exclusif, insulaire, dont l'influence s'étend à l'ensemble du globe mais se concentre stratégiquement dans les plus hautes sphères du pouvoir. Plus de la moitié de ses membres, du moins selon un décompte, sont juifs.

En d'autres termes, il s'agit d'une liste qui aurait fait bondir les générations précédentes de Juifs, car elle attire l'attention sur leur influence disproportionnée dans la finance et les médias.

L'identité du groupe à l'origine de la liste, qui n'est pas une bande d'antisémites marginaux, mais l'une des publications les plus courantes et les plus prestigieuses des kiosques à journaux, ne ferait qu'aggraver la situation aux yeux de beaucoup. La liste semble se conformer à tous les stéréotypes traditionnels concernant les domaines où les Juifs sont surreprésentés.

Bien que les "grands" médias américains n'aient pas relevé la proéminence juive sur la liste - que l'on peut à juste titre qualifier de prédominance, puisque les Juifs représenteraient moins de 3% de la population américaine -, la nouvelle de la liste *a été* largement commentée dans les publications de la communauté juive américaine.

Joseph Aaron, rédacteur en chef du *Chicago Jewish News*, a déclaré que ses lecteurs devraient "se sentir très, très bien" en apprenant que leurs coreligionnaires sont si puissants en Amérique. Dans la liste de *Vanity Fair*, reproduite ici et annotée de détails factuels concernant les noms figurant sur la liste, les noms juifs apparaissent en italique. Et bien qu'il soit possible que d'autres noms juifs figurent sur la liste, aucune recherche *solide* ne *permet* de *le confirmer*.

On notera également, par exemple, que le baron des médias Rupert Murdoch - qui figure en première position sur la liste - est mentionné comme étant juif, alors qu'il ne l'est "officiellement" pas.

Ceci mérite une explication. On dit souvent que Murdoch tire ses origines juives de sa mère, dont le nom de jeune fille était Green. Ceux qui affirment que Murdoch est juive citent son nom de famille comme "preuve" de ses antécédents juifs, puisque le nom Green est souvent juif. Cependant, la propre source de cet auteur sur la question de l'ascendance juive de Murdoch - un homme d'affaires international qui avait auparavant des liens étroits avec Murdoch - a indiqué que l'ascendance juive de Murdoch vient effectivement du côté de sa mère, mais que le sang juif ne vient pas du nom Green lui-même (comme beaucoup le croient).

Peu importe. *Quels que soient ses antécédents ethniques*, Murdoch a été un partisan de premier plan d'Israël et de la cause sioniste mondiale, ce qui n'est pas surprenant si l'on considère que ses principaux bailleurs de fonds dans son ascension au pouvoir étaient les puissantes familles Rothschild, Bronfman et Oppenheimer, qui sont toutes incontestablement juives. (Un compte rendu de l'ascension de Murdoch et de ses intrigues médiatiques figure dans l'ouvrage précédent de cet auteur, *The Judas Goats*). Depuis la publication de la liste, plusieurs sources Internet ont prétendu que plusieurs autres noms figurant sur la liste (qui ne sont pas indiqués ici comme étant juifs) sont juifs ; cependant, nos recherches n'indiquent pas que c'est le cas. En définitive, la prépondérance des noms est incontestablement juive, que les noms contestés le soient ou non.

Il est également important de noter que les quelque 45 à 50% des noms figurant sur la liste qui ne sont pas définitivement connus comme étant juifs ou qui sont clairement non juifs sont des noms d'individus qui sont directement redevables aux familles juives et aux intérêts financiers pour leur propre pouvoir et leurs privilèges. Rupert Murdoch est peut-être le plus connu de ce groupe.

Le deuxième, dans ce domaine, est Warren Buffett - classé au numéro 6. Bien qu'il ne soit pas juif, il est depuis longtemps associé à l'empire Rothschild et constitue l'une des principales forces de la puissante combinaison médiatique *Washington Post-Newsweek*.

Alors que le *Post* est surtout connu comme le fief de la famille juive Meyer-Graham basée aux États-Unis, les preuves indiquent que les principaux investisseurs en coulisses qui financent l'influent empire du *Post* ont toujours opéré dans la sphère des intérêts bancaires liés aux Rothschild et opérant sur le sol américain. Les Meyer/Graham sont eux-mêmes liés aux milliardaires juifs de San Francisco héritiers du royaume de l'habillement Levi Strauss qui, à son tour, est une force majeure dans les recettes publicitaires mondiales.

Dix-sept d'entre elles sont des acteurs, des artistes et des personnalités de la télévision et des médias qui, bien qu'elles soient devenues riches grâce à leur célébrité, doivent leur notoriété (et leur richesse) au patronage des propriétaires des médias qui ont fait de ces 17 personnalités des noms connus : par exemple, des individus tels que l'agitateur de Fox News Bill O'Reilly et Steven Colbert, parmi d'autres.

Trois d'entre eux, Pinault (29e), Gagosian et Pigosi (84e et 86e), sont des figures du monde de l'art, dont on sait qu'il est dominé par des intérêts juifs.

Huit autres, comme Bernard Arnault (8e), Giorgio Armani (37e), Miuccia Prada (44e), Karl Lagerfeld (52e), Martha Stewart (54e), Oscar de la Renta (53), Diego Della Valle (63) et Donatella Versace (81) sont des figures des industries de la mode et du parfum, qui dépendent toutes deux totalement de la fabrication de vêtements (dominée presque exclusivement par des familles et des intérêts financiers juifs), de la distribution dans les grands magasins et de l'industrie de la publicité, qui sont également dominées par les mêmes éléments.

Deux d'entre eux - Bill Clinton et son ancien vice-président Al Gore - ne sont que des politiciens - notez la précision "ne sont que" - qui ont tous deux été installés à leur poste de pouvoir grâce au patronage d'intérêts financiers sionistes. Notons au passage que la fille de Gore, Karenna, a épousé l'arrière-arrière-petit-fils du ploutocrate juif Jacob Schiff, un satellite de la puissante famille Rothschild. Les étudiants informés de l'histoire savent que Schiff a joué un rôle déterminant dans le financement de la révolution bolchevique en Russie.

Plusieurs autres sont des dirigeants de géants des médias dominés par des intérêts financiers juifs, agissant comme des "façades" bien rémunérées pour les contrôleurs en coulisses. Par exemple, Richard Parsons, un Afro-Américain, figure à la 18e place, mais il n'est rien de plus qu'un homme de paille chez Time-Warner.

Et comme le savent ceux qui connaissent l'histoire de Time-Warner, cet empire médiatique est dominé depuis au moins la fin des années 1960 par des éléments liés au syndicat du crime organisé du gangster juif Meyer Lansky (qui travaillait en étroite collaboration avec le Mossad israélien) et à l'empire de l'alcool de Sam Bronfman, longtemps chef du Congrès juif mondial (CJM), et de son fils Edgar Bronfman, qui a récemment pris sa retraite en tant que chef du CJM, lié à Lansky.

Il a été largement affirmé que l'idée selon laquelle les familles et les intérêts financiers juifs étaient très puissants était "un conte de vieille femme", un "canard antisémite ridicule sans aucun fondement dans la réalité", qui serait le produit d'une "falsification tsariste discréditée". Cependant, la nouvelle évaluation de *Vanity Fair* suggère le contraire et renforce le thème de l'ouvrage précédent de cet auteur, *La nouvelle Jérusalem*, qui avait déjà documenté en détail ce que *Vanity Fair* a maintenant confirmé : "Le pouvoir sioniste en Amérique".

Dans la liste de *Vanity Fair* qui suit, les personnes connues pour être d'origine juive sont indiquées en *italique*. Les noms de trois personnes dont l'origine est inconnue - mais qui ont été déclarées juives par certaines sources sur Internet qui ont adopté cette liste pour leur usage - sont en caractères gras. Les personnes dont on ne sait absolument pas si elles sont juives ou d'origine juive sont en caractères normaux.

Les descriptions des personnes ne figuraient pas à l'origine dans la liste de *Vanity Fair*, mais sont des annotations de l'auteur, Michael Collins Piper. La liste des personnes est la suivante.

1. *Rupert Murdoch*, baron milliardaire des médias mondiaux financé par les empires Rothschild, Bronfman et Oppenheimer. (La controverse

entourant les apparentes racines juives de Murdoch a été examinée précédemment).

2. *Steve Jobs*, directeur général du conglomérat informatique mondial Apple.

3. *Sergey Brin* et *Larry Page*, fondateurs de Google, le géant de l'Internet.

4. *Stephen Schwarzman* et Pete Peterson, fondateurs du Blackstone Group, un géant de l'investissement financier, représentant des cliques obscures de prédateurs ploutocrates.

5. Warren Buffett, un satellite américain de longue date de la famille européenne Rothschild et l'un des propriétaires du groupe d'édition *Washington Post*.

6. Bill Clinton, ancien président des États-Unis.

7. *Steven Spielberg*, producteur et réalisateur hollywoodien, peut-être l'homme le plus puissant de l'industrie cinématographique.

8. Bernard Arnault, industriel français dont l'empire grandissant produit des articles de luxe tels que Louis Vuitton, Christian Dior et Dom Pérignon, entre autres.

9. *Michael Bloomberg*, maire milliardaire de New York et candidat potentiel à l'élection présidentielle, qui a fait fortune dans l'industrie de l'information financière.

10. Bill et Melinda Gates, le couple qui dirige le colosse informatique Microsoft.

11. Carlos Slim Helú, selon le magazine *Fortune*, ce milliardaire mexicain d'origine libanaise est l'homme le plus riche du monde. Il contrôle 200 entreprises qui représentent 7% du produit intérieur brut du Mexique.

12. H. Lee Scott, président et directeur général de Wal-Mart. (Note : certaines versions Internet de cette liste ont suggéré que Scott est juif, mais nous n'avons pas trouvé de preuve définitive de cette affirmation, c'est pourquoi nous péchons par excès de prudence en ne l'inscrivant PAS comme juif).

13. *Ralph Lauren*, magnat de l'industrie de la mode.

14. Oprah Winfrey, personnalité de la télévision largement promue.

15. *Barry Diller* et *Diane von Furstenberg* (mari et femme). Diller est une figure hollywoodienne qui joue désormais un rôle majeur dans le secteur du téléachat. Sa femme est une grande créatrice de mode.

16. *David Geffen*, partenaire commercial de Steven Spielberg à Hollywood et personnalité majeure de l'industrie cinématographique.

17. *Howard Stringer*, directeur général de la société Sony.

18. Richard Parsons, homme de paille afro-américain, directeur général et président du conseil d'administration des dirigeants sionistes de l'empire médiatique Time-Warner. (Al Gore, ancien vice-président des États-Unis et beau-père d'un héritier de la fortune bancaire internationale Schiff qui a financé la révolution bolchevique.

20. *Larry Ellison*, directeur général d'Oracle, le géant des logiciels de base de données connu pour son soutien aux causes israéliennes.

21. *Herb Allen*, à la tête de l'influente société d'investissement privée Allen & Co ; il convoque un conclave annuel d'industriels d'élite à Sun Valley, dans l'Idaho.

22. Jeff Bewkes, récemment devenu PDG de l'empire médiatique Time-Warner (qui est depuis longtemps sous l'influence de la famille Bronfman et d'autres éléments sionistes).

23. *Jeff Bezos*, le fondateur du géant de l'Internet Amazon.com, spécialisé dans les livres et les vidéos.

24. *Peter Chernin*, qui dirige Fox News pour Rupert Murdoch et les sponsors de Murdoch dans les coulisses.

25. *Leslie Moonves*, à la tête de CBS, fief de la famille Sarnoff.

26. *Jerry Bruckheimer*, producteur hollywoodien de grands films et de programmes télévisés hebdomadaires.

27. George Clooney, star du cinéma et partisan des causes libérales.

28. Bono, star du rock et militant de la lutte contre la pauvreté dans le monde.

29. François Pinault, roi des marques de luxe et collectionneur d'art

30. *Roman Abramovitch*, pétrolier et financier russe.

31. *Ronald Perelman,* milliardaire à la tête du monopole des cigares et du géant des cosmétiques Revlon.

32. Tom Hanks, acteur/producteur

33. *Jacob Rothschild*, magnat mondial de la banque, membre de la célèbre famille sioniste, qui exerce une influence majeure dans les coulisses des États-Unis par l'intermédiaire d'associés tels que Warren Buffett, qui n'est pas juif.

34. *Robert DeNiro*, acteur/producteur dont la mère est juive.

35. *Howard Schultz*, fondateur de la chaîne de cafés Starbucks.

36. *Robert Iger*, directeur du conglomérat médiatique Walt Disney.

37. Giorgio Armani, créateur de mode et magnat de l'habillement.

38. *Jeffrey Katzenberg*, partenaire de Spielberg et Geffen.

39. *Ronald Lauder* et *Leonard Lauder*, dirigeants de l'empire cosmétique Estee Lauder ; figures majeures du Congrès juif mondial.

40. George Lucas, producteur hollywoodien (surtout connu pour les films Star Wars et son empire de gadgets marketing).

41. *Harvey Weinstein* et *Bob Weinstein*, grands producteurs d'Hollywood.

42. Diane Sawyer et *Mike Nichols* (mari et femme). Sawyer est une figure de l'information télévisée ; Nichols, un producteur-réalisateur influent d'Hollywood.

43. *Bruce Wasserstein*, directeur de la puissante société d'investissement sioniste Lazard et propriétaire du magazine *New York*.

44. Miuccia Prada, célèbre icône de la mode et créatrice de sacs à main.

45. *Steven Cohen*, gestionnaire de fonds spéculatifs chez SAC Capital Advisers.

46. Tom Cruise, acteur/producteur. (*La rumeur veut que* Cruise ait un peu de sang juif, mais nous ne l'incluons pas dans cette liste).

47. Jay-Z, rappeur/entrepreneur

48. *Ron Meyer*, directeur des studios Universal, désormais sous le contrôle de l'empire de la famille Bronfman.

49. *Frank Gehry*, architecte.

50. Arnold Schwarzenegger, acteur devenu gouverneur de Californie, étroitement associé à Warren Buffett, membre de la famille Rothschild (voir ci-dessus).

51. *Henry Kravis*, roi du rachat d'entreprises par effet de levier chez Kohlberg, Kravis & Roberts ; sa femme est un acteur majeur du Council on Foreign Relations, l'antenne new-yorkaise de l'Institut royal des affaires internationales de la famille Rothschild, dont le siège est à Londres.

52. Karl Lagerfeld, à la tête de l'empire des parfums Chanel.

53. Oscar et Annette de la Renta, créateurs de mode.

54. Martha Stewart, personnalité populaire de la télévision et magnat des produits pour la maison.

55. *Mickey Drexler*, directeur de l'entreprise de mode J. Crew.

56. *Michael Moritz*, financier précédemment associé à Google et ancien journaliste qui a été chef du bureau de San Francisco pour le magazine *Time* contrôlé par Bronfman. Il détient une participation dans Pay Pal et dans Yahoo.

57. *Brian Roberts*, dirige Comcast, le plus grand câblo-opérateur du pays et le deuxième fournisseur d'accès à Internet.

58. Roger Ailes, dirige la chaîne Fox News pour Murdoch et ses associés.

59. *Vivi Nevo*, magnat de l'investissement international né en Israël, qui détient des participations importantes dans Time-Warner, Goldman Sachs et Microsoft (l'un de ses principaux associés est le marchand d'armes israélien Arnon Milchan, l'un des principaux bailleurs de fonds du programme secret israélien de développement d'armes nucléaires).
60. Mick Jagger, star du rock.

61. *Jeff Skoll,* producteur de films.

62.Vinod Khosla, d'origine indienne et basé aux États-Unis, grand investisseur dans les technologies "vertes", comme le solaire, le charbon propre, les piles à combustible et l'éthanol cellulosique et les technologies de l'information et de la communication.

63. Diego Della Valle, figure majeure de l'industrie de la mode des accessoires de luxe, notamment de la société de chaussures Tod's.

64. *Stacey Snider*, co-directrice de DreamWorks, le groupe Spielberg-Geffen-Katzenberg à Hollywood.

65. *Brian Grazer* et Ron Howard, grands producteurs hollywoodiens.

66. John Lasseter, studios Disney-Pixar.

67. *George Soros*, tristement célèbre affairiste international.

68. Philippe Dauman, dirige le géant des médias Viacom pour le compte du magnat sioniste Sumner Redstone (qui contrôle également CBS).

69. John Malone, dirige Liberty Media (Discovery Channel, USA network, etc.) ; anciennement associé à Jerrold Electronics, fondé par Milton Shapp, un sioniste fervent qui a été gouverneur de Pennsylvanie pendant deux mandats.

70. *Sumner Redstone*, propriétaire du géant des médias Viacom/CBS.

71. *Paul Allen*, directeur de la société d'investissement Vulcan et cofondateur, avec Bill Gates (voir ci-dessus), de l'empire Microsoft.

72. *Eddie Lampert*, gestionnaire de fonds pour des personnalités de l'élite mondiale ; membre de la fraternité secrète Skull & Bones à Yale.

73. *Leon Black*, grand investisseur qui exerce une influence déterminante sur Telemundo, la chaîne de télévision en langue espagnole, sur l'empire des casinos Harrah's et sur Realogy, qui contrôle des sociétés immobilières telles que Coldwell Banker et Century 21.

74. Jann Wenner, propriétaire du magazine *Rolling Stone*

75. *Eric Fellner* et Tim Bevan Working Title Films, Londres. (Note : certaines versions Internet de cette liste ont suggéré que Bevan est juif, nous péchons donc par excès de prudence en ne le mentionnant PAS comme juif).

76. *Jerry Weintraub*, producteur hollywoodien.

77. Donatella Versace, chef d'un empire de la mode.

78. *Thomas L. Friedman*, chroniqueur au *New York Times*.

79 Tim Russert, commentateur de l'actualité à la NBC (aujourd'hui décédé).

80. Charlie Rose, commentateur de l'actualité et animateur de talk-show sur la chaîne de télévision PBS.

81. *Joel Silver,* producteur de films à Hollywood.

82. *Frank Rich*, commentateur/auteur du *New York Times*

83. Jonathan Ive, concepteur de l'iPod, de l'iMac et de l'iPhone. (Note : certains ont suggéré que Ive est juif, mais nous n'avons pas trouvé de

preuve définitive de cette affirmation, et nous péchons donc par excès de prudence en ne l'inscrivant PAS sur la liste des juifs).

84. Larry Gagosian, propriétaire de galeries d'art à New York, Londres et Los Angeles, étroitement associé à des milliardaires sionistes tels que David Geffen et S. I. Newhouse Jr, etc.

85. *Charles Saatchi*, propriétaire de la célèbre Saatchi Gallery et grande figure de l'industrie des relations publiques.

86. Jean Pigozzi, collectionneur d'art et proche de la famille Rothschild.

87. Stephen Colbert, satiriste politique et animateur de télévision.

88. Bill O'Reilly, animateur d'un talk-show conservateur sur la chaîne Fox.

89. *Jon Stewart*, personnalité du monde de la télévision.

90. *Steve Bing*, producteur de films.

91. *Eli Broad*, investisseur milliardaire et mécène des causes sionistes.

92. *Michael Milken*, prédateur de Wall Street, ex-taulard et fervent défenseur d'Israël.

93. *Arthur Sulzberger Jr*, propriétaire de l'empire médiatique du *New York Times*.

94. *Ron Burkle*, magnat des supermarchés et des médias (notamment *Motor Trend* et *Soap Opera Digest*).

95. *Scott Rudin*, producteur hollywoodien

96. Jimmy Buffett, chanteur et musicien, se lance dans l'investissement.

97. *Steven Rattner*, investisseur en capital-investissement et en fonds spéculatifs, ancien journaliste au *New York Times*.

98. Arianna Huffington, écrivain et personnalité de la télévision.

99. *Doug Morris*, dirige Universal Music pour le compte de ses propriétaires, la famille sioniste Bronfman et son vaste empire.

100. Jimmy Iovine, directeur d'Interscope Records et étroitement associé au magnat sioniste de la musique David Geffen mentionné plus haut. (Note : de nombreuses sources Internet suggèrent que Iovine est juif. Cependant, il existe un réseau criminel italien, la famille Iovine. En raison de ces ambiguïtés, nous avons choisi de pécher par excès de prudence et de ne pas considérer Iovine comme juif. Il n'en reste pas moins qu'il est étroitement associé au magnat juif David Geffen et, bien

sûr, il est possible que Iovine soit en partie d'origine juive). Pour mémoire : une version de cette liste annotée à l'origine par l'auteur, Michael Collins Piper, a été publiée à divers endroits sur l'internet, mais les versions de cette liste comportaient un certain nombre d'erreurs.

Cette version, telle qu'elle apparaît dans ces pages, doit être considérée comme l'ouvrage définitif de l'auteur sur ce sujet.

Les erreurs éventuelles sont les miennes et uniquement les miennes.

Il convient également de noter qu'une version ultérieure de la liste du "New Establishment" de *Vanity Fair* - pour l'année 2008 - était sensiblement différente dans son ton. Certains "nouveaux" noms ont été ajoutés - dont au moins un riche Arabe musulman - et d'autres ont été supprimés.

Il était évident que *Vanity Fair* essayait d'enlever l'aiguillon après que la prépondérance des noms définitivement juifs apparaissant sur la liste de 2007 (décrite ci-dessus) ait été notée par les critiques du pouvoir juif - peut-être trop souvent - sur l'internet.

Mais la liste de *Vanity Fair* n'est, en fin de compte, en aucun cas une preuve absolue du pouvoir juif opérant dans la sphère de la famille Rothschild. Au contraire, l'ensemble des autres preuves solides de l'argent et de l'influence juifs provenant d'une grande variété de sources - dont la plupart sont juives - confirme précisément les conclusions de base qui pourraient être tirées de la liste "amusante" compilée par l'élégant magazine mensuel.

L'Amérique est véritablement devenue la nouvelle Babylone et le véhicule par lequel le rêve d'une utopie juive - le Nouvel Ordre Mondial - est utilisé pour accomplir l'agenda talmudique par nos pharisiens des temps modernes.

Dans les pages qui suivent, nous explorerons en profondeur les noms, les visages, l'incroyable richesse et le pouvoir des satellites de l'empire Rothschild qui opèrent aujourd'hui en Amérique, dictant le cours de l'avenir de cette nation et la voie même des affaires mondiales.

Al Capone (ci-dessus), le célèbre mafieux de Chicago, n'était rien d'autre qu'un homme de paille pour le syndicat du crime juif qui comprenait feu Sam Bronfman (à gauche), fondateur du Congrès juif mondial, et le fils de Bronfman, Edgar (à droite), qui est aujourd'hui à la tête de la famille Bronfman, l'un des principaux rouages américains de l'empire Rothschild mondial.

CHAPITRE X

Le gang Bronfman : La famille royale des juifs américains - les "parrains" d'Al Capone et de John McCain

Autrefois décrite comme "les Rothschild du Nouveau Monde", la famille Bronfman - bien qu'officiellement basée au Canada - constitue certainement la proverbiale "famille royale" de l'establishment juif américain, dans la mesure où l'influence de la famille est solidement ancrée aux États-Unis, s'étendant de New York à Hollywood et tout ce qu'il y a entre les deux. Le syndicat Bronfman a compté parmi ses protégés, directs et indirects, de nombreuses personnalités puissantes et connues, allant d'Al Capone au sénateur américain John McCain (R-Ariz.).

Bien qu'elle soit surtout connue pour son contrôle de l'empire des alcools Seagram, cette famille légendaire et sinistre contrôle bien plus que cela. À certains égards, elle incarne "l'ultime réussite juive".

Ils représentent pratiquement tout ce qui est vraiment mauvais - au sens classique du terme - dans le pouvoir et l'influence juifs en Amérique. Et bien qu'ils ne soient pas techniquement la famille juive la plus riche d'Amérique - *il y* en a d'autres qui sont beaucoup, beaucoup plus riches - les Bronfman ont un certain niveau d'influence et de proéminence que peu d'autres familles peuvent revendiquer. Après tout, Edgar Bronfman, le patriarche de la famille, a longtemps dirigé le Congrès juif mondial. Et c'est un titre qui a du poids.

Dès 1978, Peter Newman, biographe de la famille Bronfman, estimait dans *The Bronfman Dynasty* que l'ensemble des actifs détenus par les différentes branches de la famille s'élevait à quelque 7 milliards de dollars. Il cite le magazine *Fortune* qui déclarait à l'époque :

> "La fortune des Bronfman rivalise avec celle de toutes les familles nord-américaines, à l'exception d'un petit nombre d'entre elles, dont certaines ont acquis leur puissance au XIXe siècle, à une époque où les impôts n'avaient pas plus d'impact sur la richesse que les boîtes pauvres".

Depuis lors, bien entendu, les Bronfman ont accru leur richesse et leur influence de manière proportionnelle.

À l'origine, nous dit-on, le clan Bronfman a immigré au Canada sous le parrainage - comme beaucoup d'autres - des diverses organisations caritatives juives sous l'emprise de la famille Rothschild d'Europe, la grande maison financière qui règne dans les coulisses depuis des générations.

Cependant, l'empire Bronfman tel que nous le connaissons aujourd'hui a été fondé par Sam Bronfman, homme d'affaires flibustier au nez acéré qui, avec ses frères, a gagné des millions dans le commerce de l'alcool, et bien plus encore en expédiant leur alcool aux États-Unis où il était consommé illégalement pendant la Prohibition. C'est ainsi que la famille a tissé des liens précoces avec le syndicat du crime américain dirigé conjointement par Meyer Lansky, juif d'origine russe établi à New York, et ses partenaires italiens, Charles "Lucky" Luciano et Frank Costello.

En fait - et c'est probablement un sale petit secret qu'il vaut mieux ne pas mentionner - il n'y a guère de ville frontalière dans les régions septentrionales des États-Unis - du Maine à l'État de Washington - où l'on ne trouve pas de belles fortunes familiales accumulées par des habitants (pas toujours juifs, mais beaucoup le sont) qui faisaient partie du réseau de contrebande d'alcool des Bronfman et des Lansky.

Et dans les grandes villes, une "connexion" avec le réseau Lansky-Bronfman était un "must" pour quiconque voulait réussir. En réalité, même le prince du crime italo-américain de Chicago, Al Capone, a dû son ascension au pouvoir à ses relations avec Bronfman - un autre fait peu connu qui a été largement occulté par les médias aux États-Unis.

Malgré tout le battage médiatique autour de la prétendue "domination" de Capone sur Chicago, ce dernier n'a jamais contrôlé plus d'un quart des rackets de la ville des vents. Qui plus est, comme l'a souligné le célèbre auteur indépendant de romans policiers Hank Messick dans son étude classique, *Secret File* (G. P. Putnam's Sons, 1969), Capone, aussi puissant qu'il ait été, n'a jamais porté un titre supérieur à celui de "capo" (ou "capitaine") - chef d'une équipe de dix hommes - dans les rangs du réseau criminel officiellement organisé de la "mafia" italo-américaine de Chicago.

Un autre point souvent oublié dans la légende de la "Mafia" est que Capone n'a en fait été autorisé à devenir un membre officiel de la Mafia qu'après que les chefs criminels italo-américains de Chicago eurent assoupli les règles d'appartenance à la Mafia pour permettre à certains non-Siciliens sélectionnés comme Capone (qui était né à Naples, sur le continent italien) d'en faire partie.

En réalité, Capone répondait en coulisses à des patrons beaucoup plus importants et plus secrets, basés "à l'est" - faisant partie du groupe "d'élite" entourant le tristement célèbre chef du crime juif Meyer Lansky, basé à New York (qui a finalement transféré ses opérations à Miami et, pendant une brève période - de nombreuses années plus tard - en Israël).

C'est le groupe Lansky, comprenant son partenaire juif Benjamin "Bugsy" Siegel et ses partenaires d'origine italienne, Costello et Luciano, qui a envoyé Capone (un cousin éloigné de Luciano) à Chicago en premier lieu.

Dans leur remarquable biographie de Lansky, *Meyer Lansky : Mogul of the Mob* (Paddington Press, 1979), écrite en collaboration avec Lansky, les écrivains israéliens Dennis Eisenberg, Uri Dan et Eli Landau complètent certains des éléments manquants laissés de côté par les biographes de Capone.

Lansky lui-même a déclaré à ses biographes israéliens que "c'est Bugsy Siegel qui le connaissait bien lorsque Capone vivait et travaillait dans le Lower East Side ... [Il était] un ami assez proche de Capone pour le cacher chez une de ses tantes" lorsque Capone a eu des ennuis pour meurtre. [Il était un ami suffisamment proche de Capone pour le cacher chez l'une de ses tantes" lorsque Capone a eu des ennuis pour meurtre.

Pour l'éloigner de la ligne de mire des forces de l'ordre, Lansky a envoyé Capone à Chicago pour jouer les durs dans le gang de Johnny Torrio, un New-Yorkais qui était "passé à l'Ouest" et qui cherchait à détrôner son propre oncle, le gangster de longue date "Big Jim" Colosimo, en tant que chef de la mafia italo-américaine à Chicago.

Torrio était essentiellement l'homme de main de Lansky à Chicago et Capone a rapidement gravi les échelons pour devenir le bras droit de Torrio.

Messick, auteur spécialisé dans le crime organisé, note que le positionnement de Capone "ravit" les partisans de Lansky "parce que Capone était en grande partie leur homme".

Bien que Capone ait fini par devenir son propre maître à Chicago, dirigeant des dizaines de rackets [...], sa loyauté envers ses amis new-yorkais était si ferme que Lansky et [Luciano] savaient qu'ils pouvaient toujours compter sur lui".

Il convient également de souligner que Torrio, le "patron" immédiat de Capone à Chicago, était également le contact à Chicago pour les intérêts de l'empire Bronfman, basé au Canada, qui expédiait ses produits légaux de l'autre côté de la frontière pour qu'ils soient consommés illégalement par les buveurs américains de l'époque de la Prohibition. Sam Bronfman et sa famille ont travaillé en étroite collaboration avec le syndicat Lansky dès le début. Le lien Torrio-Capone a donc bouclé la boucle.

Pendant ce temps, le patron de Chicago, Colosimo, ne fait rien pour s'attirer les faveurs de Bronfman, de Lansky et de Siegel, qu'il qualifie de "sales juifs".

Colosimo a déclaré qu'il ne comprenait pas pourquoi Luciano traitait si étroitement avec Lansky et Siegel, déclarant : "Je soupçonne parfois qu'il doit avoir du sang juif dans les veines", un soupçon qui - à la lumière du destin ultérieur de Luciano, comme nous le verrons - est hautement improbable.

En outre, Colosimo a affirmé qu'il n'y avait "pas d'avenir dans le commerce de l'alcool" et n'a pas montré d'intérêt pour l'approvisionnement en alcool des Bronfman. Colosimo voulait se concentrer sur la drogue, la prostitution et les prêts usuraires. Son boycott de Bronfman réduisait les profits du syndicat Lansky.

Il va sans dire que lorsque le moment fut venu, Lansky (par l'intermédiaire de Torrio et de Capone) s'attaqua à Colosimo qui fut abattu par un gangster juif new-yorkais envoyé pour faire le travail. Lors des somptueuses funérailles de Colosimo, la plus grande couronne de fleurs portait une carte sur laquelle on pouvait lire : "De la part des jeunes juifs en peine" : "De la part des jeunes juifs en deuil de New York." Très vite, l'alcool des Bronfman a afflué à Chicago, grâce à Torrio, l'homme de main de Lansky, et à son bras droit, Capone, qui allait bientôt devenir la figure "mafieuse" préférée des médias.

Ainsi, lorsque nous examinons les forces qui se cachent derrière le gangster italo-américain le plus célèbre du XXe siècle, nous constatons que ses racines sont profondément enfouies dans le camp Bronfman (et sioniste). Et c'est une nouvelle en soi.

Comme on l'a vu, le chef actuel de la famille Bronfman est Edgar Bronfman qui, outre ses nombreuses affaires internationales, a également été longtemps président du Congrès juif mondial, poste à partir duquel il a exercé une influence politique considérable.

Bronfman, bien sûr, a été le principal acteur de l'effort récent (et toujours en cours) visant à extorquer des milliards de dollars aux banques suisses pour leur implication présumée dans le blanchiment de l'"'or juif" qui aurait été volé par les nazis, et pour avoir confisqué la richesse de certaines personnes juives d'Europe qui avaient caché leur immense fortune dans des banques suisses avant la Seconde Guerre mondiale.

La question de savoir comment cette immense richesse a été accumulée n'a jamais été expliquée par les médias, bien que l'implication de la famille Bronfman dans la controverse puisse fournir une partie de la clé.

On sait que les Bronfman ont acquis une grande partie de leur fortune initiale avant la Seconde Guerre mondiale dans le commerce illégal de l'alcool, de concert avec la figure du syndicat du crime américain Meyer Lansky, dont les opérations s'étendaient très loin, bien au-delà des côtes américaines.

On sait également que Lansky était l'un des principaux responsables, pour le syndicat du crime, de l'utilisation de comptes bancaires suisses pour le blanchiment de l'argent du crime. Il est donc certain que certaines des personnes qui ont été arrêtées par le Troisième Reich et dont les comptes bancaires ont été confisqués étaient en fait des agents du syndicat Lansky-Bronfman et se livraient donc à des activités illégales. Les Juifs "persécutés" étaient alors des criminels de droit commun.

Le fils de Bronfman, Edgar Jr, est peut-être aussi puissant que son père, même si c'est d'un autre point de vue. Le plus jeune Bronfman a pris le contrôle d'Universal Studios et de toutes les filiales de divertissement qui sont maintenant sous le contrôle de l'empire Bronfman. Acteur majeur à Hollywood et dans le domaine de la production musicale et cinématographique, Edgar Jr. aurait fait échouer un investissement familial majeur lorsqu'il a associé la famille à la société française Vivendi, mais aucun membre de la famille Bronfman n'a été vu en train de faire la manche dans les rues de New York, Beverly Hills ou Montréal au moment où nous écrivons ces lignes.

Le fils moins connu d'Edgar, Matthew, est très actif dans les affaires juives et occupe les fonctions de président du comité des programmes et de président du comité du Centre Bronfman pour la vie juive. En 2007, il a été élu président du conseil d'administration du Congrès juif mondial, longtemps dirigé par son père. Il est également président de la commission du budget et des finances du Congrès juif mondial et membre de son comité directeur.

Il est à la tête d'une société d'investissement basée à New York, BHB Holdings, et est également actionnaire majoritaire de l'une des plus grandes banques israéliennes, Israel Discount Bank, et actionnaire majoritaire de SuperSal, la plus grande chaîne de supermarchés en Israël. Une autre de ses entreprises est le contrôle de la franchise IKEA en Israël, où il possède également d'importants biens immobiliers, en plus de ceux qu'il détient aux États-Unis.

Mathew Bronfman a notamment été président-directeur général de Candle Acquisitions Company, un fabricant de bougies spécialisées, et président de Sterling Cellular Holdings, une entreprise de téléphonie cellulaire. À ses débuts, il a participé à d'autres holdings Bronfman. Il a également travaillé pour la banque internationale Goldman Sachs, ce qui démontre, une fois de plus, l'imbrication des forces juives mondiales de l'empire Rothschild.

La société Seagrams figure régulièrement parmi les plus gros contributeurs politiques des deux grands partis politiques américains. Cela est intéressant en soi, car lorsque, pendant la campagne présidentielle de 1996, Bill Clinton a attaqué son adversaire du GOP, Bob Dole, pour avoir accepté des contributions de l'industrie du tabac, le fait que les deux grands partis recevaient des contributions considérables de l'industrie de l'alcool - en particulier de l'empire Bronfman - semble avoir été largement passé sous silence.

Une institution "américaine" aussi éminente que Du Pont, par exemple, est tombée sous le contrôle des Bronfman. En 1981, Du Pont, qui était alors la septième plus grande entreprise des États-Unis, a été ciblée par la famille Bronfman pour une prise de contrôle. En fait, à ce moment-là, les Bronfman possédaient déjà 20% de Du Pont - une participation substantielle en soi, car dans le monde des entreprises, même une participation de 3% seulement dans les actions d'une société donne à son propriétaire le contrôle effectif de la société.

Bien que le nom américain traditionnel "Du Pont" continue d'apparaître sur les documents de l'entreprise et sur les produits Du Pont vendus aux consommateurs américains, le véritable pouvoir en coulisses est celui de l'empire Bronfman.

En réalité, la famille Du Pont - bien qu'encore très riche, ayant accumulé ses ressources financières sur plusieurs générations - n'avait que peu d'influence au sein de l'entreprise qui portait le nom de la famille. En fin de compte, les Bronfman ont officiellement cédé leurs participations dans Du Pont, mais ils ont utilisé leurs ressources pour étendre leur richesse et leurs tentacules ailleurs.

Aujourd'hui, les Bronfman font partie intégrante de l'establishment ploutocratique, non seulement aux États-Unis, mais dans le monde entier.

Parmi les autres participations de Bronfman au fil des ans, on trouve des entreprises traditionnellement "américaines" telles que : Campbell Soup, Schlitz Brewing, Colgate-Palmolive, Kellogg, Nabisco, Norton Simon, Quaker Oats, Paramount Pictures et Warrington Products (fabricant des bottes Kodiak et des chaussures Hush Puppies). En outre, les Bronfman détenaient également une participation dans la Ernest W. Hahn Company (qui exploitait alors 27 centres commerciaux régionaux en Californie et prévoyait d'en ouvrir 29 autres), ainsi que dans la Trizec Corp, l'une des plus grandes sociétés de promotion immobilière d'Amérique du Nord.

Les Bronfman détiennent également des actifs considérables dans des endroits "inattendus" et "hors des sentiers battus". Par exemple, la société Cadillac Fairview, contrôlée par les Bronfman, qui développe des propriétés commerciales locatives, a développé un centre commercial à Hickory, en Caroline du Nord, et (en 1978) était en train d'en créer deux autres. Une autre entreprise des Bronfman est le Shannon Mall à Atlanta et le Galleria à Westchester, New York.

En outre, une filiale de Bronfman détenait des options sur le développement d'un centre commercial dans le Mississippi et sur un autre dans le Connecticut. Les sociétés Bronfman contrôlaient également des parcs industriels à Los Angeles et dans ses environs, des tours de bureaux à Denver et à San Francisco, ainsi que des lotissements au Nevada ( ), en Californie et en Floride. Les Bronfman ont également pris le contrôle du capital social de General Homes Consolidated Cos. Inc. basée à Houston, qui construit des maisons et aménage des terrains et dont les activités s'étendent jusqu'au Mississippi et à l'Alabama.

Pendant de nombreuses années, la famille - même si cela n'était pas bien connu - a contrôlé de vastes étendues de terres dans les banlieues de Virginie entourant Washington, D.C., des terres lucratives que la famille, ces dernières années, a cédées avec un grand profit.

Pour rappel, les différents avoirs américains de la famille Bronfman énumérés ici ne constituent en rien une vue d'ensemble de leur portefeuille. Et rien de tout cela ne couvre les avoirs des Bronfman au Canada seulement, par exemple, et ailleurs.

L'ensemble de cette puissance financière constitue également un pouvoir politique important dans les différents États et localités où l'influence des Bronfman s'est implantée.

À cet égard, l'influence cachée de la famille Bronfman dans l'État de l'Arizona - un avant-poste considéré dans l'esprit de la plupart des Américains comme un paradis de cow-boys, de cactus et de grands espaces, un bastion conservateur apparemment indépendant de la corruption et des intrigues que l'on trouve dans les grandes villes comme New York, Miami, Chicago et Los Angeles - présente un intérêt tout particulier. En fait, l'Arizona se classe parmi les grandes capitales du crime. Cette distinction douteuse est directement liée à l'influence de la famille Bronfman en Arizona.

L'influence de la famille Bronfman en Arizona est si forte que l'on peut dire à juste titre que les Bronfman ne sont rien de moins que les "parrains" de la carrière politique du "réformateur" le plus connu des États-Unis, le sénateur de l'Arizona John McCain. Voici l'histoire :

En 1976, Don Bolles, journaliste engagé de Phoenix, a été assassiné par une voiture piégée après avoir écrit une série d'articles exposant les liens avec le crime organisé d'un grand nombre de personnalités de l'Arizona, étroitement associées à un certain Jim Hensley.

Cinq ans plus tard, l'"honnête John" McCain est arrivé en Arizona en tant que nouvel époux de la fille de Hensley, Cindy. "Selon Charles Lewis, du Center for Public Integrity, "dès que McCain a débarqué à Phoenix, les Hensley ont été les principaux sponsors de sa carrière politique". Mais le fait est que les personnes qui se cachent derrière la fortune des Hensley sont encore plus intéressantes et controversées.

S'il est de notoriété publique que le beau-père de McCain était le propriétaire des plus grands distributeurs de bière Anheuser-Busch en Arizona - l'un des plus grands distributeurs de bière du pays - les médias grand public n'ont rien dit sur les origines de la fortune Hensley qui a financé l'accession au pouvoir de McCain. La fortune Hensley n'est rien d'autre qu'une ramification régionale du vaste empire de trafic d'alcool et de racket de la dynastie Bronfman qui, à son tour, était un acteur majeur - comme nous l'avons déjà mentionné - du syndicat du crime dirigé par Meyer Lansky et ses partenaires, tant aux États-Unis qu'à l'étranger.

Le beau-père de McCain a fait ses débuts en tant qu'homme de main d'un certain Kemper Marley qui, pendant une quarantaine d'années jusqu'à sa mort en 1990 à l'âge de 84 ans, a été le patron politique incontesté de l'Arizona dans les coulisses. Mais Marley était bien plus qu'une machine politique. En fait, il était aussi l'homme fort du syndicat du crime Lansky en Arizona, le protégé du lieutenant de Lansky, le joueur de Phoenix Gus Greenbaum, qui, en 1941, a mis en place un réseau national pour les bookmakers. Après que Lansky a ordonné le meurtre de son partenaire de longue date, "Bugsy" Siegel, qui volait de l'argent au casino Flamingo de Las Vegas - financé en partie par des prêts d'une banque d'Arizona présidée par Marley - Greenbaum a confié la gestion du réseau à Marley, tandis que Greenbaum a pris la place de Siegel pour s'occuper des intérêts de Lansky à Las Vegas.

En 1948, Greenbaum a été assassiné lors d'un "coup" de la mafia qui a déclenché une série de guerres de gangs à Phoenix, mais Marley a survécu et prospéré, tout comme Jim Hensley, qui a parrainé la montée en puissance de McCain.

Pendant cette période, Marley a mis en place un monopole de distribution d'alcool en Arizona. Selon Al Lizanitz, responsable des relations publiques de Marley depuis longtemps, c'est la famille Bronfman qui a lancé Marley dans le commerce de l'alcool.

Le beau-père de McCain était le principal lieutenant de Kemper Marley, le principal agent du syndicat Lansky en Arizona, qui servait à son tour d'homme de paille à la famille Bronfman, acteur clé du syndicat Lansky.

Pendant la Prohibition, les Bronfman, basés au Canada, fournissaient - et donc contrôlaient - le "robinet" de l'alcool acheminé vers les membres du syndicat Lansky aux États-Unis, y compris Al Capone à Chicago. Après la Prohibition, les associés de Lansky-Bronfman, tels que Marley, ont pris le contrôle d'une grande partie de la distribution d'alcool (et de bière) dans tout le pays. Al Lizanitz, l'homme de relations publiques de longue date de Marley, a révélé que ce sont en fait les Bronfman qui ont lancé Marley dans le commerce de l'alcool.

En 1948, 52 employés de Marley (dont Jim Hensley, le directeur de la société Marley) ont été poursuivis pour infraction à la législation fédérale sur les boissons alcoolisées. Hensley est condamné à six mois de prison avec sursis et son frère Eugene à un an de prison.

En 1953, Hensley et (cette fois) Marley ont été poursuivis par des procureurs fédéraux pour avoir falsifié des registres d'alcool, mais le jeune avocat William Rehnquist a joué le rôle de leur "porte-parole" (comme on appelle les avocats de la mafia) et les deux hommes s'en sont tirés à bon compte. Rehnquist est devenu par la suite président de la Cour suprême et a présidé au "trucage" qui a permis à George W. Bush de devenir président à l'issue d'une élection contestée à juste titre.

Les initiés de l'Arizona disent que Hensley a "pris la place" de Marley en 1948 et que Marley a remboursé Hensley en l'installant dans sa propre entreprise de distribution de bière. Bien que, pendant la campagne présidentielle de 2008, *Newsweek* ait laissé entendre que l'entreprise de Hensley était une opération "familiale" qui a connu un grand succès, la véritable histoire se situe au cœur de l'histoire du crime organisé au plus haut niveau.

Le beau-père de McCain s'est également lancé dans les courses de chiens et a accru sa fortune en vendant sa piste à un individu lié à la famille Jacobs, basée à Buffalo, rouage essentiel du réseau Lansky à l'époque de la Prohibition en tant que distributeur de l'alcool Bronfman.

Se développant au fil des ans, achetant des pistes de course et développant des concessions de nourriture et de boissons dans les stades, les entreprises Jacobs ont été décrites comme étant probablement la plus grande couverture quasi-légitime pour le blanchiment d'argent de la criminalité organisée aux États-Unis.

En 1976, le mentor de Hensley, Marley (à l'apogée de son pouvoir), était le principal suspect du meurtre du journaliste Don Bolles, qui enquêtait sur la mafia en Arizona, mais Marley n'a jamais été poursuivi.

Si John McCain ne peut être tenu personnellement responsable des fautes de son défunt beau-père - dont la fortune a été transmise à sa fille, Cindy McCain, l'épouse de John -, le fait est que le "réformateur" McCain doit sa fortune politique et financière aux bonnes grâces des plus grands noms du crime organisé. Il n'est donc pas étonnant qu'aujourd'hui, l'industrie du jeu de Las Vegas figure parmi les principaux bienfaiteurs financiers de John McCain.

Cette vue d'ensemble n'est que la partie émergée de l'iceberg, mais elle en dit long sur McCain et sur le milieu politique qui l'a engendré, en particulier à la lumière de la position de premier plan de McCain en tant que l'un des principaux soutiens d'Israël aux États-Unis.

Ironiquement, comme nous l'avons vu plus haut, lors de la campagne présidentielle de 2008, McCain a été soutenu par un membre américain de la famille Rothschild et a bénéficié d'une collecte de fonds organisée en son nom par les Rothschild à Londres. Edgar Bronfman a choisi de soutenir publiquement Barack Obama plutôt que McCain, manifestement "déçu" par la colistière chrétienne fanatique de McCain, Sarah Palin.

Cela aussi doit être noté pour l'histoire de la famille Bronfman : À la lumière de l'ouvrage de l'auteur sur l'assassinat du président John F. Kennedy, le livre *Final Judgment*,[3] *qui* soutient que le service de renseignement israélien, le Mossad, a joué un rôle majeur aux côtés de la CIA dans l'assassinat du président Kennedy, précisément en raison de l'opposition obstinée de JFK à la volonté d'Israël de fabriquer des armes nucléaires de destruction massive, les empreintes digitales de Sam Bronfman se retrouvent partout dans la conspiration de l'assassinat de JFK.

Non seulement l'homme de main de longue date de Bronfman, Louis Bloomfield, était président de la société Permindex parrainée par le Mossad (qui comptait parmi ses directeurs rien moins que l'homme d'affaires de la Nouvelle-Orléans Clay Shaw, qui a été inculpé par l'ancien procureur de la Nouvelle-Orléans Jim Garrison pour son implication dans l'assassinat de JFK), mais de nouvelles preuves indiquent que Jack Ruby, figure de la mafia de Dallas, était en fait sur les tablettes de Bronfman.

En outre, alors qu'un autre associé de Bronfman à Dallas, le pétrolier Jack Crichton, tournait autour de la veuve de Lee Harvey Oswald après l'assassinat de JFK, un autre fonctionnaire de Bronfman - le "super avocat" John McCloy - a siégé à la Commission Warren. McCloy était directeur - et Crichton vice-président - de l'Empire Trust, une société financière contrôlée en partie par la famille Bronfman.

Et bien que Sam Bronfman soit surtout connu pour son empire des spiritueux Seagrams, ce que de nombreux chercheurs sur JFK qui pointent du doigt les "barons du pétrole texans" ont omis de noter, c'est que Sam Bronfman était lui-même un baron du pétrole texan, puisqu'il

---

[3] *Jugement Final – Le chaînon manquant de l'assassinat de JFK*, traduit et publié par Omnia Veritas Ltd, www.omnia-veritas.com.

a acheté Texas Pacific Oil en 1963. Dès 1949, Allen Dulles, plus tard directeur de la CIA limogé par JFK et également membre de la commission Warren, a servi d'avocat dans les affaires privées de Phyllis, la fille de Bronfman.

Les personnes intéressées par l'histoire complète doivent se référer à *Final Judgment*, qui en est maintenant à sa sixième édition de 768 pages, entièrement documentée. En définitive, l'assassinat de JFK est incontestablement, et sans aucun doute, l'événement central qui a permis à l'influence juive secrète d'atteindre de nouveaux sommets dans la structure du pouvoir américain.

Les Bronfman, à tous points de vue, constituent la "première famille" - en fait, nous disons "la famille royale" - des établissements juifs et sionistes américains, mais ils sont certainement secondaires par rapport aux "Rois des Rois" : les Rothschild.

À bien des égards, cependant, on pourrait dire qu'en termes de crime organisé à l'ancienne - par opposition aux opérations de "haut niveau" de l'empire Rothschild - les Bronfman sont certainement la famille royale du syndicat du crime juif, en vertu de leur nouvelle respectabilité, ayant accédé à la richesse et au prestige depuis leurs premières années en tant qu'associés du "non respectable" Meyer Lansky.

Autour de la dynastie Bronfman gravitent, en tant que satellites, un large éventail d'autres familles puissantes qui, à leur tour, ont leurs propres familles satellites et leurs propres intérêts financiers. Elles constituent les nouveaux pharisiens qui œuvrent à la réalisation du rêve talmudique du nouvel ordre mondial.

Dans les chapitres qui suivent, nous rencontrerons les plus grands noms et les plus grandes familles parmi les nouveaux pharisiens dont les immenses fortunes financent et corrompent les politiciens américains (et ceux du monde entier) qui sont aux ordres de l'empire Rothschild dans leur quête d'une utopie juive.

Alors qu'ils se prennent pour des aristocrates, des nobles et des dames, des chevaliers des temps modernes, des princes et des princesses, la vérité est que nombre d'entre eux sont, comme David Ben-Gourion, le père fondateur d'Israël, l'a franchement décrit à propos de nombreux survivants de l'Holocauste, "des gens durs, méchants et égoïstes". Allons donc à la rencontre de ces futurs dirigeants du monde.

La vérité sur l'antisémitisme ...

Cette caricature du XIXe siècle de ploutocrates juifs à l'extérieur du "Monopoly Building" montre que l'opposition aux Juifs résulte souvent de la reconnaissance par le public de leur histoire de recherche du pouvoir absolu.

Même le célèbre historien Albert Lindemann, dans *Les larmes d'Ésaü*, l'a franchement affirmé :

> "La tendance à rejeter l'antisémitisme comme une hallucination bizarre est sans doute justifiée dans certains cas : La tendance à rejeter l'antisémitisme comme une hallucination bizarre, un fantasme d'esprits malades, est sans aucun doute justifiée dans certains cas, mais elle a aussi souvent été exagérée et a ainsi entravé la compréhension, car les Juifs ont été détestés pour de nombreuses raisons par une très grande variété de personnes normales, dont beaucoup n'étaient ni émotionnellement instables ni intellectuellement sans sophistication, et dont quelques-unes étaient ... de grandes capacités (Wagner, Barrès, ou T.S. Eliot, par exemple). Il est beaucoup trop facile, voire rassurant, de décrire les antisémites comme des personnes mentalement dérangées ou moralement défectueuses à tous égards. La mesure dans laquelle l'antisémitisme était "normal" nécessite ...une enquête plus sérieuse et plus ouverte... L'hostilité à l'égard des Juifs, individuellement ou collectivement, n'a pas toujours été fondée sur des visions fantastiques ou chimériques de ces derniers, ou sur des projections sans rapport avec une quelconque réalité palpable."

CHAPITRE XI

Les "ducs et duchesses" de la cour américaine de Rothschild : Les trente familles juives les plus puissantes

Ce qui suit - par ordre alphabétique - est notre estimation des 30 individus les plus puissants (tous juifs sauf un et pratiquement tous basés aux États-Unis) qui constituent - avec la famille Bronfman - le plus haut niveau de ceux qui opèrent en tant que forces clés pour le compte de l'Empire Rothschild. Ils constituent véritablement les nouveaux pharisiens.

SHELDON ADELSON, bien que d'un âge avancé, s'est récemment imposé comme l'un des grands leaders de la richesse juive. Né à Boston, il est aujourd'hui une figure majeure de l'industrie des casinos de Las Vegas, dominée par les juifs. Bien qu'il ait d'abord travaillé dans le secteur des salons informatiques, il a acheté, avec des partenaires, l'hôtel Sands à Las Vegas en 1988 et a maintenant étendu ses possessions à Macao, en République populaire de Chine, une ville de jeux qui était une colonie portugaise jusqu'à la fin de l'année 1999. Il développe également un casino à Singapour. Considéré comme la troisième personne la plus riche des États-Unis, avec une fortune de 26,5 milliards de dollars, il est un ami dévoué d'Israël et a créé en 2006 un journal dans ce pays, dont il s'est ensuite désengagé. Toutefois, il a depuis créé un nouveau quotidien en Israël - un journal gratuit - intitulé *HaYom*. Reflétant son immense intérêt pour Israël, il a également tenté, sans succès, d'acquérir une participation majoritaire dans le célèbre journal israélien *Maariv*. De même, Adelson est un autre grand financier de Birthright Israel, qui permet à des jeunes de confession juive de se rendre en Palestine occupée. Les penchants politiques d'Adelson se reflètent également dans le fait qu'il a financé un groupe appelé Freedom's Watch qui soutient les positions néoconservatrices de la ligne dure poursuivies par l'administration corrompue de George W. Bush.

ISRAEL HOWARD "IZZY" ASPER, décédé en 2003, était le fondateur de CanWest Global Communications Corporation, aujourd'hui entre les mains de ses enfants, Leonard, Gail et David. Né dans une famille juive du Manitoba, au Canada, M. Asper s'est engagé dans le parti libéral et était connu - malgré le nom du parti - pour ses penchants "conservateurs", qui reflètent probablement le fait que M. Asper, sioniste pur et dur, était un admirateur du célèbre "nazi juif" Vladimir Jabotinsky, dont la philosophie guide la pensée du parti Likoud en Israël (et du parti "rival", Kadima, qui partage les mêmes idées).Avocat de profession, Asper s'est lancé dans les médias en 1975 en devenant propriétaire de la chaîne de télévision CKND à Winnipeg. Au cours des 25 années suivantes, CanWest a pris le contrôle du quotidien *National Post*, de et de plus de 60 autres journaux canadiens, ainsi que du réseau de télévision Global. Cette famille sioniste engagée a étendu son influence aux États-Unis en achetant le contrôle du célèbre magazine *New Republic* à Martin Peretz, un autre sioniste pur et dur connu pour ses relations personnelles de longue date particulièrement et inhabituellement étroites avec l'ancien vice-président Al Gore (qui a été l'élève de Peretz lorsque celui-ci enseignait à Harvard). Gore, comme nous l'avons noté dans ces pages, est désormais lié à la puissante famille bancaire Schiff (un rouage essentiel de l'empire Rothschild) par le mariage de la fille de Gore, Karenna, avec un héritier de la fortune Schiff.

SAMUEL BELZBERG, fondateur d'un autre riche empire commercial juif basé au Canada, opérant aux côtés de la famille Bronfman, plus connue (et plus influente), décrite en détail dans le chapitre précédent, a créé et est le président-directeur général de First City Financial Corporation, Ltd, une institution financière offrant tous les services, et il est maintenant président de Gilbralt Capital Corporation, une société d'investissement privée. L'une de ses filles, Lisa, est mariée à Matthew Bronfman, fils d'Edgar Bronfman, et elle est réputée avoir été la maîtresse de l'ancien président Bill Clinton. Une autre fille, Wendy, est mariée à l'entrepreneur Strauss Zelnick. Sam Belzberg a été l'un des principaux bailleurs de fonds du Centre Simon Wiesenthal de Los Angeles, qui est devenu un acteur majeur de la propagande juive mondiale et des opérations de renseignement sous le couvert de la "lutte contre la haine".

ELI BROAD (prononcé comme "road", soit dit en passant), né à Detroit et vivant aujourd'hui à Los Angeles, a été directeur général de Sun America, un empire immobilier, et il est classé 42e personne la plus riche d'Amérique, avec une valeur de 5,8 milliards de dollars. Lui et sa femme Edith, qui sont de fervents partisans d'Israël, ont investi une grande partie de leur fortune dans des établissements d'enseignement et sont, de ce fait, des acteurs majeurs dans l'orientation de l'éducation américaine, ainsi que dans le monde de l'art qui, institutionnellement, est depuis longtemps contrôlé par des intérêts juifs.

WARREN BUFFETT, considéré par *Forbes* comme la personne la plus riche du monde au 5 mars 2008 - avec une valeur stupéfiante de 62 milliards de dollars - n'est pas juif, mais il est l'un des principaux hommes de main de l'empire Rothschild (et manifestement bien rémunéré). C'est un ami particulièrement proche de Lord Jacob Rothschild de Londres. Il constitue une "façade" parfaite pour les Rothschild, avec son héritage du Nebraska, son style familial et son identification aux chemises Berkshire Hathaway, connues pour leurs publicités colorées, mettant en scène des mannequins masculins (souvent des célébrités) portant des cache-œil et des chemises Berkshire Hathaway. Bien que le Berkshire Hathaway de Buffett soit identifié à ses chemises, l'entreprise est aujourd'hui un énorme holding pour une vaste gamme d'actifs sous le contrôle de cette figure majeure des marchés boursiers américains et mondiaux, représentant les intérêts de Rothschild. Et bien que de nombreuses personnes identifient le puissant journal *Washington Post* comme le fief familial de la dynastie Meyer-Graham à Washington, le fait est que Buffett (ainsi que d'autres institutions financières ayant des liens avec Rothschild) a une participation substantielle dans la Washington Post Company, éditeur du *Washington Post* et également (jusqu'à la fin 2010) éditeur du magazine *Newsweek* et propriétaire, en outre, de multiples journaux et intérêts de radiodiffusion à travers l'Amérique. Entre parenthèses, il convient de noter que l'empire éditorial de la famille Meyer a été créé par Eugene Meyer, un profiteur de guerre de l'époque de la Première Guerre mondiale qui a ensuite été nommé président du conseil des gouverneurs de la Réserve fédérale contrôlée par les Rothschild et, plus tard, de manière appropriée, à la tête de la Banque mondiale. Son achat du *Washington Post* au prix d'une vente au rabais en 1933 était presque une réflexion après coup, bien qu'elle ait été cruciale, une réflexion qui a fermement ancré l'influence des Rothschild dans le Washington officiel. Meyer était d'ailleurs un parent de la famille Haas (héritière du gigantesque empire de confection Levi-Strauss basé à San Francisco) et du grand rabbin de France. (Pour en savoir plus sur l'histoire Meyer-Graham, voir *The New Jerusalem de* cet auteur, Michael Collins Piper). Quoi qu'il en soit, Warren Buffett détient également 7% de la Coca-Cola Company, un investissement assez lucratif en soi. Et ce que beaucoup ignorent également, c'est que Coca-Cola (en dépit de son identification en tant que fabricant de sodas) a également été profondément impliqué dans de vastes intrigues politiques internationales du plus haut (et du plus bas) ordre, comme le documente l'ouvrage difficile à trouver, *The Cola Wars*, de J. C. Louis et Harvey Z. Yazijian. La tradition "américaine" du "Coke" est donc plus complexe que beaucoup ne le pensent, et Warren Buffett, l'actif de Rothschild, est au cœur de cette affaire. Buffett transfère actuellement une grande partie de ses actifs à la fondation du magnat de Microsoft, Bill Gates, dont beaucoup pensent qu'il est d'origine juive, mais qui ne le reconnaît pas.

RONALD BURKLE. Cet opérateur juif basé à Los Angeles, qui vaut plus de 3,5 milliards de dollars, est un ami proche de Bill Clinton (qu'il a contribué à enrichir) et, malgré son jeune âge (il est né en 1952), il est l'un des principaux investisseurs dans les secteurs de la vente au détail, de la fabrication et de la distribution. Il est membre du conseil d'administration d'Occidental Petroleum, l'entreprise pétrolière de feu Armand Hammer, fils d'une personnalité juive éminente du parti communiste des États-Unis, dominé par les Juifs, au début du XXe siècle. Hammer s'est ensuite révélé être une figure de proue de la promotion des intérêts soviétiques aux États-Unis, même pendant la guerre froide. (Hammer était également un ami proche de la famille de l'ancien vice-président Al Gore, dont la fille, Karenna, comme nous l'avons noté, est mariée à la famille de Jacob Schiff, le satellite new-yorkais de l'empire Rothschild, qui a financé la révolution bolchevique). Burkle a également été président du conseil d'administration et actionnaire majoritaire d'Alliance Entertainment, de Golden State Food, de Dominics, de Fred Meyer, de Ralph's et de Food4Less. Il est également membre du conseil d'administration de Yahoo, l'empire de l'Internet.

LESTER CROWN, principal héritier du financier juif de Chicago Henry Crown, décédé en 1990, est à la tête des entreprises familiales fondées sur la fortune de la société de fabrication d'armes General Dynamics, dont Henry Crown a pris le contrôle en 1959. La famille Crown contrôle aujourd'hui Maytag, les hôtels Hilton, Alltel, Aspen Skiing Company et le Rockefeller Center de New York - oui, même le joyau de la couronne Rockefeller. (Pour en savoir plus sur les véritables dirigeants de l'empire Rockefeller, voir MAURICE GREENBERG). Crown contrôle également l'équipe de basket-ball des Chicago Bulls et possède une participation dans l'équipe de base-ball des New York Yankees. Grand bienfaiteur de la communauté juive américaine en général, Crown siège également au conseil d'administration de l'université de Tel Aviv et est membre du comité américain de l'Institut des sciences Weizmann (basé en Israël). Il a également été administrateur de Trans World Airlines et de la Continental Illinois Bank. Dans les années 1950, la famille Crown détenait une participation majoritaire dans l'Empire State Building de New York. Une de ses filles, Susan Crown, est présidente de la Shoah Foundation, une entreprise de l'industrie de l'Holocauste. La famille vaut au total plus de 4 milliards de dollars et est particulièrement influente en Israël car elle a financé le programme israélien de développement d'armes nucléaires. Lester Crown a également présidé le Chicago Council on Global Affairs, une émanation du Council on Foreign Relations de New York, la filiale américaine officielle du Royal Institute of International Affairs de l'empire Rothschild, basé à Londres. La famille Crown, ainsi qu'une autre famille juive de Chicago, les Pritzker (voir NICHOLAS J. PRITZKER), font partie du "cercle rapproché" de Barack Obama, homme politique de Chicago choisi comme président des États-Unis lors des élections de 2008.

En 2000, **LARRY ELLISON** était l'homme le plus riche du monde. En 2005, avec une valeur nette de 18,4 milliards de dollars, il n'était plus que le neuvième homme le plus riche du monde. Bien que son nom ne soit pas très connu, il est néanmoins un acteur mondial majeur en tant que fondateur et directeur général d'une grande société de logiciels connue sous le nom d'Oracle Corporation. Ce qui est intéressant, c'est qu'avant d'accéder au pouvoir, Ellison a travaillé dans les années 1970 pour la société AMPEX et qu'à cette époque, l'un de ses projets était une base de données pour la Central Intelligence Agency, qu'il a baptisée Oracle. Il convient de noter que, selon *Forbes*, Ellison valait 26 milliards de dollars en 2007, soit une augmentation assez substantielle par rapport à sa valeur nette en 2005. Connu pour son style de vie flamboyant, Ellison possède le cinquième plus grand yacht du monde, de nombreuses voitures exotiques et de nombreux avions privés, y compris des avions de chasse ! Il est intéressant de noter que cet ancien agent impliqué dans les opérations de base de données de la CIA a proposé, à un moment donné après la tragédie terroriste du 11 septembre, de faire don au gouvernement américain d'un logiciel qui permettrait de créer et de maintenir une base de données d'identification nationale à partir de laquelle des cartes d'identification nationales seraient délivrées, un mécanisme de surveillance et de contrôle de la population américaine par l'empire Rothschild.

JEFFREY EPSTEIN, dont le nom est peu connu du public américain, est l'un des hommes les plus riches d'Amérique et, bien qu'il n'ait qu'une cinquantaine d'années, il est très influent dans la sphère d'influence des Rothschild.

Sa société, initialement appelée J. Epstein & Company, puis Financial Trust Company, gère les affaires financières de milliardaires juifs. *Le New York Times* a rapporté le 1ᵉʳ juillet 2008 que l'activité d'Epstein est "un peu mystérieuse". Il dit gérer l'argent de milliardaires, mais le seul client dont il accepte de parler est Leslie H. Wexner, le fondateur de Limited Brands... Comme l'explique M. Epstein, il fournit une forme spécialisée de conseil financier de haut niveau. Il conseille les gens sur tous les sujets, des impôts aux trusts en passant par les contrats prénuptiaux et les procès en paternité, et donne même des conseils de décoration intérieure pour les jets privés. Des sources du secteur affirment qu'il facture des honoraires annuels fixes allant de 25 millions de dollars à plus de 100 millions de dollars". De toute évidence, l'un des rôles du jeune Epstein dans l'empire Rothschild est, comme d'autres noms en vogue dans les cercles financiers juifs, de gouverner des institutions longtemps associées au nom de la famille Rockefeller. Epstein est membre du conseil d'administration de l'Université Rockefeller et a également été membre de la Commission trilatérale, fondée par David Rockefeller, et du Conseil des relations étrangères, largement connu comme une institution "Rockefeller", mais qui, comme nous l'avons noté à plusieurs reprises, est en fait une émanation de l'entité Rothschild basée à Londres et connue sous le nom d'Institut royal des affaires internationales.

L'un des principaux centres d'intérêt d'Epstein semble être le domaine de la science. À cet égard, Epstein a été le bienfaiteur d'un certain nombre de scientifiques de haut niveau, dont beaucoup sont eux-mêmes juifs. L'argent d'Epstein a servi à financer des recherches en physique, en Afrique du Sud et en Inde, ainsi que des expériences en microbiologie au Bangladesh. L'un des amis proches d'Epstein est Ghislaine Maxwell, elle-même fille de feu l'intrigant juif corrompu d'origine tchèque qui s'est fait connaître dans le monde entier sous le nom de "Robert Maxwell" en Grande-Bretagne, où il était une grande puissance médiatique, alors qu'il était engagé dans le monde de l'espionnage de haut niveau à la fois pour le Mossad israélien et le KGB soviétique. Ces dernières années, Epstein a également été un ami proche de l'ancien président Bill Clinton. Cela semble approprié, à certains égards : Epstein a récemment plaidé coupable devant le tribunal pénal de l'État de Floride pour comportement inapproprié avec plusieurs jeunes femmes. Il a été condamné à 18 mois de prison.

Parmi les avocats d'Epstein dans cet imbroglio figuraient le célèbre avocat juif Alan Dershowitz, l'un des judéo-suprématistes les plus virulents d'aujourd'hui, et Kenneth Starr, qui a la particularité d'avoir été le principal bourreau de l'ami d'Epstein, Bill Clinton. Malgré ce revers, Epstein reste puissant et reviendra bientôt au centre de l'élite juive mondiale.

STEPHEN FEINBERG. Décrit par le journal israélien *Ha'aretz* comme "un juif new-yorkais avec une touche d'or", Feinberg contrôle la société holding Cerberus Global Investments, basée à New York, qui, en 2006, a acheté la participation du gouvernement israélien dans la Banque Leumi, la deuxième plus grande banque d'Israël. Le journal israélien a déclaré que le produit de l'achat de Feinberg servirait à "rembourser la lourde dette nationale d'Israël". En fait, l'entreprise Cerberus d'Epstein est assez importante. Le numéro du 3 octobre 2005 de *Business Week* a décrit Cerberus comme étant "plus grand" que même des géants commerciaux bien connus tels que McDonald's, 3M, Coca-Cola et Cisco Systems et a noté que Cerberus contrôle quelque 226 restaurants Burger King, les chaînes de location de voitures National et Alamo, le fabricant de produits de construction Formica Corp. et les anciens studios Warner Hollywood (qui, soit dit en passant, sont passés de main en main entre divers intérêts juifs - principalement des éléments de la criminalité organisée pure et simple - depuis plusieurs générations). Un autre acteur majeur des opérations de Feinberg est le financier juif Michael Steinhardt, basé à New York (voir MICHAEL STEINHARDT). Ce qui est particulièrement intéressant, c'est que deux personnalités politiques américaines puissantes sont étroitement associées aux opérations de Feinberg : l'ancien vice-président Dan Quayle et l'ancien secrétaire à la défense Donald Rumsfeld. Quayle est l'homme de paille de Feinberg, en tant que président du conseil d'administration de Cerberus, et, selon *Ha'aretz*, Feinberg est un "jeune prodige timide" qui

"Il se fait rare auprès des photographes et envoie des sous-fifres comme le président de Cerberus, Dan Quayle, signer ses contrats. En ce qui concerne Rumsfeld, ce qui devrait troubler les Américains, c'est que Rumsfeld (alors qu'il était secrétaire à la défense) a investi dans Cerberus d'Epstein dès 2001, bien avant l'invasion américaine de l'Irak (dont Rumsfeld était l'un des plus ardents défenseurs), après quoi

Cerberus a profité de la mise en place de camps de base militaires en Irak.

MAURICE GREENBERG. Bien que le célèbre nom "Rockefeller" représente, en Amérique (et dans le monde entier), depuis la fin du XIXe siècle, une richesse et une influence considérables, le fait est que, au fil des générations de Rockefeller, la richesse de la famille a considérablement diminué au fur et à mesure qu'elle était répartie entre les générations plus jeunes. En outre, ce que l'on ignore généralement, c'est qu'un milliardaire juif basé à New York, Maurice R. "Hank" Greenberg, s'est imposé comme le véritable moteur des vestiges de l'empire Rockefeller dans divers domaines, avec son fils Jeffrey Greenberg, ancien président-directeur général de la Marsh & McClennan Company, et son autre fils, Evan G. Greenberg, président-directeur général d'Ace Limited. Ces entreprises, ainsi que la société de leur père, American International Group (dont on a dit un jour qu'elle était la plus grande société d'assurance et de services financiers du monde), contrôlent en fait une grande partie du secteur de l'assurance.

Ce qui est intéressant, c'est que Greenberg père, qui est directeur honoraire et vice-président du Council on Foreign Relations (CFR) - longtemps considéré comme le principal organe de politique étrangère parrainé par Rockefeller - est en fait le principal pouvoir au sein du CFR aujourd'hui, même si, bien sûr, David Rockefeller, aujourd'hui bien avancé en âge, reste une figure de proue nominale du CFR. En outre, Greenberg est également actif au sein de la Commission trilatérale, un autre bloc de pression en matière de politique étrangère, fondé par David Rockefeller.

Greenberg est un proche collaborateur de longue date de l'ancien secrétaire d'État Henry A. Kissinger, dont la montée en puissance s'est faite sous le patronage de David Rockefeller et des cercles entourant le CFR qui, comme nous l'avons vu plus haut, n'est rien d'autre qu'un "petit cousin" basé à New York du Royal Institute of International Affairs, l'organe de politique étrangère de l'empire Rothschild, par l'intermédiaire duquel la dynastie Rothschild donnait des directives au ministère britannique des affaires étrangères pour la promotion des intérêts Rothschild dans le monde entier.

Les relations entre Greenberg et Kissinger étaient si étroites qu'à un moment donné, Kissinger était président du conseil consultatif international d'AIG. Il n'est pas surprenant que ce prince juif immensément puissant, Greenberg, ait été président, vice-président et directeur de la Federal Reserve Bank of New York et, par conséquent, qu'il ait également été impliqué à des niveaux élevés dans plusieurs institutions fondées par la famille Rockefeller, notamment l'Asia Society, l'Université Rockefeller et le Musée d'art moderne. Greenberg est actuellement président de C.V. Starr & Company et il est intéressant de noter que Greenberg a été contraint de démissionner de son poste de président-directeur général d'AIG à la suite des accusations pénales portées contre lui par Elliot Spitzer, alors procureur général de l'État de New York. Plus tard, bien sûr, Spitzer a été élu gouverneur de New York en grande partie sur la base de sa réputation de "tueur de géants", mais, bien sûr, au printemps 2008, il a été démis de ses fonctions par "watergated", après quoi même le prestigieux journal juif *Forward* a fait remarquer que, malgré son héritage juif, Spitzer ne s'était jamais vraiment identifié aux préoccupations juives et était considéré comme distant par la communauté juive dans son ensemble, ce qui explique peut-être en partie pourquoi cette puissante personnalité publique juive a été "exécutée" de manière cérémoniale. Quoi qu'il en soit, si Spitzer est tombé, Greenberg reste l'un des Juifs les plus puissants de la planète, et peut-être, d'une certaine manière, celui que l'on pourrait décrire comme l'administrateur en chef de l'empire Rothschild des cercles et sphères d'influence américains entourant les vestiges des opérations de la famille Rockefeller. À l'automne 2008, juste avant l'élection présidentielle américaine, les intrigues de Greenberg ont fait l'objet d'un examen public. Son fief de longue date, AIG, était au cœur des gigantesques scandales financiers (en grande partie liés à des juifs) qui ont ébranlé l'économie américaine, menaçant d'entraîner l'effondrement d'un autre avant-poste occidental - les États-Unis -, rappelant la suggestion provocatrice du philosophe et historien juif Max Dimont selon laquelle le peuple juif a l'habitude de survivre à l'effondrement des civilisations et qu'il finira par régner en maître sur la planète. À cet égard, certains pourraient se demander si l'effondrement de Wall Street - sous domination juive - ne fait pas partie du dernier chapitre, une manœuvre délibérée pour, d'une certaine manière, faire avancer l'objectif de l'établissement de l'Utopie juive.

LA FAMILLE HAAS est l'héritière de la fortune des vêtements Levi-Strauss et, cumulativement, les membres de la famille comptent certainement parmi les plus riches des États-Unis. Elle est également apparentée à la famille Meyer, qui est l'une des principales figures de la Washington Post Company, ainsi qu'à l'homme de paille de la famille Rothschild, Warren Buffett, qui n'est pas juif (voir WARREN BUFFETT). La famille Haas est relativement discrète mais très puissante en raison de sa richesse combinée qui éclipse celle de tant d'autres Américains non juifs.

HENRY R. KRAVIS et GEORGE R. ROBERTS. Kravis, fils d'un ingénieur pétrolier juif de Tulsa (Oklahoma), et son cousin Roberts se sont associés à Jerome Kohlberg, Jr. à New York pour créer la société Kohlberg, Kravis & Roberts and Company, à partir de laquelle ils sont devenus internationalement connus pour leur implication dans les rachats d'entreprises par endettement. Ils étaient surnommés "les rois des obligations de pacotille". Kohlberg a quitté la société, mais Kravis et Roberts restent des figures de proue de l'institution. Ils sont connus pour leur rachat par emprunt de la société RJR Nabisco, qui a fait l'objet d'un livre et d'un film, *Barbarians at the Gate (Les barbares à la porte).* Parmi les entreprises auxquelles Kravis a été associé au fil des ans, qu'il a achetées ou vendues, on peut citer : First Data Inc : First Data Inc, Toys R Us, Duracell Batteries, Safeway, Beatrice Foods, Playtex, Texaco et HCA Inc, le fournisseur de soins de santé. L'épouse de Kravis, Marie-Josée, était une chroniqueuse canadienne et une personnalité de la télévision qui, avec son mari, a été active au sein de l'Institut Hudson "néo-conservateur" (c'est-à-dire sioniste pur et dur) aux États-Unis et connue pour son implication dans les affaires du Parti républicain. M. et Mme Kravis sont tous deux des membres actifs du Council on Foreign Relations et ont assisté à des réunions du groupe Bilderberg, qui se réunit chaque année sous l'égide de l'empire Rothschild et de ses satellites de la famille Rockefeller. Kravis lui-même est vice-président de l'Université Rockefeller, ce qui le place dans le groupe des juifs qui ont supplanté les Rockefeller dans de nombreuses institutions initialement parrainées par cette famille.

RONALD LAUDER vaudrait 3 milliards de dollars. Lui et son frère, Leonard, sont les héritiers de la fortune cosmétique Estee Lauder. Lauder est depuis longtemps lié aux affaires du parti républicain, ayant servi pendant l'administration Reagan en tant que secrétaire adjoint à la défense pour la politique européenne et de l'OTAN au Pentagone. Plus tard, le président Reagan l'a nommé ambassadeur des États-Unis en Autriche. À un moment donné, il a tenté en vain de devenir maire de la ville de New York, mais il a été battu par Rudy Giuliani, l'un des principaux défenseurs des intérêts juifs, qui n'était pas juif, lors des élections primaires du parti démocrate américain (GOP). Particulièrement impliqué dans les intrigues juives, Lauder dirige le Ronald S.

Lauder qui se concentre sur les affaires juives en Europe centrale et orientale. Il a également investi dans les médias d'Europe de l'Est et dans la télévision israélienne. Il est impliqué dans de nombreuses organisations juives telles que l'Anti-Defamation League, le Jewish Theological Seminary et, en 2007, il a été élu président du Congrès juif mondial. Il convient également de noter que la fille de Lauder, Jane, est mariée à Kevin Warsh, membre du conseil des gouverneurs de la Réserve fédérale.

S. I. NEWHOUSE et son frère **DONALD NEWHOUSE** sont les héritiers de la fortune d'édition créée par leur défunt père. En 2007, *Forbes* a classé Newhouse et son frère au 37e rang des Américains les plus riches, leur fortune étant estimée à 8 milliards de dollars. Leur défunt père, Sam Newhouse, entretenait depuis longtemps des liens avec le crime organisé. Les avoirs de Newhouse dans le domaine des médias sont si vastes qu'ils méritent d'être énumérés :

LES JOURNAUX NEWHOUSE :

Alabama

- *Le Birmingham News*

- *La presse mobile*

- *Le registre de presse mobile*

- *Le registre mobile*

Louisiane

- *Le Times-Picayune de la Nouvelle-Orléans*

Michigan

- *The Ann Arbor News*

- *Le Flint Times*

- *The Grand Rapids Press*

- *La Gazette de Kalamazoo*

- *The Saginaw News*

- *The Times* (Bay City)

Mississippi

- *The Mississippi Press* (Pascagoula)

- *The Mississippi Press Register* (Pascagoula) **New Jersey**

- *The Jersey Journal* (Jersey City)

- *The Star-Ledger* (Newark)

- *The Times* (Trenton)

New York (en anglais)

- *The Herald-American* (Syracuse)

Ohio

- *The Plain-Dealer* (Cleveland)

Oregon

- *L'Oregonian*

Pennsylvanie

- *The Patriot-News* (Harrisburg)

- *Le Juniata Sentinel*

- *Le Perry County Times*

- *The Duncannon Record*

- *The News-Sun* (Comté de Perry)

LES MAGAZINES NEWHOUSE :

- *American City Business Journals (28 journaux d'affaires hebdomadaires locaux)*

- *Parade* magazine (le célèbre supplément du dimanche)

- *Allure*

- *The New Yorker*

- *Digest d'architecture*

- *Conde Nast Traveler*

- *Bon Apetit*

- *Mademoiselle*

- *Mariée*

- *Vanity Fair*

- *Détails*

- *Vogue*

- *Glamour*

- *Gentlemen's Quarterly*

- *Gourmet*

RONALD PERELMAN. Probablement plus connu comme dirigeant de l'empire cosmétique Revlon, Perelman a été considéré, à un moment donné, comme l'homme le plus riche d'Amérique. En 2007, cependant, le magazine *Forbes* l'a rétrogradé au rang de 28e Américain le plus riche (et de 87e personne la plus riche du monde), avec une valeur avoisinant les 9 milliards de dollars. Sa principale opération de façade est MacAndrews & Forbes Holdings (aucun lien, apparemment, avec la société d'édition *Forbes* susmentionnée). Bien entendu, cela ressemble à une société d'investissement protestante anglo-saxonne de vieille souche, mais il n'en est rien. Perelman est un juif très pieux, avec des tendances orthodoxes, et il soutient fermement de nombreuses organisations caritatives juives. Il consacre trois heures à la prière lors de chaque sabbat juif et entretient même une maison casher. L'une de ses œuvres caritatives préférées est le groupe Chabad Lubavich, l'une des sectes juives les plus intransigeantes. Ce qui est remarquable à propos de Perelman, c'est le large éventail de ses investissements. Il est tout d'abord issu d'une famille relativement aisée. La famille de son père contrôlait la société American Paper Products et a ensuite acheté Belmont Iron Works, un fabricant d'acier de construction, une société dans laquelle Perelman a appris les affaires. Il s'est ensuite spécialisé dans les affaires et a obtenu une maîtrise en commerce à la prestigieuse Wharton School de l'université de Pennsylvanie. En homme d'affaires qu'il est, Perelman s'est lancé dans de nombreux domaines. Il a acheté des chaînes de télévision et des sociétés de divertissement telles que Genesis Entertainment. Il a également acquis d'importantes quantités d'actions de la célèbre société Sunbeam, bien que celle-ci ait ensuite fait faillite. Il a également été l'un des principaux propriétaires de Consolidated Cigars, une société holding qui possède de nombreuses marques de cigares. Perelman aurait également gagné entre 600 millions et 1,2 milliard de dollars en plongeant dans la crise des caisses d'épargne et de crédit et en achetant un certain nombre d'entreprises insolvables pour les restructurer ensuite à son profit. Perelman est notamment propriétaire du groupe Marvel Entertainment, qui produit des bandes dessinées et tous les gadgets marketing qui en découlent. Il a également racheté les sociétés Skybox International et Fleer Corporation, actives dans le secteur des cartes de base-ball, ainsi que le groupe Panini, fabricant italien d'autocollants, qui produit des articles liés au sport. Bien que l'on n'y pense généralement pas, le fait est que l'industrie de la bande dessinée constitue un débouché majeur pour la propagande politique. Perelman est donc, à sa manière, une force majeure dans la sphère d'influence des Rothschild.

NICHOLAS J. PRITZKER est aujourd'hui à la tête de la fortune de la famille Pritzker, basée à Chicago (depuis longtemps liée au crime organisé juif), et président de la chaîne hôtelière Hyatt Development Corporation, propriété de sa famille. La famille contrôle également le Trans-Union Credit Bureau (une source majeure de données "internes" sur des millions de personnes à l'usage de l'empire Rothschild) et la Caribbean Cruise Lines. Les Pritzker, ainsi que la famille Crown de Chicago déjà mentionnée (voir LESTER CROWN), font partie de ceux qui sont décrits comme faisant partie du "cercle rapproché" du président américain nouvellement élu, Barack Obama.

SUMNER REDSTONE, né à Boston, est le fils de Michael Redstein, propriétaire de la Northeast Theater Corporation, qui deviendra plus tard National Amusements. Bien que Redstone ait d'abord pratiqué le droit et travaillé pour le ministère américain de la justice à San Francisco, il a choisi d'entrer dans la société de son père, où il a commencé à investir dans des sociétés de production cinématographique et des studios tels que Columbia Pictures, Twentieth Century Fox, Orion Pictures et Paramount Pictures. Finalement, Redstone a pris le contrôle de Viacom International, qui était une spin-off de CBS. Plus tard, par l'intermédiaire de Viacom, Redstone a pris le contrôle des sociétés cinématographiques susmentionnées. Aujourd'hui, Viacom est l'une des plus grandes sociétés de médias au monde. Viacom est aujourd'hui l'une des plus grandes entreprises de médias de la planète. Parmi ses participations, on trouve Blockbuster Entertainment et maintenant CBS elle-même, que Redstone a rachetée en 2000. Redstone serait la 86e personne la plus riche du monde et vaudrait 9 milliards de dollars.

SAMUEL REICHMANN, immigrant juif de Hongrie, est le fondateur d'une autre fortune juive légendaire basée au Canada, qui a été particulièrement influente dans les affaires nord-américaines. Basée à Montréal, la famille Bronfman (voir le chapitre précédent pour plus d'informations sur cette famille). Les héritiers de Reichmann sont ses fils Paul, Ralph, Albert, Louis et Edward (qui a émigré en Israël et qui est aujourd'hui décédé) et sa fille Eva. La principale source de richesse des Reichmann était la construction et la promotion immobilière. Ils sont à l'origine de la construction de la First Canadian Place, le plus haut bâtiment du Canada, et leurs possessions s'étendent à l'étranger, notamment à New York et à Tokyo ; à un moment donné, ils étaient les plus grands promoteurs immobiliers du monde. Bien que leur empire Olympia & York ait fini par faire faillite, les Reichmann sont très riches et restent influents dans les affaires mondiales. Ils sont connus pour leur immense dévotion à leur héritage juif orthodoxe, à tel point que même au milieu de leur développement de bâtiments et d'autres projets immobiliers, la construction s'arrêtait pendant les jours saints juifs. Ils ont été associés, dans le cadre de partenariats internationaux, à des affairistes juifs tels que George Soros et Laurence Tisch, entre autres (voir GEORGE SOROS et LAURENCE TISCH).

HAIM SABAN, qui vaut plus de 3 milliards de dollars, est un juif d'origine égyptienne dont la famille a émigré en Israël en 1956. Il réside aujourd'hui à Beverly Hills et en Israël et est considéré par *Forbes* comme la 102e personne la plus riche d'Amérique. D'abord producteur de télévision, Saban s'est associé à la News Corporation de Rupert Murdoch, l'homme de paille des Rothschild, et a vendu Fox Family Worldwide à la Walt Disney Company. La vente de ce réseau, rebaptisé depuis ABC Family Channel, a été la plus importante transaction de l'histoire entre une entreprise et un particulier, et Saban en a tiré un bénéfice de 1,6 milliard de dollars. Il est actuellement l'un des dirigeants du groupe d'investissement qui a pris le contrôle d'Univision, le plus grand média hispanophone des États-Unis, ce qui fait de ce citoyen égyptien à la double nationalité américano-israélienne un personnage de premier plan dans l'orientation des médias hispanophones, de plus en plus importants aux États-Unis, ce qui lui confère une influence politique majeure sur la population hispanophone, dont les groupes juifs et leurs porte-parole ont souvent indiqué qu'elle pourrait constituer une menace pour les intérêts juifs (principalement en raison de leurs liens historiques avec la religion catholique romaine). Saban finance le Saban Center for Middle East Policy à la Brookings Institution à Washington, D.C. Saban a un jour admis candidement au *New York Times* : "Je n'ai qu'un seul problème, et mon problème, c'est Israël".

FAMILLE SASSOON. Une autre des familles juives de Babylone, qui s'est ensuite mariée avec les Rothschild, un des premiers chefs de la dynastie Sassoon était le banquier du gouverneur provincial de Bagdad et, plus tard, son fils s'est installé à Bombay, en Inde. À cette époque, les Sassoon se sont étendus à la Birmanie, à la Malaisie et à l'Asie de l'Est. On dit que chaque succursale des maisons bancaires des Sassoon, qui étaient liées au commerce de l'opium, comptait un rabbin. Les

Sassoon se sont également implantés en Chine, avec des bureaux à Hong Kong et à Shanghai. Il convient de noter que le nationaliste chinois Chang Kai Shek était marié à la fille de T.V. Soong, un fonctionnaire d'une banque de la famille Sassoon. Les Sassoon constituent une extension essentielle de l'empire Rothschild en Asie.

WALTER SHORENSTEIN pourrait être appelé "le roi juif de San Francisco". Magnat de l'immobilier dont on dit qu'il vaut environ 1 milliard de dollars, Shorenstein a été pendant de nombreuses années le plus grand opérateur de l'immobilier commercial à San Francisco et contrôlerait environ 25% du centre-ville, où les prix de l'immobilier sont montés en flèche. Aujourd'hui octogénaire, l'empire Shorenstein est dirigé par son fils Douglas. Shorenstein est bien connu au niveau national en ce sens qu'il a été un donateur financier majeur du parti démocrate, même si, de toute évidence, les démocrates de base des petites villes et des communautés rurales américaines n'ont jamais entendu parler de ce génie juif. L'une des principales initiatives de propagande de Shorenstein pour influencer les affaires publiques est le financement d'un organisme (nommé d'après sa fille décédée) appelé le Joan Shorenstein Center on the Press, Politics and Public Policy à la John F. Kennedy School of Government de l'université de Harvard. Shorenstein est donc depuis longtemps un acteur majeur dans une grande ville où l'argent juif est depuis longtemps suprême. Ce n'est pas un hasard si Roy Bullock, le principal agent secret de l'Anti-Defamation League, qui a longtemps ciblé les dissidents américains qui contestaient l'influence israélienne et le pouvoir juif, opérait à partir de San Francisco. (Pour une étude de l'ADL et un récit personnel de l'auteur Michael Collins Piper sur ses propres rencontres avec Bullock, voir *The Judas Goats*).

GEORGE SOROS, le spéculateur et prédateur boursier d'origine hongroise, s'est présenté ces dernières années comme une figure "libérale" dans les affaires politiques américaines. Classé par *Forbes* comme la 80ème personne la plus riche du monde, avec une valeur estimée à 8,5 milliards de dollars, il a siégé au conseil d'administration du Council on Foreign Relations, l'antenne new-yorkaise de l'empire Rothschild. Ses rackets financiers internationaux lui ont valu, à juste titre, d'être attaqué par de nombreux nationalistes influents dans le monde, en particulier par le Premier ministre malaisien de l'époque, le Dr Mahathir Mohamad. En Thaïlande, les nationalistes ont qualifié Soros de "criminel de guerre économique qui a siphonné le sang du peuple". L'un des principaux projets de Soros a été de "répandre la démocratie" en Europe de l'Est et il a également tenté d'interférer dans les affaires politiques de la Russie à l'époque où le premier ministre nationaliste russe Vladimir Poutine contestait les intrigues de l'empire Rothschild et ses tentacules parmi les oligarques juifs de Russie (dont beaucoup possèdent la double nationalité russo-israélienne). Soros a été un "critique d'Israël" et a exprimé des inquiétudes au sujet de l'"antisémitisme", reconnaissant que les préoccupations mondiales au sujet du pouvoir juif découlent du désenchantement face au traitement réservé par Israël aux Arabes palestiniens chrétiens et musulmans. Il a ouvertement reconnu que le soutien des États-Unis à Israël a contribué à la montée de l'antisémitisme et que des personnes comme lui, impliquées dans la communauté financière mondiale, ont fait l'objet d'une rhétorique "antisémite". En raison de son financement substantiel d'un certain nombre d'organisations "libérales" qui ont contesté l'administration de George W. Bush, Soros a effectivement cherché à coopter ces institutions et ces personnes dans le but de détourner l'attention des intrigues juives en jouant le rôle de "critique juif" des "néo-conservateurs".

MICHAEL H. STEINHARDT, né à Brooklyn, est devenu l'une des premières figures de proue de l'industrie financière des fonds spéculatifs. Steinhardt a admis qu'il avait commencé sa carrière grâce au financement de son père, Sol Frank "Red" Steinhardt, qui était le premier "receleur" de bijoux volés de la ville de New York, étroitement associé au chef du syndicat du crime juif, Meyer Lansky. Steinhardt a déclaré que son père lui remettait des enveloppes remplies de 10 000 dollars en espèces, ce que l'Américain moyen de la classe moyenne n'a jamais vu. Steinhardt a même laissé entendre que ses propres études à la prestigieuse Wharton School of Business de l'université de Pennsylvanie avaient peut-être été financées par les activités de son père dans le domaine du crime organisé. Quoi qu'il en soit, Steinhardt est aujourd'hui un homme immensément riche, connu pour son dévouement aux causes juives, dont le meilleur exemple est peut-être son financement du quotidien pro-israélien *The New York Sun*, de tendance "néo-conservatrice". Ce rejeton du crime est également membre du conseil d'administration de la Fondation pour la défense des démocraties, qu'il a activement financée. Il s'agit du projet de Clifford May, un ancien journaliste devenu professeur sional propagandiste de l'agenda juif mondial. M. Steinhardt a également été président du Democratic Leadership Council, un organisme soi-disant "centriste". Il a également présidé sa propre Fondation Steinhardt pour la vie juive et Taglit Birthright Israel, qui finance les voyages en Israël de jeunes juifs américains.

Aujourd'hui, Steinhardt est président de WisdomTree Investments, qui gère quelque 5 milliards de dollars et dont la croissance serait de l'ordre de 10% par mois.

ARTHUR OCHS SULZBERGER, JR. Né en 1951, Sulzberger est l'éditeur du *New York Times* et le président de la New York Times Company, héritière de la famille Sulzberger qui a fait du *Times* le premier quotidien d'Amérique. Traditionnellement libéral, le *Times* est également la première voix - peut-être au monde - pour les intérêts des Juifs en général et de l'empire Rothschild et ses préoccupations mondiales. En dire plus sur l'influence de cet empire de la presse et de sa famille reviendrait à compliquer les choses.

LAURENCE TISCH ET PRESTON TISCH, les fondateurs de la dynastie moderne, étaient copropriétaires de la Loew's Entertainment Corporation. Les frères Tisch étaient également des figures clés de l'empire du divertissement CBS et leurs héritiers restent des acteurs de premier plan dans les affaires juives mondiales.

SANFORD I.WEILL n'est pas un nom connu de tous, mais il est l'un des principaux financiers juifs. À un moment donné, il a été président-directeur général de City Group, Inc. qui sont des satellites américains des institutions bancaires contrôlées par les Rothschild dans la "City" de Londres (voir ailleurs dans ces pages pour une analyse détaillée de la "City"). (Ces groupes bancaires américains dont le nom est précédé de la mention "City" ont toujours été des extensions des banques Rothschild de Londres. Weill est monté en puissance au milieu des années 1960 et 1970 lorsqu'il a fusionné sa propre société avec d'autres sociétés pour créer Shearson-Loeb-Rhodes, une incarnation moderne de l'ancienne entreprise bancaire Loeb basée à New York (à ne pas confondre, soit dit en passant, avec Kuhn-Loeb, un autre réseau de "Notre Foule") et composée de juifs allemands. Au début des années 1980, Weill a vendu Shearson-Loeb-Rhodes à American Express, mais en 1993, il a racheté son ancienne société, désormais connue sous le nom de Shearson-Lehman (et Lehman, bien sûr, était le nom d'une *autre* institution bancaire new-yorkaise de "Notre Foule" dans la sphère de l'empire Rothschild). En 1997, il a pris le contrôle de Salomon Inc, la société mère de la célèbre banque juive Salomon Brothers. Weill a appelé sa nouvelle société Shearson-Lehman-The Travelers Group, qui a ensuite fusionné avec CitiCorp, ce qui a permis à Weill de prendre la direction de ce groupe. Weill, dont la valeur est estimée à 1,9 milliard de dollars, a également été nommé directeur de "classe A" de la Federal

Reserve Bank of New York City. Il est, sans conteste, un administrateur clé de l'empire Rothschild.

SAMUEL ZELL, dont on dit qu'il vaut 6 milliards de dollars et qu'il est le 52e Américain le plus riche, a commencé son ascension dans l'immobilier. À un moment donné, sa société Equity Residential était le plus grand propriétaire d'appartements aux États-Unis ; une société apparentée était le plus grand propriétaire d'espaces de bureaux du pays. Il a également joué un rôle majeur dans le secteur des maisons mobiles, par l'intermédiaire de sa société Manufactured Home Communities. Ce fils d'immigrés juifs polonais s'est également lancé dans les médias et il est aujourd'hui un acteur clé d'Anixter International, le plus grand distributeur mondial de produits de communication et de fils et câbles électroniques. Le plus remarquable est qu'en 2007, Zell a pris le contrôle de la Tribune Company, éditeur d'augustes journaux américains tels que le *Chicago Tribune*, le *Los Angeles Times* et le *Newsday* de New York. Il est également propriétaire de l'équipe de baseball des Chicago Cubs (qui appartient à la Tribune Company). Le célèbre hebdomadaire juif *Forward* a qualifié Zell de "sioniste convaincu". Il a fait de nombreux dons de plusieurs millions de dollars à des institutions universitaires israéliennes et a financé le Centre israélien pour le progrès social et économique, qui est considéré comme étant "de droite". Il n'est pas surprenant que Zell ait également soutenu financièrement l'American Jewish Committee, un organisme de la droite dure, et qu'il soit connu pour sa tendance à faire des dons politiques aux intérêts du Parti républicain.

Toutefois, comme tous les représentants juifs du pouvoir, il est également disposé à faire des dons au parti démocrate. Récemment, il a été annoncé que Zell mettait la Tribune Company en faillite, après avoir dévasté cette institution américaine.

Ses employés devront apparemment faire face à la perte d'une grande partie de leurs fonds de pension.

KHEDORI ZILKHA a été pendant de nombreuses années le patriarche moderne de cette famille de Juifs dont les origines remontent à Babylone. Ils font partie des princes juifs qui ont régné à Babylone et y sont restés après la fin de leur exil. Zilkha a été décrit par le journal judéo-centrique *New York Sun* (détenu en partie par l'héritier du syndicat du crime juif, Michael Steinhardt - voir MICHAEL STEINHARDT) comme étant "une figure imposante qui a dominé le paysage financier du Moyen-Orient, de l'Europe, de l'Amérique et de l'Asie et qui est devenue un acteur important de la banque internationale". Pourtant, combien d'Américains ont déjà entendu parler de la famille Zilkha ? La dynastie est aujourd'hui dirigée par Ezra Zilkha, qui a déclaré : "Ma famille était fière d'appartenir à la communauté juive établie par Nabuchodonosor. Lorsque la captivité babylonienne a pris fin et que de nombreux Juifs sont retournés à Jérusalem, mes ancêtres sont restés sur place. Je suis toujours consciente de l'histoire. Ma sensibilité est enracinée dans l'antiquité". Cette famille fait partie des forces les plus puissantes et les plus riches de l'empire Rothschild, fidèle à ses racines talmudiques et au rêve du Talmud de domination juive mondiale. *Le New York Sun* a même décrit Ezra Zilkha lui-même comme "une légende vivante".

MORTIMER ZUCKERMAN. Ce personnage, figure clé du réseau de pouvoir juif, s'est hissé à l'influence suprême grâce à sa position d'ancien président de la Conférence des présidents des grandes organisations juives américaines. Cette seule fonction lui confère un pouvoir important, non seulement au sein du mouvement "sioniste", mais aussi au sein de l'ensemble de la communauté juive aux Etats-Unis et, par conséquent, dans le monde entier. Toutefois, il a étendu son rôle et son influence en s'impliquant dans les médias américains. Zuckerman, bien sûr, est surtout connu comme éditeur de *US News & World Report*, l'une des voix vénérables et autrefois traditionnellement conservatrices de la presse américaine, longtemps considérée comme "l'alternative conservatrice" aux libéraux *Time* et *Newsweek*, bien que de nombreux critiques honnêtes des médias soulèveraient la question de savoir dans quelle mesure *Time* et *Newsweek* ont vraiment été "libéraux". Quoi qu'il en soit, sous l'influence de Zuckerman, *US News & World Report*, en particulier dans les commentaires de Zuckerman qui apparaissent dans ses pages, est devenu un porte-parole intransigeant d'Israël et de ses objectifs internationaux.

Zuckerman a commencé comme constructeur et opérateur immobilier à Boston, en partenariat précoce avec des éléments de la sphère de la famille Bronfman du Canada, et c'est grâce à cela qu'il a accumulé sa fortune initiale.

Aujourd'hui, Zuckerman contrôle d'autres institutions américaines telles que le *New York Daily News* et, jusqu'à récemment, l'*Atlantic*. Zuckerman a été classé comme le 188e Américain le plus riche. Il a joué un rôle actif dans le "bureau de New York" de l'Institut royal des affaires internationales de l'empire Rothschild, connu sous le nom de Conseil des relations étrangères, et dans l'Institut de Washington pour la politique du Proche-Orient. Fidèle à la tradition de l'empire

Rothschild, Zuckerman a contribué à l'éclosion d'autres fortunes juives, notamment celle de son protégé, Daniel Snyder, mieux connu comme propriétaire de l'équipe de football des Washington Redskins. Snyder est un cas d'étude remarquable. Soutenu par Zuckerman et par l'intermédiaire de Snyder Communications, une petite entreprise familiale, le jeune Snyder a mis en place des opérations de "chaufferie" dans tous les États-Unis, recueillant les noms d'Américains au nom espagnol (légaux et illégaux), compilant des listes de ces noms, puis commercialisant des cartes d'appel, des programmes longue distance, des prêts hypothécaires, des prêts automobiles et des offres de cartes de crédit à leur intention. Il s'agissait probablement de la toute première opération de collecte de noms de ce type, concernant la population latino en plein essor aux États-Unis, et elle a non seulement enrichi Snyder (faisant de *lui* un milliardaire !) et l'empire Rothschild, mais elle a également mis en place un degré spécial d'influence sur cette entité démographique qui est de plus en plus puissante en raison de son nombre. Ce n'est pas quelque chose de très connu, pas même des Latinos, mais c'est quelque chose qu'ils doivent savoir.

Il s'agit donc des "ducs et duchesses" - les rangs les plus élevés - de la cour Rothschild. Examinons maintenant le "troisième" niveau - les "seigneurs et dames" qui font partie de la cour royale de la dynastie Rothschild.

Un temple de la renommée distingué - En 2008, le gouvernement israélien a officiellement institué un temple de la honte - une "liste d'ennemis" virtuelle - qui inclut l'auteur américain Michael Collins Piper. Voici un panthéon de personnalités américaines et autres (passées et présentes) accusées d'être "antisémites" ou de ne pas suffisamment soutenir Israël. Et ce n'est qu'une poignée !

- Président Richard Nixon
- Président John F. Kennedy
- Président Jimmy Carter
- Président George H.W. Bush
- Président Gerald Ford
- Président Harry Truman
- Sénateur Robert F. Kennedy (D-N.Y.)
- Sénateur J. William Fulbright (D-Ark.)
- Sénateur J. William Fulbright (D-Ark.)
- Sénateur Charles Percy (R-Ill.)
- Sénateur Jim Abourezk (D-S.D.)
- Sénateur Adlai Stevenson (D-Ill.)
- Sénateur Ernest F. Hollings (D-S.C.)
- Sénateur Mike Gravel (D-Alaska.)
- Rep. Cynthia McKinney (D-Ga.)
- Rep. Paul Findley (R-Ill.)
- Rep. Pete McCloskey (R-Calif.)
- Rep. Ed Zshau (R-Calif.)
- Mary Rose Oakar (D-Ohio)
- Général George V. Strong (Chef du renseignement militaire - 1942-45)
- Colonel Sherman Miles (Chef du renseignement militaire)
- Général George Brown (Président de l'état-major interarmées)
- Général Pedro Del Valle (U.S. Marines)
- Dr Mahathir Mohamad
- Thomas Edison
- Carl Jung
- H. L. Mencken
- Theodore Dreiser
- Ernest Hemingway
- Thomas Carlyle
- Henry Adams
- George Eliot
- Jack Kerouac
- Percy Shelley
- H. G. Wells
- D. H. Lawrence
- James Russell Lowell
- Henry Miller
- Sir Walter Scott
- George Sand
- Johannes Brahms
- - William Faulkner
- Rep. Mervin Dymally (D-Calif.)
- Rep. Gus Savage (D-Ill.)
- Rep. John R. Rarick (D-La.)
- Rép. Steve Stockman (R-Texas)
- Rep. Jim Traficant (D-Ohio)
- Rep. Earl Hilliard (D-Ala.)
- Bill Scranton, ambassadeur des Nations unies
- Ambassadeur des Nations unies Andrew Young
- Gouverneur John B. Connally (D-Texas)
- Secrétaire à la défense James Forrestal
- Secrétaire à la défense Caspar Weinberger
- Secrétaire d'État James Baker
- Général George Patton
- Général George C. Marshall
- Général George Stratemeyer
- Général Albert Wedemeyer
- Colonel Charles A. Lindbergh
- Général Robert Wood
- Général de division George Van Horn Moseley (chef d'état-major adjoint de l'armée américaine)
- Amiral Thomas Moorer (Président de l'état-major interarmées)
- W. A. Carto
- Walt Disney
- Henry Ford
- Truman Capote
- Lord Byron
- Nathaniel Hawthorne
- Henry James
- F. Scott Fitzgerald
- T. S. Eliot
- Washington Irving
- Gore Vidal
- Rudyard Kipling
- C. Northcote Parkinson
- Franz Liszt
- Somerset Maugham
- Eugene O'Neill
- Ezra Pound
- George Bernard Shaw
- Richard Wagner
- Robert Louis Stevenson
- - George Orwell

CHAPITRE XII

Les "Seigneurs" de l'aristocratie juive américaine : Le troisième niveau des familles de la Cour Rothschild

Les informations qui suivent reposent en grande partie sur les profils d'environ 180 familles juives nommément désignées (et souvent liées entre elles) qui ont été publiés dans un "numéro spécial hommage" (daté de 1997-1998, vol. 21, n° 10) du magazine *Avenue*, basé à New York - un journal "mondain" peu diffusé en dehors du cercle de ceux qui aiment lire les modes et les travers de l'élite du pouvoir.

Ce numéro spécial, intitulé "Portraits de la réussite familiale dans la communauté juive américaine", met en lumière les noms et les entreprises de familles juives américaines, en se concentrant sur celles qui ont été actives dans la communauté juive et ses multiples entreprises philanthropiques et politiques.

Il convient de noter qu'il existe littéralement des centaines, voire des milliers, d'organisations communautaires juives et d'autres entités, tant au niveau local que national.

Bien qu'une poignée de groupes juifs tels que l'American-Israel Public Affairs Committee (AIPAC) et l'Anti-Defamation League (ADL) of B'nai B'rith apparaissent fréquemment dans les médias grand public, principalement dans le contexte de l'actualité "politique", il existe de nombreuses autres entités de ce type qui sont rarement mentionnées, sauf dans les journaux de la communauté juive qui, bien entendu, ne sont pas des lectures "quotidiennes" pour l'Américain moyen.

En ce qui concerne le terme "philanthropique" - tel qu'il est utilisé ici - , il est utilisé de manière assez vague, car de nombreuses familles juives - sinon la plupart - ne sont philanthropes qu'à l'égard d'organisations caritatives spécifiquement juives, bien qu'il y ait des exceptions.

La liste d'*Avenue* - telle qu'elle est présentée ici - ne mentionne pas les nombreuses organisations caritatives, tant aux États-Unis (d'orientation juive et non juive) qu'en Israël, que les familles citées ont financées avec beaucoup de succès. Nous n'avons inclus cette information que lorsqu'une famille particulière était étroitement associée à une "cause" particulière.

Il convient également de noter que la plupart des familles citées semblent, d'après le rapport d'*Avenue*, avoir créé l'une ou l'autre fondation familiale à participation restreinte, et qu'elles utilisent ces fondations pour soutenir diverses causes. La plupart de ces causes - mais pas toutes - sont de nature juive et, assez souvent, liées à l'État d'Israël et à diverses agences et institutions de ce pays. Quelques-uns de ces noms ont d'ailleurs déjà été cités dans la liste récapitulative du chapitre précédent.

Ainsi, il va sans dire - à quelques exceptions près - que les noms énumérés ici constituent les "plus riches des riches" (et donc les plus puissants) parmi l'élite juive américaine, mais il ne s'agit pas de suggérer que les noms qui apparaissent ici constituent effectivement une liste officielle des "Juifs les plus riches d'Amérique". Loin de là ! En fait, il existe de nombreux autres entrepreneurs fortunés d'origine juive, pour ainsi dire, qui ne font pas la une des journaux. Il y a par exemple de nombreux criminels juifs fortunés qui préfèrent faire profil bas et ne cherchent pas à se faire connaître ou à faire connaître leurs dons à des organisations philanthropiques juives. À cet égard, il est peu probable que le magazine *Avenue* soit prêt à saluer les "réalisations" d'un criminel juif. La liste d'*Avenue* est donc incomplète à cet égard.

En ce qui concerne la liste, notez que vous n'y trouverez pas Henry Kissinger, par exemple. Certes riche et puissant, la richesse et le pouvoir de Kissinger ont toujours été le résultat de son évolution dans la sphère des personnes riches et puissantes. Kissinger est un personnage politique et, en tant que tel, n'est rien d'autre qu'un fonctionnaire bien rémunéré de la dynastie Rothschild.

La célébrité et les "réalisations" de Kissinger sont, à bien des égards, une création des médias contrôlés par les Juifs, mais contrairement à beaucoup de ceux qui figurent sur la liste de l'*Avenue*, il n'est pas l'un des propriétaires des médias *en tant que tel*. Cette distinction est peut-être suffisante pour que Kissinger n'y figure pas. Bien que Kissinger siège au conseil d'administration de nombreuses entreprises, y compris des médias, il a toujours été davantage un personnage public (qui se trouve être juif) qui agit comme un facilitateur pour les puissances en coulisses plutôt qu'un véritable "déménageur" à lui tout seul. Sans le patronage de puissants sponsors, Kissinger ne serait rien de plus qu'un autre universitaire juif haut en couleur.

En outre, pour la considération du lecteur, il y a un autre facteur qui pourrait être noté : Henry Kissinger s'est fait connaître dans la sphère *immédiate* de la famille Rockefeller, qui a toujours fonctionné essentiellement comme un satellite de l'empire Rothschild, bien qu'elle ait parfois des intérêts indépendants en jeu.

Et pour être juste envers les nombreux millionnaires - et peut-être milliardaires - juifs américains qui n'ont pas été honorés par la liste des "réalisations familiales" d'*Avenue* et qui ne sont pas nécessairement impliqués dans des actes criminels, il convient de noter que nombre d'entre eux ont accumulé beaucoup de richesses mais n'ont pas cherché à être acclamés par le public, reconnus par les magazines de la société ou honorés par leur propre communauté juive.

Il y a donc certainement beaucoup d'autres fortunes juives qui n'ont pas été mentionnées dans la liste compilée par *Avenue*. Mais la liste qu'Avenue a dressée est effectivement très complète et, en tant que registre des principaux acteurs - sur le plan financier - de la "haute société" juive, la liste d'*Avenue* est certainement un document précieux (l'auteur n'a franchement jamais rien vu d'aussi complet). (Franchement, l'auteur n'a jamais rien vu d'aussi complet.) On peut probablement affirmer que, bien que les noms juifs représentent une part considérable de la liste annuelle *Forbes* 400 des familles les plus riches d'Amérique, une liste secondaire de ce que l'on pourrait appeler "*Forbes* 800" - c'est-à-dire une liste du groupe suivant de 400 familles riches après les 400 premières - inclurait sans aucun doute pratiquement tous les noms qui figurent sur la liste *Avenue* résumée ici. En bref, bien qu'une grande partie de la richesse juive soit accumulée au sommet, il y a une accumulation encore plus importante dans le "milieu de gamme" beaucoup plus large des familles américaines fortunées.

Tout ceci étant dit, passons en revue les "seigneurs et dames" de l'aristocratie juive - le "troisième niveau" (pour ainsi dire) de la Cour Rothschild :

ABESS. Miami, Floride. Contrôle la City National Bank of Florida. Les membres comprennent Leonard Abess et Allan Abess, Jr.

ALTHEIM. New York City. Philip et Barbara Altheim contrôlent Forest Electric, une filiale d'EMCOR et la plus grande entreprise de construction électrique au monde. Leurs fils et filles sont Marc, Jill et Gary.

ANNENBERG. Philadelphie. Longtemps dirigé par feu Walter Annenberg, qui fut ambassadeur des États-Unis en Angleterre, nommé par Richard Nixon. L'empire Triangle Publications. Publie le *TV Guide* et le *Philadelphia Inquirer*.

ARISON. Miami. Le fils de Ted, Micky, contrôle aujourd'hui l'empire familial qui comprend la compagnie de croisières, les hôtels, les centres de villégiature et l'équipe de basket-ball Miami Heat. Ted Arison est retourné en Israël.

ARNOW-WEILER. Boston. Jack Weiler, d'origine russe, s'est associé à Benjamin Swig pour le développement commercial, s'emparant de plus de sept millions de mètres carrés. Sa fille Joan, son mari Robert Arnow et leur fils David dirigent aujourd'hui l'empire. Ils ont un fils, Noah.

BARNETT. Fort Worth, Texas. A exploité les hôtels Hilton en Israël. Louis Barnett et son épouse Madlyn (née Brachman, voir BRACHMAN) ont un fils, Eliot, qui s'occupe du développement de centres commerciaux. La famille est également impliquée dans l'immobilier, les produits pharmaceutiques et le pétrole. La famille finance le Barnett Institute of Biotechnology à la Northeastern University.

BELFER. New York. Réfugiés de Pologne, Arthur et Rochelle Belfer ont fondé la famille aujourd'hui dirigée par Robert Belfer et ses filles Selma Ruben et Anita Saltz. Arthur Belfer était impliqué dans le secteur du pétrole et du gaz naturel, qui s'est ensuite transformé en la tristement célèbre société Enron. [Pour en savoir plus sur la "connexion juive" d'Enron, voir *The New Jerusalem (La nouvelle Jérusalem)* de Michael Collins Piper]. Son fils Robert faisait partie du comité exécutif d'Enron, mais il a échappé à l'attention des médias.

BELZ. Memphis. Belz Enterprises et le groupe Peabody Hotel (Memphis) font partie du patrimoine familial créé par Philip Belz, qui s'est lancé dans l'immobilier et la gestion. Son fils Jack Belz et sa femme Marilyn s'occupent des affaires de la famille. Leur fille Jan, mariée à Andrew Groveman, commence à s'affirmer, active dans le domaine de l'émigration juive soviétique.

BELZBERG. Canada-New York-Israël. Sam Belzberg dirige la société Gibralter Capital. Épouse : Frances. Sa fille Wendy (rédactrice au journal juif influent *Forward*) est mariée à Strauss Zelnick, directeur de BMG Records. Sa fille Lisa est mariée à Matthew Bronfman (voir BRONFMAN). La famille est l'un des premiers bailleurs de fonds du Centre Simon Wiesenthal. Leur ancien rabbin, Marvin Heir, a quitté le Canada pour s'installer à Los Angeles où il a créé le Centre.

BENARD-CUTLER. Boston. Avec ses partenaires -heldon Adelson, Irwin Chafetz et le Dr Jordan Shapiro- Ted Benard-Cutler dirige le groupe Interface, concepteur de Comdex, un salon professionnel mondial pour les ordinateurs et les industries de la communication. Comdex a été vendu à la société japonaise Softbank en 1995. Benard-Cutler et Chafetz dirigent aujourd'hui GWV International, qui organise des voyages organisés en Nouvelle-Angleterre. Benard-Cutler et sa femme Joan ont des fils, Joel et Robert, et une fille, Ellen Colmas.

BERNHEIM. New York. L'agent de change Leonard Bernheim était surpassé socialement par sa femme Elinor Kridel Bernheim qui était active dans les affaires juives de New York, tout comme leurs fils Charles et Leonard.

BINSWANGER. Philadelphie. Isidore Binswanger est le fondateur du Maimonides College, le premier collège rabbinique sur les côtes américaines. Son fils Frank a créé une gigantesque société immobilière internationale avec 20 bureaux à travers les États-Unis et le Canada. Il est également actif au Japon et dans d'autres pays d'Asie et d'Europe. Frank Jr. et John Binswanger sont actifs dans l'entreprise familiale. Son fils Robert dirige l'école supérieure d'éducation de Dartmouth.

BLACK. New York. Leon Black est un ancien directeur général de Drexel Burnham Lambert et actuellement président d'Apollo Advisors LP et de sa filiale Lion Advisor, LP.

BLAUSTEIN. Baltimore. Louis Blaustein a commencé par vendre du kérosène, avant de fonder l'American Oil Company (AMOCO). Son fils et héritier Jacob fut un jour appelé "le chef titulaire de la communauté juive américaine" et joua un rôle majeur dans les premières années des Nations unies. Sœurs Fanny Thalheimer et Ruth Rosenberg. Les autres membres de la famille comprennent David Hirschhorn, Barbara Hirschhorn, Mary Jane Blaustein, Arthur Roswell, Elizabeth Roswell, Jeanne Blaustein Borko, Susan Blaustein Berlow.

BLOCK. New York. Alexander Block a fondé Block Drugs, qui en est venu à fabriquer Polident, Nytol et Sensodyne. Son fils Leonard, son petit-fils Thomas et sa petite-fille Peggy Danziger (épouse de Richard Danziger) sont actifs dans l'entreprise familiale.

BLOOMBERG. New York. Élu maire de New York en 2001, Michael Bloomberg a débuté chez Salomon Brothers avant de créer un empire multimédia fournissant des articles aux journaux et un réseau de télévision directe par satellite fonctionnant 24 heures sur 24.

BLUMENTHAL. Charlotte, Caroline du Nord. Herman Blumenthal dirige la Radiator Speciality Company, qui fabrique quelque 4 000 produits automobiles. Avec sa femme Anita, il a trois fils, Alan, Philip et Samuel, qui participent activement aux activités de l'entreprise et aux activités "philanthropiques" de la famille.

BRACHMAN. Fort Worth. Le fondateur de la famille, Leon Brachman, a lancé une entreprise de fabrication de produits chimiques et s'est diversifié en créant Computerized Business Systems, qui conçoit des programmes pour les petites entreprises. Son fils Marshall est associé à l'American-Israel Public Affairs Committee (AIPAC) à Washington. Sa fille Wendy vit en Israël. Madlyn, membre de la famille, s'est mariée avec la famille Barnett de Ft.Worth (voir BARNETT).

BRAMAN. Miami. Norman Braman a débuté à Philadelphie où il a créé les Keystone Discount Stores (38 magasins). Avec sa femme Irma, il s'est retiré à Miami où il dirige une chaîne de concessionnaires automobiles. Ancien propriétaire de l'équipe des Philadelphia Eagles.

BROAD. Los Angeles. Eli Broad a fondé SunAmerica, Inc. une société de services financiers. Copropriétaire des Sacramento Kings, il est également connu comme collectionneur d'art contemporain.

BUTTENWIESER. New York. Feu Benjamin Buttenwieser était un partenaire de l'empire bancaire Kuhn-Loeb et a été haut-commissaire adjoint des États-Unis en Allemagne après la Seconde Guerre mondiale. Sa femme, Helen, était membre de la famille bancaire Lehman Brothers. Leur fils Lawrence est associé au cabinet d'avocats new-yorkais Rosenman & Colin. Son fils Peter a été directeur d'une école secondaire à Philadelphie et est lié aux activités des fondations Ford et Danforth (non juives). Son fils Paul est psychiatre et romancier à Belmont, dans le Massachusetts.

CARDIN. La richesse du défunt mari de Shoshana Cardin, Jerome Cardin, magnat de l'immobilier, lui a permis de s'élever dans la communauté juive en tant que première femme présidente de la Conférence des présidents des principales organisations juives américaines et présidente de l'Appel unifié pour Israël. Sa fille Nina est l'une des premières femmes admises comme rabbin conservateur. Son fils Sandy dirige la Fondation Schusterman à Tulsa, dans l'Oklahoma.

CARTER. On dit de Victor Carter qu'il s'est "spécialisé dans le redressement d'entreprises en difficulté", mais il est surtout connu pour avoir dirigé United Way, City of Hope et Israel Bonds. Sa femme Andrea s'est impliquée dans la Country Music Commission.

CHANIN. New York. Les frères Irwin et Henry Chanin étaient d'importants promoteurs immobiliers à New York au début du XXe siècle. Le fils d'Irwin, Marcy, et sa femme Leona Feifer Chanin (première vice-présidente du Congrès juif américain) ont des enfants : deux d'entre eux sont avocats, James Chanin d'Oakland en Californie et Ann Glazer de Los Angeles. Une autre fille, Nancy Sneider, réside à Boca Raton, en Floride. Le fils d'Irwin, Paul Chanin, est basé à Aspen, dans le Colorado, où se trouve la fondation familiale. Il dirige le célèbre restaurant Pinon's en tant qu'activité secondaire.

COHEN. La Nouvelle-Orléans. Rosalie Cohen, fille du fondateur d'Universal Furniture, Leon Palter, est un acteur majeur de la puissante communauté juive de la ville du Croissant.

CONE. Grande famille juive du Sud (issue des 13 premiers enfants d'Herman Cone) qui s'est enrichie grâce à Cone Mills, le plus grand fabricant de denim au monde.

CORWIN. Los Angeles. Bruce C. Corwin est président de la Metropolitan Theatres Corporation, qui possède des cinémas et des concessions de pop-corn. Financeurs de l'université "conservatrice" Pepperdine à Malibu.

CROWN. Chicago. Henry Crown, aujourd'hui décédé, était étroitement lié au crime organisé à Chicago et a bâti un important empire immobilier basé sur la Material Service Corp., une entreprise de matériaux de construction. En 1959, la famille a pris le contrôle de l'entreprise de défense General Dynamics. La famille Crown a joué un rôle majeur dans le financement du programme secret israélien de développement d'armes nucléaires. Le fils Lester est aujourd'hui à la tête de la famille. Son fils Dan dirige les cinémas Crown.

CUMMINGS. Chicago. Nathan Cummings a fondé le conglomérat de production alimentaire le plus connu pour les produits "Sara Lee". Ses trois enfants et dix petits-enfants maintiennent la fondation familiale.

DAVIDSON. Détroit. William Davidson a repris l'entreprise de pare-brise de son oncle, qui est devenue Guardian Industries, le cinquième plus grand fabricant de verre au monde. Propriétaire de l'équipe des Pistons de Détroit. L'Institut William Davidson, financé par Davidson à la School of Business Administration de l'Université du Michigan, s'est immiscé dans les économies nouvellement développées de l'Europe de l'Est.

DEUTSCH. Santa Monica. Carl Deutsch gère les services immobiliers et de gestion de la famille.

DURST. New York. Joseph Durst et ses trois fils, Seymour, David et Royal, ainsi que ses petits-enfants Douglas, Robert, Jonathan et Joshua, ont développé de vastes zones de la Troisième Avenue et du West Side de New York.

EISNER. Los Angeles. Michael Eisner a organisé la fusion entre Capital Cities, propriétaire d'ABC et d'autres propriétés. Il a repris la Walt Disney Company en 1984. Petit-fils du cofondateur de l'American Safety Razor Co.

EPPLER. Cleveland-Palm Beach. Heinz Eppler, d'origine allemande, a repris Miller-Whol et a développé la société jusqu'à 420 magasins de vêtements pour femmes, vendus en 1984 à Petrie Stores Corporation. Son fils David est basé à Washington, D.C.

EVERETT. Décrits comme des "investisseurs privés prospères", Henry et Edith Everett sont actifs dans diverses philanthropies juives. Leur fils David est également actif dans les affaires juives.

FEINBERG. Chicago. Rueben Feinberg est président de la Jefferson State Bank à Chicago.

FELDBERG. Boston. Sumner et Stanley Feinberg, cousins, ont fondé les magasins T.J. Maxx (plus de 500 points de vente), les magasins Hit or Miss (500 points de vente) et le catalogue Chadwick.

FELDMAN. Dallas. Jacob "Jake" Feldman, aujourd'hui décédé, a fondé Commercial Metals, une importante société cotée en bourse à New York. Son fils et héritier Robert a été actif dans la communauté juive de Dallas.

FEUERSTEIN. Westport, Connecticut-Newport Beach, Californie-Los Angeles-New York City. Héritiers d'Aaron Feurstein, propriétaire de l'empire textile Malden Mills, qui produisait du tissu Polartec à partir du recyclage de bouteilles en plastique. Le frère d'Aaron, Moses, était une figure de proue du judaïsme orthodoxe américain. Le fils de Moses, Morty, dirige la communauté orthodoxe de Vancouver, au Canada.

FISHER. New York. Fondée par Zachary et Lawrence Fisher, il s'agit d'une importante famille de promoteurs immobiliers new-yorkais.

MAX FISHER. Détroit. Grand industriel du pétrole et acteur de premier plan dans les affaires du Parti républicain, Max Fisher entretient depuis longtemps des relations d'affaires avec Israël et les services de renseignements israéliens. La *National Police Gazette* (décembre 1974) l'a décrit comme l'un des puissants "hommes mystérieux" qui disaient à Gerald Ford (futur président des États-Unis), homme politique républicain basé dans le Michigan, "ce qu'il fallait faire et quand il fallait le faire". (Dans *Final Judgment*, l'étude de cet auteur sur la conspiration de l'assassinat de JFK, nous avons décrit la connexion Ford-Fisher - et les liens de Fisher avec les services secrets israéliens - à la lumière du rôle de Ford au sein de la Commission Warren qui a ostensiblement "enquêté" sur l'assassinat de JFK, mais qui a en fait servi à dissimuler le lien israélien longtemps secret avec l'assassinat du président).

FRIEDMAN. Mill Valley, Californie. Eleanor Friedman - l'une des nombreuses héritières des milliards de Levi Strauss - et son mari, Jonathan Cohen, sont les fondateurs du New Israel Fund, considéré comme l'une des fondations "libérales" qui défendent des causes de gauche en Israël, notamment les droits des femmes, le pluralisme religieux et l'amélioration des relations avec les Palestiniens chrétiens et musulmans.

GERBER. Chicago. Max Gerber a créé la Gerber Plumbing Fixtures Company, aujourd'hui contrôlée par sa fille Harriet Gerber Lewis et ses enfants, Alan et Ila.

GIDWITZ. Chicago. Gerald Gidwitz préside Helene Curtis, la société de produits de soins personnels. Son fils Ronald est président de la société, qui a été rachetée par Unilever en 1996. La famille possède également Continental Materials Corporation, qui produit des équipements de chauffage et de climatisation.

GODCHAUX. La Nouvelle-Orléans. Héritiers de Godchaux Sugar, autrefois le plus grand producteur de sucre de Louisiane, et du célèbre grand magasin Godchaux de la Nouvelle-Orléans. Les membres de la famille sont répartis sur l'ensemble du territoire américain.

GOLD. Los Angeles. Stanley Gold dirige Shamrock Holdings, une société d'investissement diversifiée associée aux héritiers de Disney. Il est l'un des principaux investisseurs de Koor Industries, la plus grande entreprise industrielle d'Israël. M. Gold a un fils, Charles, et une fille, Jennifer.

GOLDSMITH. New York. Plusieurs enfants de Grace, l'épouse du courtier en bourse Horace Goldsmith - James, William et Thomas Slaughter - contrôlent la fondation créée grâce aux largesses de Goldsmith. Richard et Robert Menschel - deux banquiers de Goldman Sachs qui sont des cousins - sont également impliqués dans les entreprises de la famille.

GOLDENBERG. Philadelphie. Héritiers d'une fortune dans le domaine de la confiserie et des barres chocolatées, qui produit le Goldenberg Peanut Chew, le seul produit de l'entreprise. Les membres de la famille comprennent Carl, Ed et David.

GOTTSTEIN. Alaska. Barney Gottstein. Dirige la société Carr Gottstein Foods, basée à Anchorage, la plus grande entreprise d'Alaska, impliquée dans les supermarchés, l'épicerie en gros et l'immobilier. Il a été vice-président national de l'AIPAC, le groupe de pression israélien, et a siégé au Comité national démocrate. Son fils Robert travaille en étroite collaboration avec l'évangéliste chrétien pro-israélien Pat Robertson pour promouvoir les causes juives.

GRASS. Scranton, Pennsylvanie. Alex Grass a fait passer le Thrift Discount Center du petit État de Keystone City à la vitesse supérieure et a créé plus de 2700 pharmacies Rite Aid dans 23 États, avec des filiales telles que Auto Palace (pièces détachées automobiles), Concord Custom Cleaners, Encore Books et Sera-Tec Biologicals. Il a été président de l'Université hébraïque d'Israël. Parmi ses enfants figurent ses fils Martin et Roger.

ALAN GREENBERG. New York. Alan "Ace" Greenberg a présidé Bear Stearns et s'est engagé dans de nombreuses causes juives.

MAURICE GREENBERG. New York. Connu sous le nom de "Hank" Greenberg, ce baron de l'assurance a pris le contrôle d'American International (AIG) et a été actif en Extrême-Orient. Il joue un rôle important au sein de l'influent Council on Foreign Relations. Ses enfants sont Jeffrey, Evan, Lawrence "Scott" et sa fille Cathleen.

GRUSS. New York. Joseph Gruss a été actif dans l'exploration pétrolière et gazière au Texas, en Oklahoma et dans le Wyoming et a fondé Gruss & Company, qui s'occupe de fusions et d'acquisitions dans le domaine du pétrole et du gaz. Le mari de sa fille Evelyn, Kenneth Lipper, avocat, est banquier d'affaires et ancien maire adjoint de New York pour les finances. Son fils Martin est impliqué dans les courses de chevaux.

GUMENICK. Miami. Nathan Gumenick a construit et possédé 10 000 appartements et 500 maisons à Miami, devenant ainsi le premier promoteur de tours d'habitation dans la Mecque juive de la retraite. Il a été l'un des principaux soutiens du U.S. Holocaust Memorial Museum pendant sa période de développement. Son fils Jerome est actif dans la communauté juive de Richmond, en Virginie.

HAAS. Les membres de cette famille immensément riche sont les héritiers de la fortune des vêtements Levi-Strauss. Au total, la richesse combinée des différents membres de la famille les place sans conteste au premier rang des familles les plus riches du pays.

HALPERN. Sam Halpern et son frère Arie - immigrants d'origine polonaise venus en Amérique - ont été fortement impliqués dans la construction de complexes hôteliers en Israël. Il est évident que les Halpern ont accumulé leur fortune sur le marché noir en Union soviétique et plus tard dans l'industrie de la construction aux États-Unis.

HASSENFELD. New York-Rhode Island. Héritiers de l'empire Hasbro, producteur de Mr. Potato Head et de GI Joe, la plus grande entreprise de jouets au monde. Les membres de la famille comprennent Alan et Harold.

HASTEN. Indianapolis, Indiana. Hart et Mark Hasten ont développé une chaîne de 1 500 centres de convalescence et ont été impliqués dans la banque et l'immobilier, y compris la société holding familiale, Hasten Bancshares, Inc. Hart est proche du bloc Likoud en Israël.

HECHINGER/ENGLAND. Washington, D.C. Née de la chaîne de quincailleries Hechinger dans la région de la capitale nationale, John Hechinger et Ross Hechinger. Richard England a épousé un membre de la famille Hechinger. Son fils Richard a siégé au comité exécutif de l'American-Israel Public Affairs Committee (AIPAC).

GOTTESFELD HELLER. Fanya Gottesfeld Heller, veuve de l'investisseur Joseph Heller, revendique sa célébrité non seulement grâce aux largesses de son mari, qu'elle distribue à des causes juives, mais aussi parce qu'elle a écrit des mémoires largement vantés sur ses années de "survivante de l'Holocauste" née en Ukraine.

HEYMAN. New York-Connecticut. Sam Heyman et sa femme Ronnie (tous deux diplômés de Yale et de Harvard) se sont enrichis grâce à la participation de Sam à la GAF Corporation, une importante société de fabrication de matériaux de construction et de produits chimiques. En

1991, Sam s'est séparé de la division chimique, qui est aujourd'hui une société cotée en bourse connue sous le nom d'International Specialty Products. Mme Heyman (née Feuerstein, voir FEUERSTEIN) était une camarade de classe de Hillary Rodham Clinton à la faculté de droit.

HOCHBERG. New York et Chicago. Héritiers de Joseph Hochberg qui dirigeait Children's Bargaintown USA. Son fils Larry est président de Sportmart, une chaîne d'articles de sport.

HOFFMAN. Dallas, Texas. Edmund Hoffman a fait fortune en tant que premier embouteilleur et distributeur de Coca-Cola (basé à Dallas) dans le sud-ouest du Texas. Son fils Richard est un médecin réputé dans le Colorado. Son fils Robert est l'un des fondateurs du magazine humoristique National Lampoon.

JESSELSON. New York. Michael, Daniel et Benjamin sont les héritiers de Ludwig Jesselson, qui est devenu PDG de la société Philipp Brothers, l'un des plus grands marchés mondiaux de plus de 150 matières premières, dont l'acier, le pétrole brut, les produits chimiques et le ciment. L'entreprise a ensuite été rachetée par Salomon Brothers, Inc, la banque internationale.

KAPLAN. New York. Stanley Kaplan est le magicien de l'éducation qui a donné naissance aux cours de formation au SAT que les lycéens utilisent pour préparer les examens d'entrée à l'université. Stanley affirme qu'il s'intéresse particulièrement à la formation de "leaders" dans les communautés noire et hispanique,, ce qui signifie, pour les leaders noirs et hispaniques de la base, former des personnalités noires et hispaniques qui obéiront aux ordres de l'élite juive américaine.

KEKST. New York. Gershon Kekst est à la tête de la société de communication financière et d'entreprise Kekst and Company. Son fils est David et sa femme Carol.

KLINGENSTEIN. New York. Parmi les héritiers du Dr Percy Klingenstein, chef du service de chirurgie du troisième hôpital général de l'armée américaine, figurent Frederick Klingenstein, banquier d'affaires, et John Klingenstein.

KRAFT. Boston. Propriétaire des New England Patriots, Robert Kraft a fait fortune en fondant International Forest Products, l'une des plus grandes entreprises privées de papier et d'emballage du pays.

KRAVIS. Tulsa. La fortune familiale a été créée par Raymond Kravis, un consultant en pétrole et en gaz qui comptait parmi ses clients Joseph P. Kennedy et la Chase Bank, contrôlée par les Rockefeller. Ses fils

Henry et George ont fait équipe avec leur cousin, George Roberts, et ont apporté une renommée et une fortune internationales à leur société Kohlberg Kravis Roberts & Company dans le cadre des rachats d'entreprises par endettement des années 80. 36 sociétés ont été rachetées, dont RJR Nabisco. L'équipe Kohlberg-Kravis était étroitement liée à la politique républicaine de l'époque.

KRIPKE. Omaha. De bonnes relations ! Myer Kripke était un rabbin d'Omaha, dans le Nebraska, dont la femme, Dorothy, écrivait des livres pour enfants. L'épouse du légendaire investisseur milliardaire (non juif) Warren Buffet, basé à Omaha, a aimé les livres de Mme Kripke, et les deux femmes sont devenues amies. C'est ainsi que les Kripke ont été invités à devenir de "modestes investisseurs" dans la société Berkshire Hathaway de Buffet et qu'ils ont empoché un gros pactole. Son fils Paul est professeur de philosophie à Yale.

LAUDER. New York. Leonard et Ronald Lauder sont les héritiers de la fortune cosmétique d'Estee Lauder. Ronald a également été ambassadeur des États-Unis en Autriche et président du Fonds national juif. Il s'est porté candidat à la mairie de New York sous l'étiquette républicaine en 1989.

THOMAS H. LEE. Boston. Thomas H. Lee, opérateur de rachat par emprunt, a gagné beaucoup d'argent en vendant sa société de boissons gazeuses Snapple à Quaker Oats. Aujourd'hui, comme tous les jeunes juifs bien élevés, il est philanthrope.

LEHMAN. Skokie, Illinois. À ne pas confondre avec la famille de banquiers internationaux germano-juifs "Our Crowd" de New York, la famille Lehman - dirigée par Kenneth Lehman - a gagné de l'argent grâce à une entreprise familiale, Fel-Pro Incorporated, un fabricant de pièces détachées pour automobiles. À sa décharge, Lehman n'est pas un esclavagiste. Son entreprise offre de nombreux avantages à ses employés et toutes sortes de cadeaux financiers et de bourses d'études.

LENDER. Connecticut. Marvin et Murray Lender sont des magnats du bagel congelé qui ont vendu leur entreprise et consacrent leur fortune à des causes juives.

LEVENTHAL & SIDMAN. Boston. Partenaires de Beacon Properties, le plus grand fonds d'investissement immobilier des États-Unis, Edwin Sidman et Alan Leventhal ont introduit leur société en bourse en 1994 et ont étendu leurs intérêts à l'échelle nationale. Leventhal a été étroitement associé aux activités politiques de Bill Clinton.

LEVIN. New York. Gerald Levin, qui est devenu PDG de l'empire Time Warner contrôlé par la famille Bronfman, a commencé comme lieutenant de Lewis Strauss, le chef juif de la Commission de l'énergie atomique. Bien que rien dans les archives publiques ne le suggère, il y a fort à parier que Levin et Strauss ont contribué à "aider" Israël à se doter de l'arme atomique. Aujourd'hui, Levin est membre du Conseil des relations étrangères contrôlé par les Rothschild. Une figure médiatique majeure, en effet.

LEVINSON. New York. La veuve de Morris Levinson, Barbara, est devenue une figure de proue de la communauté juive en distribuant les richesses accumulées par Morris en tant que conglomérat alimentaire et cosmétique qui a fusionné avec Nabisco. Morris est également l'un des fondateurs du Centre d'études démocratiques, décrit comme "le premier groupe de réflexion". Son fils Adam est basé à Tallahassee, en Floride, mais il est actif dans les affaires juives au niveau national. Son fils Joshua est professeur à l'université hébraïque. La fille Judy est mariée à John Oppenheimer.

LEVY. Dallas, Texas. Irving, Milton et Lester Levy, frères, contrôlent la société NCH Corp. qui produit et distribue des produits d'entretien aux hôtels, aux agences gouvernementales et aux entreprises industrielles. Leurs quatre fils travaillent également dans l'entreprise familiale.

LEON LEVY. New York. Chef de file de l'élite juive sépharade américaine (dont Stephen Birmingham rend hommage dans son livre *The Grandees*), Leon Levy a fait fortune en tant que PDG de Urban Substructures, Inc. qui a participé à la construction et à l'ingénierie de nombreuses propriétés de premier plan dans la ville de New York. Levy a également été président de la Conférence des présidents des principales organisations juives américaines. Ses enfants sont Mark, Mimi, Judy et Janet. Sa femme Elsi est musicienne professionnelle.

LIPPERT. New York. Albert et Felice Lippert ont gagné des millions en aidant des millions de personnes à perdre du poids. S'associant à Jean Nidetch, une femme au foyer juive corpulente qui avait mis en place des groupes de soutien aux régimes, ils ont créé Weight Watchers International et ont vendu cette entreprise florissante à Heinz Foods en 1978. Fils Keith et Randy.

LISTE. New York. Albert List réussit dans la distribution d'appareils électroménagers, puis se diversifie et prend le contrôle de la Hudson

Coal Company, assemblant un conglomérat qui comprend la chaîne de cinémas RKO.

LOEB. New York. Carl Morris Loeb, aujourd'hui décédé, a gagné des millions avec American Metal Co. et a ensuite fondé Loeb Rhoades (aujourd'hui Shearon Lehman/American Express). Le fils de Carl, John, a épousé la fille d'Arthur Lehman, de la banque Lehman Brothers. John Loeb a deux fils, Arthur et John Jr (qui a été ambassadeur des États-Unis au Danemark), et sa fille Ann a épousé Edgar Bronfman, dont elle a eu un fils, Edgar Bronfman Jr. Ce mariage entre familles juives illustre la manière dont l'élite juive a gardé ses richesses "dans la tribu", pour ainsi dire. Il ne faut d'ailleurs pas confondre cette famille Loeb avec la famille Loeb de l'empire bancaire Kuhn Loeb, allié aux Rothschild, une autre fortune juive considérable.

LOWENBERG. San Francisco. William Lowenberg, survivant de l'Holocauste, à la tête de la Lowenberg Corporation, est un important promoteur immobilier à San Francisco, l'un des principaux centres de la richesse juive en Amérique. Son fils David perpétue le nom de la famille et son engagement dans les affaires juives.

MACK. New York. H. Bert Mack a débuté dans la démolition et a été responsable d'opérations majeures sur les sites où ont été construits les Nations Unies, l'Exposition Universelle de New York et le Triboro Bridge. La Mack Company est aujourd'hui un important promoteur immobilier. Ses fils sont Earl, Bill, David et Fred.

MANDEL. Cleveland. Morton, Jack et Joseph Mandel ont créé Premier Industrial Corporation, qui est aujourd'hui un acteur majeur dans la production de produits électroniques. Ils ont fusionné Premier avec Farnell Electronics, une entreprise britannique, pour former Premier Farnell PLC.

MARCUS. Dallas. Il s'agit de la famille du célèbre grand magasin Nieman-Marcus. Bien que la société ait été vendue en 1969, Stanley Marcus est resté au conseil d'administration pendant plusieurs années. Il a également été président de l'American Retail Federation.

BERNARD MARCUS. Atlanta. L'empire Home Depot, le plus grand du pays, est l'œuvre de Bernard Marcus, dont les enfants, Fred, Morris et Suzanne, sont les héritiers de la fortune.

MERKIN. New York. Hermann Merkin a créé la banque d'investissement Merkin & Co. qui comprend son fils Sol et son gendre Andrew Mendes. Sa fille Daphne est chroniqueuse au *New York Times*.

MEYERHOFF. Baltimore. Harvey Meyerhoff, magnat de la construction et des centres commerciaux, a été le premier président du U.S. Holocaust Memorial Museum à Washington, D.C. et également président de United Way. Son fils Joseph Meyerhoff II est une personnalité importante de Baltimore, de même que sa fille Terry Rubenstein et Zoh Hieronimus, un animateur radio de renom.

MEYERSON. Dallas. Le titre de gloire de Mort Meyerson est son association avec Ross Perot, dont on dit qu'il est son "bras droit" en tant que président d'Electronic Data Systems, puis en tant que PDG de Perot Systems Corporation.

MILKEN. New York-Los Angeles. Les tristement célèbres frères Milken - Michael et Lowell - se sont fait connaître lors des scandales financiers des années 80, mais ils n'en restent pas moins des figures majeures de la communauté juive mondiale et respectés par les "conservateurs" qui admirent la piraterie à la Milken.

MILLSTEIN. New York. Ira Millstein est partenaire de l'influent cabinet d'avocats new-yorkais Weil Gotshal & Menges et a enseigné à la Yale School of Management et à la New York University School of Law. Il a siégé dans de nombreuses commissions gouvernementales et à la National Association of Corporate Directors.

MILSTEIN. New York. La Circle Floor Company, fondée par Morris Milstein, a posé les sols du Rockefeller Center et des Nations unies, mais les fils de Morris, Seymour et Paul, ont développé l'entreprise familiale, Milstein Properties, pour en faire une grande entreprise immobilière, propriétaire d'hôtels, de bureaux et d'appartements. Ils ont également contrôlé l'empire international United Brands pendant un certain temps et, en 1986, ils ont acheté la Emigrant Savings Bank. Les membres de la famille Howard et Edward contrôlent Douglas Elliman, une entreprise de gestion et de courtage d'immeubles, et la Liberty Cable Television Company.

MUSHER. New York. Sidney Musher était un cadre de l'industrie pharmaceutique qui a joué un rôle majeur dans l'ouverture du marché américain aux produits israéliens. Ses fils David et Daniel sont médecins.

NAGEL. Los Angeles. La Nagel Construction Company finance les affaires de Jack et Gitta Nagal, tous deux survivants de l'Holocauste. Leurs enfants sont Ronnie, David, Careena, basés à Los Angeles. Leur fille Esther vit à Englewood, dans le New Jersey.

NASH. New York. Avec son partenaire Leon Levy (voir LEON LEVY), Jack Nash a été l'un des fondateurs du fonds d'investissement privé Odyssey Partners, qui a connu un grand succès. Son gendre est l'investisseur George Rohr. La femme de Jack, Helen, est l'auteur sophistiqué de livres de cuisine casher.

NASHER. Dallas. Autre membre de l'élite juive du Texas, Raymond Nasher a été un important promoteur de centres commerciaux, dont le célèbre NorthPark, qui compte parmi ses réussites.

OFFIT. New York. Ancien directeur de Salomon Brothers, Morris Offit a ensuite lancé sa propre banque d'investissement, Offitbank, et sa propre société de conseil en investissement, Offit Associates.

PEARLE. Dallas. Le Dr Stanley Pearle, optométriste, a fait fortune dans les célèbres Pearle Vision Centers, les plus grands revendeurs de lunettes au monde.

PECK. New York. Stephen et Judith Peck sont des mondains juifs de haut niveau. Il a présidé le conseil d'administration du célèbre hôpital Mt. Sinai et elle a présidé le conseil d'administration de la United Jewish Appeal-Federation. Leur belle-fille, Stephanie Rein, et leur fils, Emmanuel, sont de grands noms des affaires juives new-yorkaises.

PERELMAN. Né à Philadelphie, il est l'héritier de Belmont Industries. Né à Philadelphie, héritier de Belmont Industries, une entreprise de métallurgie devenue holding pour plusieurs autres entreprises de la région, Ronald Perelman contrôle aujourd'hui plus de 44 sociétés à travers l'empire MacAndrew & *Forbes*. Parmi ses participations les plus connues figurent Revlon, le géant des cosmétiques, Coleman Co. (qui fabrique du matériel de camping), California Federal Bank et Consoli dated Cigar (qui produit plusieurs marques de cigares). Son fils Steven est impliqué dans les affaires de la famille.

POLK. Chicago. Sam et Sol Polk ont créé les grands magasins Polk Brothers, qui ont joué un rôle majeur dans la région métropolitaine de Chicago jusqu'à leur fermeture en 1992, mais la famille reste riche. Les membres de la famille comprennent Howard Polk, courtier en bourse, Roberta Lewis et Bruce Bachmann, cadre dans l'immobilier.

PRITZKER. Chicago. Les hôtels Hyatt, Royal Caribbean Cruise Lines, Continental et Braniff Airlines, le magazine *McCall*'s et la pieuvre du divertissement Ticketmaster ont tous fait partie de la gigantesque fortune de la famille Pritzker. Le fondateur de la famille, Nicholas, était un immigrant de Kiev qui a créé un cabinet d'avocats qu'il a utilisé pour entamer son ascension vers la richesse et le pouvoir. Ses fils Harry, Jack et Abraham, ainsi que les fils de ce dernier, Jay, Robert et Donald, sont les "grands" de la famille. Leur groupe Marmon est spécialisé dans l'achat et la restructuration d'entreprises en difficulté.

RATNER. Cleveland-New York. La Buckeye Material Company de la famille Ratner, basée à Cleveland, est devenue Forest City Enterprises (aujourd'hui Forest City Ratner Companies), qui est un important promoteur immobilier dans sa ville natale et à New York. Ils ont participé au réaménagement de la 42e rue. Les membres de la famille comprennent Charles, James, Ronald, Albert, Leonard et Max, qui a été le fondateur de la Chambre de commerce israélo-américaine. Mark Ratner est professeur de chimie à l'université Northwestern.

REDSTONE. Né "Rothstein", Sumner Redstone reprend la chaîne de cinémas de son père. Né "Rothstein", Sumner Redstone a repris la chaîne de cinémas de son père et l'a étendue à près de 900 filiales. En 1987, il a orchestré le rachat par emprunt de Viacom, Inc. qui est l'une des principales entreprises mondiales de médias, contrôlant les studios Paramount, Blockbuster Video, Simon & Schuster, Nickelodeon et MTV. Sa fille Shari Redstone est de plus en plus impliquée dans l'empire de son père.

RESNICK. New York. Jack et Pearl Resnick et leur fils Burton ont fait fortune dans l'immobilier new-yorkais, en achetant et en rénovant des bureaux. Leur fille Marilyn est mariée à Stanley Katz et s'occupe activement des affaires juives aux États-Unis et en Israël.

RIFKIND. New York. Avocat de renom et associé du cabinet influent et élitiste Paul, Weiss, Rifkind Wharton & Garrison, Simon Rifkind a été "conseiller" du général Dwight Eisenhower sur des questions telles que le sort des survivants déracinés de l'Holocauste et a joué un rôle majeur dans le lobbying en faveur de la création d'Israël. Son fils Robert, partenaire du cabinet d'avocats Cravath, Swaine & Moore, tout aussi élitiste, a été président de l'American Jewish Committee.

ROSE. Né à Jérusalem, David Rose s'est installé à New York et a créé une vaste et puissante société immobilière, Rose Associates. Né à Jérusalem, David Rose s'est installé à New York et a créé une vaste et puissante société immobilière, Rose Associates, qui a construit, possédé et/ou géré des propriétés à New York ainsi qu'à Washington, D.C., Boston, en Floride et dans le Connecticut. Ses fils Frederick, Daniel et

Elihu, ainsi que ses petits-enfants Adam et Jonathan, sont aujourd'hui en charge des affaires de l'empire Rose.

ROSENWALD. Chicago-Nouvelle-Orléans. Julius Rosenwald a fait fortune en prenant le contrôle de Sears & Roebuck, le géant du catalogue. Son fils Lessing a cependant mécontenté de nombreux membres de la communauté juive américaine en étant un fervent défenseur des causes antisionistes. Sa fille Edith, qui était une grande partisane des "droits civiques" dans le Sud, exerçant ses activités dans un fabuleux manoir de la Nouvelle-Orléans inspiré de "Tara" dans *Autant en emporte le vent*, s'est mariée à la famille Stern. Sa famille dirigeait l'empire médiatique WDSU à la Nouvelle-Orléans et était un ami personnel de Clay Shaw, poursuivi par Jim Garrison, procureur de la Nouvelle-Orléans, pour son implication dans l'assassinat de John F. Kennedy. (Voir *Final Judgment* de cet auteur, Michael Collins Piper, pour plus de détails sur le rôle étrange de la famille Stern dans les affaires entourant Shaw et l'assassin présumé Lee Harvey Oswald) La famille est assez nombreuse et reste active dans l'immobilier et la télévision par câble.

RUDIN. New York. Jack et Lewis Rudin et leurs enfants, dont les fils William et Eric, sont à la tête de Rudin Management qui gère des immeubles de bureaux et d'habitation à New York.

SAFRA. New York-Monte Carlo. Bien que le juif d'origine syrienne Edmond Safra soit décédé il y a plusieurs années à Monte-Carlo dans un mystérieux incendie (avec des allégations d'implication du crime organisé juif russe dans sa mort), il n'y a aucun mystère sur le fait que son empire bancaire mondial, basé sur la Republic New York Corp. et la Trade Development basée en Suisse (qui a fusionné avec American Express) était très puissant dans le monde obscur de la finance internationale. L'empire familial est aujourd'hui contrôlé par ses frères Joseph et Moise et leurs héritiers.

SAUL. New York. Joseph Saul a fondé la chaîne Brooks Fashion qu'il a vendue avec grand profit en 1984. Il consacre aujourd'hui ses bénéfices à de nombreuses causes juives, en particulier aux intérêts israéliens.

SAUNDERS. Boston. La Saunders Real Estate Corp. de Donald Saunders possède l'hôtel Park Plaza à Boston, ainsi qu'un grand nombre d'autres propriétés commerciales dans l'État de la Baie. Ses filles Lisa et Pamela sont considérées comme les héritières de la fortune. Saunders est marié à l'actrice Liv Ullman.

SCHEUER. New York. Une entreprise de gaz et de charbon ainsi que des biens immobiliers à New York sont à l'origine de la richesse de cette famille. Un membre de la famille, James, a siégé au Congrès. Walter est gestionnaire d'investissements et producteur de documentaires. Steven est critique des médias. Amy est psychothérapeute. Richard a présidé le conseil d'administration du Hebrew Union College et finance des fouilles archéologiques en Palestine.

SCHOTTENSTEIN. Columbus, Ohio. Cet empire du commerce de détail et de l'immobilier est connu pour Schottenstein Stores Corporation, Value City Department Stores, Value City Furniture et American Eagle Outfitters. Jay Schottenstein est aujourd'hui à la tête de l'empire familial.

SCHUSTERMAN. Tulsa, Oklahoma. Charles Schusterman dirige Samson Investment Company, le plus grand producteur de gaz indépendant, dont le siège se trouve en Oklahoma. Sa fille Stacy est impliquée dans l'entreprise familiale. Son fils Jay vit dans le Colorado. Son fils Hal vit en Israël.

SELIG. Atlanta. Héritier de Ben Massell, promoteur immobilier, S. Stephen Selig est lui-même un important promoteur d'Atlanta, par l'intermédiaire de Selig Enterprises. Sa fille, Mindy Selig Shoulberg, est un acteur majeur de la communauté juive de la ville.

SILVERSTEIN. New York. Fils d'un courtier immobilier devenu un important promoteur de tours de bureaux, Larry Silverstein est probablement mieux connu aujourd'hui comme l'opérateur juif qui a pris le contrôle des baux du World Trade Center peu avant la tragédie du 11 septembre, un sujet qui a été couvert en détail par les journalistes de l'*American Free Press*, l'hebdomadaire national populiste basé à Washington, D.C. Des rumeurs reliant Silverstein à la CIA et au crime organisé ont circulé pendant un certain temps.

SIMON. Indianapolis. L'un des cinq plus grands empires de centres commerciaux du pays - le deuxième en fait - est à la base de la fortune des frères Melvin et Howard Simon, qui ont développé 62 centres commerciaux et 55 galeries marchandes. En 1996, leurs avoirs se sont encore accrus lorsqu'ils ont fusionné avec la société (non juive) DeBartolo Realty Corp. Mel est copropriétaire de l'équipe de basket-ball des Pacers et a produit des films "trash" tels que *Porky's*. Son fils David, qui a été banquier d'affaires chez CS First Boston et Wasserstein, Perella, joue désormais un rôle dans l'entreprise familiale, qui comprend le célèbre Mall of America à Minneapolis, certainement le plus grand centre commercial d'Amérique à une époque.

SKIRBALL. Los Angeles. Jack Skirball était rabbin, promoteur immobilier et producteur de films - trois professions qui intéressent tous les bons garçons juifs, semble-t-il. Sa riche famille reste active dans les affaires juives en Californie.

SLIFKA. New York. La Halcyon/Alan B. Slifka Management Company fournit à cette famille l'argent dont elle a besoin pour rester active dans les affaires juives à New York.

CHARLES E. SMITH. Washington, D.C. Ne vous fiez pas au nom. Il est juif et a été l'un des plus grands promoteurs immobiliers de la région de Washington. Robert Smith et son beau-frère Robert Kogod dirigent aujourd'hui l'empire qui comprend le complexe d'appartements Crystal City à Arlington, en Virginie, et Skyline City en Virginie.

RICHARD SMITH. Boston. Basée en Nouvelle-Angleterre, la chaîne de cinéma General Cinema s'est développée pour prendre le contrôle de Neiman-Marcus (le grand magasin basé à Dallas) ainsi que de Harcourt Brace Publishing (aujourd'hui Harcourt General). General Cinema est désormais connu sous le nom de GC Cos. Robert Smith, fils de Richard, a repris les affaires de la famille. La famille est décrite comme "très discrète".

SONNABEND. Boston. Robert, Paul et Stephanie Sonnabend sont les dirigeants de la Sonesta International Hotels Corporation. Ils possèdent 19 établissements, dont un au Caire, en Égypte.

SPERTUS. Chicago. Les frères Herman et Maurice ont fondé une entreprise de fabrication de cadres, Metalcraft Corporation (plus tard Intercraft Industries Corporation), et ont fait la fortune de la famille.

SPIELBERG. Los Angeles. Tout le monde connaît Stephen Spielberg, la légende du cinéma responsable d'un large éventail de films, y compris la *liste de Schindler,* une extravagance sur l'Holocauste. Sa principale société est Dreamworks SKG. Amblin Entertainment est une autre partie de l'empire Spielberg.

MARY ANN STEIN. Indianapolis. Mary Ann Stein, héritière de banquiers et d'hommes d'affaires, est active dans les causes libérales au point de devenir présidente du New Israel Fund, une organisation consacrée à la promotion du "libéralisme" dans la société israélienne, une cause qui enflamme les sionistes purs et durs, surtout si l'on considère les gestes amicaux du New Israel Fund à l'égard des Palestiniens chrétiens et musulmans. (Voir aussi FRIEDMAN.)

SAM STEIN. Jacksonville, Floride. Sam Stein a créé le magasin Steinmart dans le Mississippi et son fils Jay a développé une chaîne de 150 magasins spécialisés dans les "marchandises hors prix haut de gamme" dans 21 États. La femme de Jay, Cynthia, est professeur d'art et participe activement aux affaires juives à Jacksonville.

STEINBERG. New York. Saul Steinberg a fait fortune grâce à Leasco, une société de location d'ordinateurs, puis a fait fortune avec Reliance Insurance, qu'il a achetée en 1968. Son frère Robert et son beau-frère Bruce Sokoloff se sont fortement impliqués dans les affaires familiales. Sa fille Laura est mariée à Jonathan Tisch, du puissant empire médiatique Tisch (voir TISCH). Son fils Jonathan est propriétaire de *Financial Data*, qui publie le magazine Individual Investor.

STEINHARDT. New York. Le gestionnaire de fonds spéculatifs et magnat Michael Steinhardt a une "passion", dit-on, pour la "continuité juive". Bien qu'il soit "un athée avoué" selon *Avenue*, Steinhardt est "l'un des plus grands défenseurs américains des causes juives et israéliennes". Il est l'un des financiers de *Forward*, l'influent hebdomadaire juif basé à New York.

STERN & LINDENBAUM. New York. Héritier de la fortune de Hartz Mountain (produits pour animaux de compagnie), Leonard Stern possède le journal "libéral" *Village Voice* et est engagé dans diverses entreprises immobilières. Son fils Emanuel dirige le SoHo Grand Hotel et est marié à l'influente famille Peck (voir PECK). La richesse de la belle-mère de Leonard, Ghity Amiel Lindenbaum, contribue également à la fortune familiale.

STONE. Cleveland. Irving, Morris et Harry Stone étaient les héritiers de la société American Greetings (card) Corporation ( ). Le personnage de dessin animé "Ziggy" est l'une de leurs contributions à la culture populaire.

STONEMAN. Boston. Samuel Stoneman était vice-président du conseil d'administration de la General Cinema Corporation. Ses filles sont Jane Stein et Elizabeth Deknatel. Elles dirigent la fondation familiale.

AARON STRAUS. Baltimore. La fortune de la famille repose sur la société nationale Reliable Stores Corporation. Ils contribuent largement aux "bonnes" causes dans la région de Baltimore.

NATHAN & OSCAR STRAUS. New York. Héritiers de la fortune des grands magasins R. H. Macy et Abraham & Straus. Oscar Straus II et Oscar Straus III sont aujourd'hui des figures clés de la famille.

STRAUSS. Dallas. Ancien président national du parti démocrate et ambassadeur des États-Unis en Russie, Robert Strauss est un avocat très influent du cabinet Akin, Gump, Strauss, Hauer & Feld. Fils de Charles, un commerçant, Robert Strauss a joué un rôle clé dans l'accession de Lyndon Johnson à la présidence. L'épouse de son frère Ted, Annette, a été maire de Dallas.

STRELITZ. Norfolk, Virginie. La chaîne d'ameublement Haynes, basée en Virginie, est à l'origine de la richesse de cette famille. E. J. Strelitz en est le PDG.

SWIG. San Francisco. Cette famille possède l'hôtel Fairmont à San Francisco et d'autres Fairmonts à travers le pays. L'hôtel Plaza est l'un des joyaux de la couronne. Benjamin Swig et son fils Melvin ont ouvert le premier centre commercial des États-Unis. Ben était associé à Jack Weiler (voir ARNOW-WEILER) dans le secteur de l'immobilier commercial. Le frère de Ben, Richard, et les fils de Ben, Kent, Robert et Steven, sont impliqués dans les activités de la fondation familiale, de même qu'un beau-frère, Richard Dinner.

SYMS. New York. Syms, à la tête de Syms Corp, une chaîne de 40 magasins vendant des marques de créateurs à des prix réduits, a fait entrer son fils Robert et sa fille Marcy dans l'entreprise. Marcy a été vice-présidente du Congrès juif américain. La famille s'est également lancée dans l'immobilier.

TAUBER. Détroit. Joel Tauber a fait fortune dans l'industrie manufacturière : Key Fasteners, Key Plastics (pièces automobiles), Keywell Corporation (ferraille) et Complex Tooling & Molding (pièces informatiques). Son fils Brian est impliqué dans l'entreprise familiale. Sa fille Ellen Horing est gestionnaire de fonds à New York. Sa fille Julie McMahon travaille avec des enfants défavorisés.

TAUBMAN. New York. Développeur de grands centres commerciaux dans tout le pays, Taubman a eu des relations d'affaires précoces avec Max Fisher de Detroit (voir MAX FISHER) et a été étroitement associé à Leslie Wexner (voir WEXNER) des magasins The Limited. Taubman a participé à l'achat et à la vente du ranch Irvine dans le sud de la Californie. Taubman a acheté la maison de vente aux enchères Sotheby's et a été condamné à un an de prison pour entente sur les prix. *Vanity Fair* a rapporté fin 2002 que Taubman était une figure populaire parmi ses codétenus. Les fils William et Robert sont des acteurs importants de l'empire familial.

TISCH. New York. Principaux partisans d'Israël, surtout connus aujourd'hui pour leur contrôle de l'empire audiovisuel CBS, Lawrence et Preston Tisch comptaient parmi les Juifs les plus puissants d'Amérique, bien que Lawrence soit récemment décédé. Loews, CAN Financial, Lorillard et Bulova font tous partie de l'empire Tisch. Lawrence avait des fils, James, Daniel, Tom et Andrew, ce dernier faisant partie du comité exécutif de l'American Israel Public Affairs Committee. Preston, qui possède l'équipe des Giants, a été ministre des Postes des États-Unis. Son fils Steve est cinéaste et son fils Jonathan est président des hôtels Loew's.

TISHMAN. New York. Cette famille de constructeurs comprend David, Norman, Paul, Louis et Alex. De nombreux membres de la famille sont très actifs dans les affaires juives. Nina Tishman Alexander et son mari Richard Alexander, ainsi que Bruce Diker, un autre héritier de la famille, font partie des membres de la famille engagés dans diverses causes.

WASSERMAN. Los Angeles. Feu Lou Wasserman, longtemps à la tête de MCA, le conglomérat du divertissement, a été, avec son partenaire Jules Stein, l'un des parrains de l'ascension (cinématographique et politique) de Ronald Reagan. Il a été surnommé le "roi" d'Hollywood.

WEILL. New York. En tant que président-directeur général du groupe Travelers, Sanford Weill est l'un des magnats juifs les plus riches d'Amérique. Son fils Marc est à la tête de Travelers. Sa fille Jessica Bibliowicz dirige Smith Barney Mutual Funds.

WEINBERG. Baltimore-Hawaï. Harry Weinberg a débuté dans le secteur des transports en commun à Baltimore, puis a étendu ses activités à Hawaï, où il est devenu un acteur majeur de l'immobilier dans les années 1950, lorsque le tourisme aérien vers les îles a connu un véritable essor.

WEINER. New York. Président-directeur général de la Republic National Bank of New York et de la Republic New York Corporation - fondée par Edmond Safra (voir SAFRA) - Walter Weiner a été l'un des associés fondateurs de Kronish, Lieb, Weiner & Hellman. Ses fils sont John et Tom.

WEXNER. New York-Columbus, Ohio. Leslie Wexner semble tout posséder : The Limited, Express, Lerners, Victoria's Secret, Henry Bendel, Abercrombie & Fitch, Bath and Body Works et Lane Bryant. Il se préoccupe particulièrement de la formation des futurs dirigeants juifs.

WINIK. New York. Elaine Winik a été la première femme présidente de l'United Jewish Appeal-Federation et présidente de l'United Jewish Appeal. Sa fille Penny Goldsmith est une figure majeure de l'AIPAC et de l'ADL. La fortune des Winik s'est faite dans la production de sacs à main.

WINTER. Milwaukee. Elmer Winter a créé Manpower, l'agence de travail temporaire qui compte 1 000 bureaux dans 32 pays. Il a également joué un rôle actif dans le développement des relations commerciales entre les États-Unis et Israël et a été directeur national de l'American Jewish Committee.

WOLFENSOHN. New York. Né en Australie et formé à la banque d'affaires à Londres, James Wolfensohn est devenu partenaire exécutif de Salomon Brothers à New York. En 1995, il a été nommé à la tête de la Banque mondiale, véritable centrale juive à lui tout seul.

WOLFSON. Miami. La Wolfson-Meyer Theater Company est devenue Wometco et a été rachetée en 1984 par Kohlberg, Kravis, Roberts & Company après s'être imposée comme pionnière de la diffusion cinématographique et télévisuelle dans les années 1920. Les sociétés d'investissement Wolfson Initiative Corporation et Novecentro Corporation font partie de l'empire familial. Les membres de la famille comprennent Louis III et Mitchell. Le Wolfson le plus connu est le tristement célèbre Louis, qui s'est retrouvé mêlé à un scandale désagréable impliquant l'ancien juge de la Cour suprême des États-Unis, William O. Douglas, qui recevait de l'argent de la fondation familiale Wolfson.

ZABAN. Atlanta. Mandle Zaban, son frère Sam et son fils Erwin ont créé, à partir d'une entreprise d'entretien, Zep Manufacturing, qui s'est transformée en National Service Industries, aujourd'hui dirigée par Erwin, qui a été directeur de l'Anti-Defamation League.

ZALE. Texas. Morris Zale a créé l'une des plus grandes chaînes de bijouterie du monde, mais la société a été vendue en 1987. Les héritiers David, Marjory, Stanley et Janet sont actifs dans les affaires juives. Les deux fils travaillent toujours dans le secteur de la bijouterie. (Le secteur de la bijouterie a toujours été particulièrement "juif".) ZARROW.

Tulsa, Oklahoma. Henry et Jack Zarrow produisent des pièces et des fournitures pour les installations pétrolières par l'intermédiaire de la société Sooner Pipe and Supply Corporation.

William F. Buckley Jr. juif ?

Bien que feu William F. Buckley, Jr. ait été largement reconnu comme un fervent "catholique irlandais", ses antécédents catholiques romains ne provenaient pas, comme on le croit généralement, du côté de son père écossais-irlandais, mais plutôt du côté de sa mère. Bien que la mère de Buckley soit née dans une famille catholique de la Nouvelle-Orléans nommée Steiner (un nom allemand qui est parfois juif), Walter Trohan, chroniqueur au *Chicago Tribune,* a confié en privé à des intimes qu'on lui avait dit qu'il y avait du sang juif dans la famille de la mère de Buckley, mais que celle-ci s'était convertie au catholicisme, comme l'ont fait de nombreuses familles juives de la Nouvelle-Orléans au cours des 18e et 19e siècles. En tout état de cause, Buckley était un disciple du sionisme.

ZILKHA. Véritable famille juive "mondiale", les Zilkha sont les héritiers de la Banque internationale Zilkha, qui était la plus grande banque commerciale privée du monde arabe. Après la création d'Israël, la famille francophone basée à Bagdad s'est installée à l'ouest. Le chef de famille Ezra a son fils Elias et ses filles Donna Zilkha Krisel et Bettina-Louise. Acteurs majeurs de la petite élite juive sépharade en Amérique et actifs en Israël. Ils se sont également lancés dans la fabrication d'armes.

ZIMMERMAN. Boston-Atlanta-Palm Beach. Harriet Zimmerman, fille d'un magnat de la chaussure de Boston, a été vice-présidente de l'AIPAC et s'est vantée que "le plus grand donateur d'Israël au monde est le Congrès américain". Son fils Robert travaille dans le Connecticut. Sa fille Claire Marx est active dans les affaires juives.

Voilà donc une vue d'ensemble des familles juives les plus puissantes d'Amérique. Comme nous l'avons dit, cette liste n'est en aucun cas exhaustive. De nombreux autres noms pourraient être ajoutés à la liste, généralement des "petits poucets" (si l'on peut dire) dans certaines villes et localités plus petites du pays. En outre, un nombre croissant de puissantes et riches familles juives étrangères - d'Israël, d'Iran, de Russie et d'ailleurs - s'installent sur les côtes américaines.

Bien qu'il soit commode, en tant qu'artifice littéraire coloré, de pouvoir dire qu'il y a "200" ou "300" ou "400" familles particulières - dans le style de certains ouvrages fantaisistes et conspirationnistes ou même dans le style des magazines *Forbes* et *Fortune*, cela trahirait la réalité.

Ce que nous avons rassemblé ici pour le lecteur, dans un format facile à lire, sur la base d'une source tout à fait "respectable" et sympathique, est un compte rendu utile et révélateur du vaste éventail de richesses et de pouvoirs rassemblés dans un nombre relativement restreint de mains, quelques familles dont les visages et les noms sont en grande partie inconnus du public américain (ou mondial) dans son ensemble.

Mais soyez assurés qu'ils sont puissants et que les personnes en coulisses (et celles qui occupent des fonctions politiques) savent très bien qui sont ces courtiers de l'élite. Ils sont capables de faire des présidents et des hommes politiques américains, et ils sont capables de les briser. Ils sont vraiment ceux qui règnent en maître en Amérique - ou du moins font tout ce qui est en leur pouvoir pour le faire.

En guise de conclusion, qui pourrait horrifier certains lecteurs sensibles, ce n'est probablement pas une coïncidence si le Dr Miriam Rothschild, de la branche britannique de la famille, était une entomologiste de renommée internationale et il se trouve que les puces et autres parasites étaient sa spécialité. Elle a d'ailleurs écrit un livre intitulé *Fleas, Flukes and Cuckoos* que l'empire Rothschild a réussi à transformer en un improbable best-seller. Et ce n'est probablement pas une coïncidence si David Rockefeller, l'homme de paille américain de l'empire Rothschild, est également fasciné par les coléoptères, un autre parasite, qu'il collectionne sans relâche. (Ces Rothschild et Rockefeller sont vraiment des parasites d'un certain ordre "humain", et autour d'eux ont essaimé ces puissants compagnons parasites qui veulent consommer le monde.

Mais il est possible de les arrêter.

Comment les Juifs ont pris Martin Luther King pour cible

En 2007, l'Union américaine pour les libertés civiles (ACLU) a publié à la hâte une "étude de cas" rétrospective sur "les dangers de l'espionnage domestique par les forces de l'ordre fédérales". L'étude se concentre sur la surveillance, aujourd'hui largement connue (mais alors tout à fait secrète), du défunt Martin Luther King Jr. par le FBI dans les années 1960, qu'elle décrit comme "un chapitre ignominieux du passé de l'Amérique".

Si le rapport de l'ACLU a démontré les dangers de l'utilisation du FBI pour la surveillance nationale des citoyens américains à des fins politiques, il a omis de mentionner un élément particulièrement intéressant : le fait qu'une grande partie de la surveillance "ignominieuse" de King et d'autres par le FBI était en fait effectuée pour le compte du FBI par la puissante agence juive connue sous le nom de Anti-Defamation League (ADL) de B'nai B'rith.

Le fait que l'ADL s'en prenne à King en a surpris plus d'un, d'autant plus que l'ADL a souvent fait l'éloge de King, en particulier dans ses publications destinées au public noir. La première révélation publique de l'espionnage de King par l'ADL a été faite dans le numéro du 28 avril 1993 du *San Francisco Weekly*, *un* journal libéral "alternatif", qui rapportait : "Pendant le mouvement des droits civiques, de nombreux Juifs ont pris la tête de la lutte contre le racisme : Pendant le mouvement des droits civiques, alors que de nombreux Juifs prenaient la tête de la lutte contre le racisme, l'ADL espionnait Martin Luther King et transmettait les informations à J. Edgar Hoover, a déclaré un ancien employé de l'ADL.

"Il s'agissait d'un savoir commun et accepté avec désinvolture", a déclaré Henry Schwarzschild, qui a travaillé au département des publications de l'ADL entre 1962 et 1964.

"Ils pensaient que King était une sorte d'électron libre", a déclaré Schwarzschild. "Il s'agissait d'un prédicateur baptiste et personne ne pouvait être sûr de ce qu'il allait faire. L'ADL était très inquiète à l'idée d'avoir un missile non guidé.

Il s'avère que l'ADL s'est également livrée à un espionnage intensif d'autres leaders noirs des droits civiques, et pas seulement de King. La publication en 1995 de documents précédemment classifiés du FBI concernant l'assassinat du président John F. Kennedy et l'enquête de la commission Warren qui s'en est suivie a révélé d'autres intrigues de l'ADL contre le célèbre comique noir et activiste politique Dick Gregory qui, en marge de l'affaire, s'était impliqué en tant qu'enquêteur indépendant dans l'assassinat de John F. Kennedy.

CHAPITRE XIII

Les tacticiens juifs : Aperçu des principaux opérateurs politiques de haut niveau de l'empire Rothschild

S'il existe littéralement des centaines, voire des milliers, d'organisations politiques judéo-centrées opérant aux États-Unis et dans le monde entier, les organisations politiques basées aux États-Unis tendent à être les plus influentes. Elles agissent non seulement pour contrôler les affaires de la communauté juive, mais beaucoup d'entre elles agissent aussi pour contrôler toutes les affaires de l'Amérique, en manipulant l'opinion publique, en faisant pression sur les journaux, les magazines et les autres médias pour qu'ils suivent la ligne de la propagande juive, en menaçant et en intimidant ceux qui s'opposent à l'influence juive et, bien sûr, en faisant du lobbying en faveur d'Israël.

Plusieurs ouvrages complets ont été publiés au fil des ans pour retracer l'histoire (et parfois les intrigues) de ces organisations, et l'exploration de toutes ces entités dépasserait le cadre de cet ouvrage. Mais dans ce chapitre, nous présentons une vue d'ensemble de certains des principaux tacticiens juifs opérant sur le sol américain.

La liste récapitulative qui suit n'est en aucun cas exhaustive, mais elle est représentative et se concentre sur ces dirigeants particuliers - que certains qualifieraient de "voyous" - qui jouent le rôle de publicistes et de faiseurs d'opinion politique pour la communauté juive, et qui ont donc un impact sur les affaires publiques dans leur ensemble.

ABRAHAM FOXMAN, né en Pologne et arrivé aux États-Unis en 1950, est certainement l'un des Juifs les plus puissants de la planète en raison de sa position de président et de directeur national de la Ligue anti-diffamation (ADL) du B'nai B'rith. Bien que titulaire d'un diplôme de droit, Foxman a également fréquenté le Jewish Theological Seminary of America (Séminaire théologique juif d'Amérique).

Toutefois, il a consacré l'essentiel de sa carrière aux affaires de l'ADL, qu'il a rejoint pour la première fois en 1965 au sein de sa division des affaires internationales. Cependant, Foxman règne sur l'ADL en tant que directeur national depuis 1987 et est une figure familière des médias américains. En dire plus sur les activités de Foxman serait aller trop loin. L'ADL n'agit pas seulement comme une agence de propagande pour l'État d'Israël, mais se livre également à un vaste espionnage national illégal des personnes considérées comme "suspectes". L'ADL est un canal connu de l'agence de renseignement israélienne, le Mossad. Voir *The Judas Goats* de Michael Collins Piper pour un examen approfondi des antécédents criminels de l'ADL.

MARVIN HIER et ABRAHAM COOPER - Ces deux rabbins sont comme deux gouttes d'eau dans la mer. Hier est le "doyen" autoproclamé de l'opération de propagande juive basée à Los Angeles, connue sous le nom de Centre Simon Wiesenthal, et Cooper est son "doyen associé". Hier a été qualifié de "rabbin le plus influent d'Amérique" par le magazine *Newsweek* en 2007, qui a déclaré que Hier "n'est qu'à un coup de fil de presque tous les dirigeants mondiaux, journalistes et directeurs de studios hollywoodiens". Hier a remporté deux Oscars pour sa participation à la production de deux documentaires sur l'Holocauste. Le Centre Simon Wiesenthal, qui se fait passer pour une organisation de "droits de l'homme", est bien financé par des rois de l'argent juifs tels que la famille Belzberg (voir SAMUEL BELZBERG) et est devenu très influent. Cooper est une figure omniprésente dont les éditoriaux sont constamment publiés d'un océan à l'autre aux États-Unis et dans le monde entier. (Cooper a un jour qualifié cet auteur, Michael Collins Piper, d'"anti-américain" pour avoir osé critiquer le soutien des États-Unis à Israël. Pour sa part, cet auteur qualifie Cooper, à juste titre, d'"ankylostome"). Ces deux rabbins bien payés, Hier et Cooper, sont des acteurs majeurs du réseau juif mondial.

MALCOLM HOENLEIN, longtemps vice-président exécutif de la puissante Conférence des présidents des principales organisations juives américaines, a été associé, naturellement, à de nombreuses opérations sionistes parmi les plus influentes. Il a également été une figure majeure dans les rangs du Council on Foreign Relations, la branche américaine de l'Institut royal des affaires internationales de l'empire Rothschild, basé à Londres. Parmi les sociétés auxquelles il est affilié figure, sans surprise, la Bank Leumi USA, une division de l'entreprise bancaire basée en Israël.

MORTON KLEIN, président national de la Zionist Organization of America, est l'une des personnalités juives les plus puissantes du monde. Né dans un camp de personnes déplacées en Allemagne après la Seconde Guerre mondiale, Klein, économiste de profession, est intégralement lié à toutes les opérations juives et sionistes importantes aux États-Unis et a été salué par de multiples sources juives comme étant - ce qui n'est pas surprenant - l'une des principales voix de la cause sioniste mondiale.

JACQUES TORCZYNER, né en Belgique, est arrivé aux États-Unis en 1940 où il est devenu actif au sein de l'Organisation sioniste d'Amérique, dont il a été président pendant cinq mandats consécutifs. Il a également été président de la section américaine du Congrès juif mondial. Il fait partie des "Américains" qui, en 1945, ont assisté à une réunion spéciale convoquée par le père fondateur d'Israël, David Ben-Gourion, qui a organisé le soutien aux groupes terroristes juifs en Palestine.

En 1990, Andrew St. George, correspondant diplomatique en chef du journal *Spotlight* basé à Washington, D.C., a été discrètement informé qu'une réunion de haut niveau avait eu lieu à New York entre certains des principaux mécènes financiers et dirigeants du mouvement sioniste mondial. La réunion s'est tenue dans l'appartement new-yorkais d'Edgar Bronfman, président du Congrès juif mondial.

La réunion a été consacrée à la planification d'un assaut énergique contre la prétendue "montée de l'antisémitisme en Amérique". Les rois de l'argent juif tels que Michael Milken et Ivan Boesky, le financier de Wall Street (et plus tard ambassadeur des États-Unis en France) Felix Rohatyn et Jacques Torczyner (alors président de la ZOA), entre autres, assistaient à la réunion aux côtés de Bronfman.

La source de St. George lui a dit qu'au cours de cette réunion, le Torczyner susmentionné a déclaré en ces termes : "Il est temps que nous mettions fin aux agissements de Willis Carto et de Liberty Lobby [l'éditeur de *The Spotlight*]. Il faut le tuer."

Torczyner a déclaré spécifiquement que Carto et ses associés de Liberty Lobby n'étaient "pas des bourgeois" - c'est-à-dire pas de simples gens sans influence - et qu'ils devraient être "chassés et abattus comme des cailles".

Il est évident que la franchise de Torczyner a provoqué des remous chez certains de ces barons juifs du pouvoir qui ont déclaré : "Nous ne pouvons pas utiliser contre nos ennemis le genre de tactiques que les nazis ont utilisées contre nous" (ou des mots dans ce sens).

C'est Felix Rohatyn qui a parlé à St. George de cette rencontre. Ayant été correspondant international pour Time-Life, St. George a connu au fil des ans un grand nombre de personnes hautes en couleur et influentes, du dictateur cubain Fidel Castro au gangster Frank Costello, en passant par bien d'autres, dont Rohatyn.

Quoi qu'il en soit, St. George a rapporté l'histoire à Carto et à Mark Lane, l'avocat juif antisioniste audacieux et sans état d'âme de Liberty Lobby, qui a ensuite écrit une lettre à Torczyner dans laquelle il disait en substance : "Nous savons ce que vous avez dit et nous prenons vos menaces au sérieux" : "Nous savons ce que vous avez dit et nous prenons vos menaces au sérieux. Vous avez été prévenu".

Il va sans dire que la lettre de Lane a eu l'effet escompté et, comme le montre le dossier, Liberty Lobby a continué à mener la guerre contre le sionisme jusqu'à ce qu'il soit acculé à la faillite, puis à la cessation d'activité en 2001, après une longue campagne de harcèlement juridique qui a duré huit ans et s'est déroulée dans des salles d'audience allant de la Californie à Washington, DC, et jusqu'en Suisse, une série de circonstances qui ont démontré, de manière concluante, que des éléments sionistes étaient à l'origine de cette affaire.

Heureusement, après la destruction de Liberty Lobby, Willis Carto et ses associés - dont l'auteur, Michael Collins Piper - se sont regroupés et ont créé *American Free Press*, basée à Washington.

Il suffit de dire que Jacques Torczyner représente les éléments les plus vils, les plus violents et les plus haineux de l'empire Rothschild.

Une fois de plus, cette liste de tacticiens juifs, qui agissent en tant que "jambes" pour l'empire Rothschild et les nouveaux pharisiens dans leur volonté de domination mondiale, est loin d'être exhaustive. Ces criminels ont de nombreux agents qui travaillent pour eux dans pratiquement toutes les villes d'Amérique et ont beaucoup fait pour amener l'Amérique - et le monde - à l'état périlleux dans lequel nous nous trouvons aujourd'hui. Ils sont les tacticiens de première ligne du Nouvel Ordre Mondial.

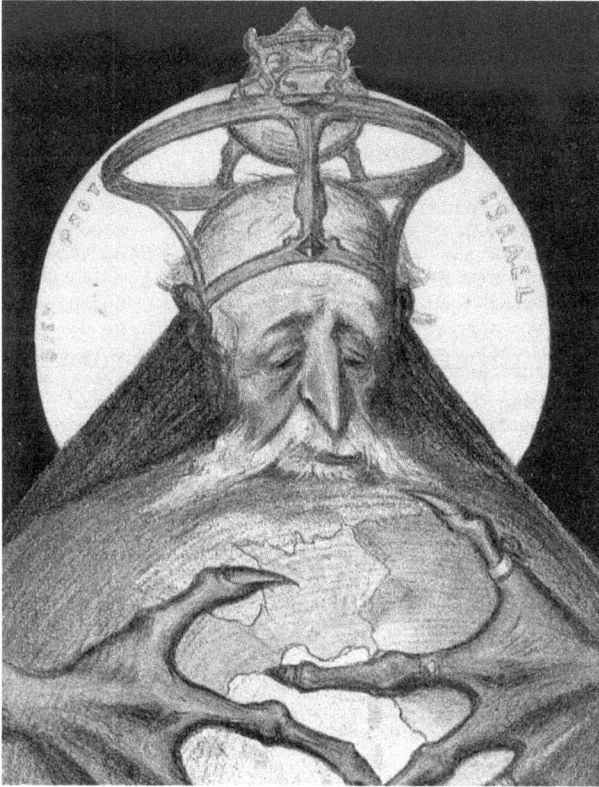

Cette caricature française de 1898 représentant Alphonse de Rothschild couronné - branche française de la famille Rothschild - comme un prédateur avide saisissant le globe dans ses griffes, dépeint avec précision la manière dont la dynastie bancaire Rothschild d'Europe a étendu son hégémonie impériale. En Amérique aujourd'hui, l'influence des Rothschild - bien que primordiale - est largement cachée, certaines familles et institutions financières "respectées" - qui ne sont pas toutes juives - agissant comme des "façades" des Rothschild.

Les Américains (et les autres) qui osent défier l'empire Rothschild (et la cause sioniste) font l'objet de manœuvres frauduleuses, de boycott économique, de harcèlement, de persécution et même de poursuites pénales. En fait, la présence juive dans la vie sociale, économique et politique en Amérique et dans le monde est de plus en plus reconnue, les États-Unis étant généralement considérés comme le véritable lieu de la puissance juive. Si le peuple juif ne rejoint pas la communauté des hommes, il risque d'être confronté à de graves problèmes.

CHAPITRE XIV

Le pouvoir juif en Amérique : Le "plus grand" triomphe

L'écrivain britannique Geoffrey Wheatcroft, dans son ouvrage de 1996, *The Controversy of Zion*, a déclaré qu'en termes de pouvoir et d'influence juifs, "c'est en Amérique que le triomphe est le plus grand de tous". Il note qu'avec un peu plus de 2,5% de la population américaine, les Juifs "jouissent d'un succès étonnamment disproportionné dans tous les domaines où ils ont été autorisés à s'exercer".

Comme nous l'avons indiqué précédemment, le professeur juif Norman Cantor, écrivant dans *The Sacred Chain*, a été encore plus franc - et même profond - dans son évaluation : Rien dans l'histoire juive n'a égalé ce degré d'accession des Juifs au pouvoir, à la richesse et à la prééminence. Ni dans l'Espagne musulmane, ni dans l'Allemagne du début du XXe siècle, ni en Israël même, parce qu'il n'y avait pas de niveaux comparables de richesse et de pouvoir à l'échelle mondiale à atteindre dans ce petit pays.

Cantor a conclu : "Les Morgan, les Rockefeller, les Harriman, les Roosevelt, les Kennedy, les titans des époques révolues, ont été supplantés par le Juif en tant qu'auteur d'exploits irréprochables...".

De même, l'auteur juif Charles Silberman, dans *A Certain People*, a répondu à la question de savoir qui dominait l'élite américaine : Selon une étude des origines ethniques et raciales des personnes figurant dans l'édition 1974-75 du *Who's Who in America*, les Juifs avaient deux fois et demie plus de chances d'y figurer que les membres de la population en général.

En outre, par rapport à la population, il y avait plus de deux fois plus de Juifs que de personnes d'origine anglaise, le groupe qui dominait autrefois l'élite américaine.

L'évolution au cours du demi-siècle précédent est frappante : en 1924-25, les personnes d'origine anglaise avaient presque deux fois et demie plus de chances de figurer sur la liste que les Juifs américains...

Les sociologues Richard D. Alba et Gwen Moore ont analysé en 1971-1972 un groupe beaucoup plus restreint de dirigeants dans quelque huit domaines d'activité et ont constaté une concentration encore plus importante.

Sur les 545 personnes étudiées, 11,3% étaient juives, soit quatre fois plus que dans l'ensemble de la population...

Le phénomène ne se limite pas aux États-Unis. En Grande-Bretagne, les Juifs représentent environ 1% de la population, mais 6 à 10% de l'élite britannique ; en Australie, où les Juifs représentent 0,5% de la population, ils constituent 5% de l'élite...

La représentation juive parmi les entrepreneurs prospères est considérablement plus élevée que parmi les chefs d'entreprise : quelque 23% des personnes figurant sur la liste *Forbes* 1984 des 400 Américains les plus riches étaient juives... La proportion exacte varie quelque peu d'une année à l'autre.

En 1982, première année de publication du *Forbes* 400, 105 membres du groupe, soit 26%, étaient juifs. Ce chiffre est tombé à 98 (25%) en 1983, lorsque le boom des marchés boursiers a catapulté un certain nombre de nouveaux venus sur la liste, et à 93 (23%) en 1984.

L'écrivain juif Edward S. Shapiro, dans *A Time for Healing : American Jewry Since World War II*, a encore démontré le statut élevé des Juifs au sein de "l'élite américaine".

Sur la base des revenus et de l'éducation, les Juifs se trouvaient dans les années 1980 dans les couches supérieures de la société américaine et avaient accédé à des positions de pouvoir politique, économique et social.

À partir des années 1960, des Juifs ont dirigé certaines des branches les plus importantes du gouvernement fédéral, notamment la Réserve fédérale et les départements du travail, du commerce, de l'État et du Trésor...

Le système social était suffisamment ouvert pour permettre aux Juifs de devenir une partie importante de l'élite américaine.

Selon l'analyse des données de l'American Leadership Study par les sociologues Richard D. Alba et Gwen Moore, les Juifs représentaient plus de 11% de l'élite américaine...

Washington, D.C., était un cas particulier. L'expansion du gouvernement fédéral dans l'après-guerre a entraîné une augmentation de la population juive de l'agglomération de Washington, qui est passée de moins de vingt mille personnes en 1945 à cent soixante-cinq mille quatre décennies plus tard.

Ce même auteur juif a également noté qu'environ un quart des Américains les plus riches étaient juifs : Depuis le début des années 1980, le magazine *Forbes* publie chaque année une compilation des quatre cents Américains les plus riches. Si l'on se base strictement sur leur pourcentage par rapport à la population générale, il aurait dû y avoir environ douze Juifs sur cette liste. Au lieu de cela, il y en avait plus de cent. Les Juifs, qui représentent moins de 3% de la population américaine, constituent plus d'un quart des Américains les plus riches. Ils étaient surreprésentés par un facteur de neuf. En revanche, les groupes ethniques qui sont beaucoup plus nombreux que les Juifs - les Italiens, les Hispaniques, les Noirs et les Européens de l'Est - étaient peu représentés sur la liste. Plus la catégorie d'actifs répertoriée par *Forbes* est élevée, plus le pourcentage de Juifs est important. Plus de 30% des milliardaires américains sont juifs. Le même phénomène se retrouve au Canada, où les trois familles d'affaires les plus importantes sont toutes juives : les Belzberg de Vancouver, les Bronfman de Montréal et les Reichmann de Toronto.

Il est même possible que *Forbes* ait sous-estimé le nombre de Juifs américains super-riches, car nombre d'entre eux se sont enrichis dans l'immobilier, le domaine le plus difficile à évaluer et le plus facile à dissimuler.

Une liste encore plus impressionnante a été publiée dans le numéro du 22 juillet 1986 de *Financial World*. Elle recense les cent cadres de Wall Street - banquiers d'affaires, gestionnaires de fonds, arbitragistes, spécialistes des rachats d'entreprises, spéculateurs, négociants en matières premières et courtiers - qui ont gagné au moins 3 millions de dollars en 1985.

La liste commence avec Ivan Boesky, qui aurait gagné 100 millions de dollars... Les gains de Boesky étaient éclipsés par les 500 millions de dollars gagnés par Michael Milken l'année suivante... Milken et Boesky étaient juifs, comme la moitié des personnes citées par le *Financial*

World. Parmi les gros bonnets juifs de Wall Street, on trouve George Soros (93,5 millions de dollars), Asher Edelman (25 millions de dollars), Morton Davis (25 millions de dollars) et Michael Steinhardt (20 millions de dollars).

L'écrivain juif susmentionné, Charles Silberman, dans *A Certain People*, a noté que les Juifs étaient "mieux lotis" que "la plupart des autres" groupes : ...Si le stéréotype selon lequel les Juifs sont uniformément riches est erroné, ils sont néanmoins mieux lotis en moyenne que les membres de la plupart des autres groupes ethniques et religieux. En 1984, par exemple, moins d'une famille juive américaine sur six disposait d'un revenu inférieur à 20 000, contre une sur deux chez les Blancs non hispaniques.

À l'autre extrémité de la pyramide des revenus, 41% des ménages juifs avaient des revenus de 50 000 dollars ou plus, soit quatre fois plus que les Blancs non hispaniques.

Cette différence s'explique notamment par le fait que les Juifs sont mieux éduqués que les autres Américains. Trois hommes juifs sur cinq sont diplômés de l'enseignement supérieur, soit près de trois fois plus que les Blancs non hispaniques ; un sur trois est titulaire d'un diplôme d'études supérieures ou professionnelles, soit trois fois et demie plus que l'ensemble de la population.

Les disparités sont à peu près les mêmes entre les femmes juives et non juives : les premières sont deux fois plus susceptibles que les secondes d'avoir un diplôme universitaire ( ) et quatre fois plus susceptibles d'avoir un diplôme d'études supérieures ou professionnelles. Aujourd'hui, en outre, la fréquentation de l'université est presque universelle chez les jeunes juifs.

Une enquête nationale menée en 1980 auprès de lycéens et lycéennes a révélé que 83% des étudiants juifs prévoyaient d'aller à l'université et que la moitié d'entre eux s'attendaient à faire des études supérieures ou professionnelles ; parmi les étudiants blancs non juifs, la moitié prévoyait d'aller à l'université et moins d'un cinquième s'attendait à faire des études supérieures ou professionnelles.

La différence est qualitative et quantitative. Les Juifs ne sont pas seulement plus scolarisés, ils reçoivent une meilleure éducation...

Depuis les années 1950 ou 1960, lorsque les institutions de l'Ivy League ont adopté des politiques d'admission méritocratiques, les Juifs représentent environ un tiers de la population étudiante de premier cycle et à peu près le même pourcentage en droit et en médecine.

L'auteur juif américain Lenni Brenner, qui écrit dans *Jews in America Today*, souligne également que les Juifs constituent "le groupe ethnique le plus riche".

Si [les Juifs] représentent 2,54% de la population, ils perçoivent environ 5% du revenu national. Les Juifs représentent près de 7% des classes moyennes et supérieures du pays, toutes confondues.

En 1972, près de 900 000 familles juives sur deux millions appartenaient à la classe moyenne et supérieure, alors que seules 13,5 millions de familles américaines sur 53 millions étaient classées dans cette catégorie. Selon [Gerald Krefetz, dans *Jews and Money*], 43% de tous les Juifs gagnaient plus de 16 000 dollars, contre seulement 25,5% de tous les Américains.

Alors que les familles millionnaires ne représentent qu'un peu moins de 5% de la population juive, les Juifs constituaient entre 23 et 26% des 400 Américains les plus riches entre 1982 et 1985, et peut-être davantage de la population millionnaire contribuable, estimée à 574 342 personnes en 1980.

Il ne fait aucun doute qu'en moyenne, le judaïsme américain est le groupe ethnique ou religieux le plus riche du pays. Selon l'*American Demographics* de juin 1984, le revenu annuel moyen des ménages juifs est de 23 300 dollars, contre 21 700 dollars pour les épiscopaliens. Les presbytériens reçoivent 20 500 dollars, les personnes sans affiliation religieuse 17 600 dollars, les catholiques 17 400 dollars, les méthodistes 17 000 dollars et les luthériens 16 300 dollars en moyenne. Les fondamentalistes blancs et les baptistes du Sud ont gagné plus de 14 000 dollars. Les statistiques montrent que les juifs gagnent plus que les épiscopaliens et les presbytériens, l'archétype des WASPS, depuis la fin des années 1960... "Ce n'est plus une élite paria", écrit Brenner, les riches juifs américains modernes sont les partenaires à part entière de leurs équivalents chrétiens.

L'auteur juif Steven Silbiger, dans son livre *The Jewish Phenomenon (Le phénomène juif)*, qui était essentiellement un ouvrage vantant la réussite juive, a noté ce qui suit : Une enquête réalisée en 1993 auprès des abonnés de *The Exponent*, l'hebdomadaire juif de Philadelphie, a donné une image claire de la richesse des Juifs et de leurs dépenses. Ce type d'enquête n'est décidément pas scientifique, mais les résultats montrent que les Juifs sont conservateurs [sur le plan fiscal], mais qu'ils dépensent pour des choses qu'ils apprécient :

- 26,1% possédaient une résidence secondaire ;

- 34,7% ont voyagé en dehors des États-Unis au cours des douze derniers mois ;

- 49,2% ont dîné au restaurant dix fois ou plus au cours des trente derniers jours ;

- 21% appartiennent à un club de santé.

Dans *The Jewish Phenomenon (Le phénomène juif)*, Silbiger a vendu la mèche sur le fait que les Juifs peuvent essentiellement "faire ou défaire" le succès de publication d'un livre, puisque, comme il l'a souligné :

Les Juifs sont la pierre angulaire des ventes de livres reliés, "représentant entre 50 et 75% des ventes de livres reliés non institutionnels aux États-Unis". Même 25% représenteraient une part étonnamment disproportionnée des ventes totales. Les livres de poche sont les éditions les plus chères qui précèdent les livres de poche moins chers et qui permettent aux éditeurs de dégager les marges les plus importantes. Les acheteurs juifs-américains sont donc extrêmement importants pour l'industrie de l'édition.

Dans ce même ouvrage, Silbiger a cité des chiffres précis démontrant que si, en moyenne nationale, 19% des personnes interrogées avaient acheté un livre relié au cours des 12 mois précédents, un pourcentage stupéfiant de 70% des Juifs interrogés l'avaient fait.

En ce qui concerne les achats de 1 à 5 livres, la moyenne nationale était de 13%, contre 39% pour les acheteurs de livres juifs. En ce qui concerne l'achat de 10 livres ou plus, les chiffres sont tout aussi frappants. La moyenne nationale était de 3%, contre 17% pour les acheteurs juifs.

Ainsi, certains diront que cela démontre uniquement l'alphabétisation des juifs, d'autres pourraient soutenir que, au contraire, cela reflète uniquement le fait que les juifs, dans l'ensemble, ont plus de revenus disponibles (pour acheter des livres) que les non-juifs.

Pour souligner ce point, nous devrions examiner le tableau de Silbiger concernant le montant des titres et des investissements détenus, en comparant la moyenne nationale avec celle des investisseurs juifs :

Valeur des titres détenus	Moyenne nationale	Investisseurs juifs
Posséder des titres	27%	73%
50,000 $ à 99,999	2.1%	12%
100K$ ou plus	1.8%	38%
$100K-$499,999	NA	24%
$500K-$999,999	NA	7%
1 million de dollars ou plus	NA	7%

Dans bien d'autres domaines, nous constatons également que les Juifs ont une longueur d'avance sur l'Américain moyen. L'auteur juif susmentionné, Edward S. Shapiro, écrit dans *A Time for Healing : American Jewry Since World War II*, Edward S. Shapiro, auteur juif susmentionné, note que les Juifs règnent en maîtres en ce qui concerne "le niveau d'éducation le plus élevé" : Dans l'après-guerre, les Juifs d'Amérique sont devenus les plus instruits de tous les grands groupes ethniques ou religieux américains. Au milieu des années 70, selon l'étude *Ethnicity, Denomination, and Inequality* (1976) du père Andrew M. Greeley, les Juifs avaient en moyenne quatorze ans d'éducation. Cela représentait une demi-année de plus que les épiscopaliens, le groupe religieux américain ayant le statut social le plus élevé.

Alors que moins de la moitié des Américains poursuivent des études supérieures, plus de 80% des Juifs le font et, comme l'indiquent les statistiques de Harvard, Princeton et Yale, les Juifs sont plus susceptibles de fréquenter des établissements d'élite. En 1971, par exemple, les Juifs représentaient 17% des étudiants des universités privées.

En 1982, l'auteur juif Gerald Krefetz, écrivant dans *Jews and Money*, a noté la forte représentation des Juifs dans les domaines de la médecine et du droit : ... Aux États-Unis, il y a environ 30 000 médecins juifs, soit près de quatorze pour cent de tous les médecins exerçant en cabinet privé. Sur les cinq cent mille avocats, on estime que plus de vingt pour cent sont juifs, soit près de dix fois la représentation que l'on pourrait attendre.

En 1939, on estimait que plus de la moitié des avocats exerçant à New York étaient juifs. Aujourd'hui, la proportion est encore plus importante : peut-être trois avocats sur cinq sont juifs.

La dernière enquête sur le barreau de New York a révélé que 60% des 25 000 avocats de la ville étaient juifs, 18% catholiques et 18% protestants. La plupart des avocats juifs - environ 70% d'entre eux - sont issus de l'Europe de l'Est... *L'*écrivain juif Steven Silbiger, dans *The Jewish Phenomenon (Le phénomène juif),* complète les données concernant les Juifs dans la médecine et le droit : L'Association médicale américaine estime qu'il y a actuellement 684 000 médecins aux États-Unis. Les médecins juifs sont environ 100 000, soit 15%. Comme pour les avocats, ce chiffre est sept fois plus élevé que la part des Juifs dans la population générale. Neuf pour cent des demandes d'admission dans les écoles de médecine en 1988 provenaient de juifs.

Aujourd'hui, 15% des 740 000 avocats des États-Unis sont juifs. La représentation juive est sept fois plus importante que dans la population générale. Dans les milieux juridiques d'élite, la concentration est encore plus frappante. Quarante pour cent des partenaires des principaux cabinets d'avocats de New York et de Washington sont juifs. Les Juifs occupent deux des neuf sièges (22%) de la Cour suprême.

L'écrivain juif Lenni Brenner, dans *Jews in America Today,* a exposé les faits entourant la prédominance juive dans le monde universitaire américain : Au moins 20% des professeurs des principales universités américaines sont juifs, dont plus de 25% dans les prestigieuses écoles de médecine, 38% dans les écoles de droit similaires, et plus encore à Harvard, où la moitié de la faculté de droit est juive. Aujourd'hui, les Juifs représentent 20% des médecins et des avocats du pays.

L'écrivain juif Edward S. Shapiro, dans *A Time for Healing : American Jewry Since World War II,* l'écrivain *juif Edward S. Shapiro* a développé ce point : en 1940, seuls 2% des professeurs américains étaient juifs. Dans les années 1970, ils étaient 10%. La présence juive d'après-guerre dans le monde universitaire était remarquable non seulement par sa proportion élevée, mais aussi par son profil distinctif.

Les académiciens juifs se rassemblent dans les domaines les plus exigeants sur le plan intellectuel - des domaines qui mettent l'accent sur le raisonnement abstrait et théorique - et dans les institutions les plus prestigieuses.

Elles étaient surreprésentées en anthropologie, économie, histoire, mathématiques, physique et sociologie, et sous-représentées en agriculture, éducation, économie domestique, journalisme, bibliothéconomie, soins infirmiers et éducation physique.

Le génie électrique, la branche la plus théorique de l'ingénierie, comptait une plus grande proportion de Juifs que le génie mécanique, civil ou chimique.

La médecine était une profession de haut niveau et les Juifs étaient disproportionnellement représentés en biochimie, bactériologie, physiologie, psychologie et dans d'autres domaines universitaires liés à la médecine.

Selon tous les critères possibles, Everett Carl Ladd Jr. et Seymour Martin Lipset ont écrit en 1975 que les universitaires juifs avaient "surpassé de loin leurs collègues gentils".

À cette époque, les Juifs représentaient un cinquième du corps professoral des universités d'élite et un quart du corps professoral de l'Ivy League. Ils constituaient une proportion encore plus importante des professeurs de l'Ivy League âgés de moins de trente-cinq ans et du corps professoral des écoles de médecine et de droit d'élite.

En 1968, 38% des professeurs des écoles de droit d'élite américaines étaient juifs.

L'écrivain juif Charles Silberman a ajouté : "Quelle que soit la proportion exacte (l'élite d'une personne est la coterie d'une autre), il ne fait aucun doute que les Juifs jouent un rôle important dans la vie intellectuelle américaine.

En 1975, par exemple, les Juifs représentaient 10% de l'ensemble des professeurs, mais 20% de ceux qui enseignaient dans les universités d'élite ; près de la moitié des professeurs juifs - contre 24% des professeurs épiscopaux et 17% des professeurs catholiques - enseignaient dans les institutions les mieux classées.

Les professeurs juifs sont également beaucoup plus susceptibles de publier des articles dans des revues savantes que leurs pairs non juifs ; ainsi, les Juifs représentent 24% de l'élite universitaire, c'est-à-dire ceux qui ont publié vingt articles ou plus.

Et Steven Silbiger, déjà très cité, a affirmé : "La vague d'universitaires juifs est relativement récente : La vague d'universitaires juifs est relativement récente.

En 1940, seuls 2% des professeurs américains étaient juifs. En 1970, ce chiffre avait quintuplé pour atteindre 10%. Les quotas restrictifs de la première moitié du siècle ont pris fin et une nouvelle génération de Juifs a été formée en plus grand nombre.

Dans les années 90, les Juifs représentaient 35% des professeurs des écoles d'élite et un Juif a aujourd'hui été président de presque toutes les institutions d'élite, y compris Harvard, Yale, Penn, Columbia, Princeton, le MIT et l'université de Chicago.

Tout cela peut être considéré comme un hommage au travail acharné des Juifs. Mais, une fois encore, nous avons noté comment les Juifs, dans leurs propres écrits et journaux, ont ouvertement affirmé la supériorité intellectuelle juive, fondée - comme ils le disent - sur le statut des Juifs en tant que "Peuple élu de Dieu", au-dessus de tous les autres.

D'aucuns diront (à juste titre) qu'une grande partie de ce "phénomène" (tel que décrit par Steven Silbiger) peut être attribuée au fait - comme tant de Juifs et de non-Juifs l'ont noté - que "les Juifs se serrent les coudes et s'aident mutuellement à progresser".

C'est une bonne chose - ou bien est-ce le cas ? Le fait que "les Juifs se serrent les coudes" a conduit à un rôle juif disproportionné dans la conduite des affaires américaines et mondiales. C'est précisément ce phénomène que nous avons observé tout au long de l'histoire : il remonte à l'époque de Babylone, lorsque le Talmud a codifié la philosophie et le mode de vie juifs, énonçant le programme de la domination juive ultime sur la planète, jetant les bases de l'utopie juive - le Nouvel Ordre Mondial.

Aux États-Unis, nous sommes aujourd'hui témoins de la force écrasante de la dynastie Rothschild. Ce qui a été la nation la plus puissante de la planète est sous l'emprise de cette dynastie maléfique, agissant comme le mécanisme par lequel le Nouvel Ordre Mondial passe du rêve à la réalité.

Le dossier et les faits parlent d'eux-mêmes.

La question qui se pose est de savoir si les Américains d'aujourd'hui doivent s'adapter aux réalités que Wilhelm Marr a exhorté ses compatriotes allemands du XIXe siècle à affronter en des termes très clairs. Il a dit à son peuple : "Je vous en supplie : Je vous en conjure. Ne réprimandez pas les Juifs. Vous élisez les maîtres étrangers dans vos parlements. Vous en faites des législateurs et des juges. Vous en faites les dictateurs du système financier de l'État. Vous leur livrez votre presse parce que la frivolité tape-à-l'œil est plus à votre goût que le sérieux moral.

Qu'attendez-vous de tout cela ?

La race juive prospère grâce à son talent. Vous avez été battus et vous l'avez mérité mille fois.

Ne vous plaignez pas de la manière dont les Juifs font baisser les prix dans les affaires ou dont ils s'emparent de la surproduction des escrocs des grandes entreprises et vendent à des prix défiant toute concurrence, gagnent de l'argent et l'investissent de manière usuraire. Tout cela n'est-il pas conforme au dogme de l'individualisme abstrait que vous avez accepté avec enthousiasme de la part de la juiverie ?

Vous ne pouvez plus empêcher la grande mission du sémitisme. Le césarisme juif n'est qu'une question de temps.

J'en suis certain.

Ce n'est que lorsque ce césarisme aura atteint son apogée que nous pourrons peut-être être aidés par ce "Dieu inconnu" auquel on construisait des autels dans la Rome impériale.

Nous devons une fois de plus l'admettre, alors regardons les choses en face : Nous sommes les vaincus. Nous sommes les assujettis.

Le visage fier et audacieux de ce guerrier arabe reflète l'attitude tournée vers l'avenir de tant de bonnes personnes à travers la planète qui sont prêtes à se battre contre les forces qui œuvrent pour un imperium juif mondial. Aujourd'hui, en Palestine, les chrétiens et les musulmans assiégés sont en première ligne, mais dans les années à venir, de nombreux autres peuples se joindront à la lutte pour la survie de l'humanité.

CONCLUSION

La maison de David régnera-t-elle en maître ?

Ce livre a été un long, difficile et douloureux voyage, englobant une vue d'ensemble des faits gênants qui indiquent la réalité de ce que constitue le Nouvel Ordre Mondial.

Comme nous l'avons vu, une grande partie de ce que beaucoup croient depuis longtemps être le Nouvel Ordre Mondial est tout sauf la vérité.

Nous avons examiné les faits et les mythes et nous arrivons maintenant au moment où nous devons réfléchir à la voie que les opposants au Nouvel Ordre Mondial doivent suivre à l'avenir.

Ceux qui travaillent à l'avancement du Nouvel Ordre Mondial - les Nouveaux Pharisiens - ont toujours su d'où ils venaient et où ils allaient (et vont). L'ordre du jour des nouveaux pharisiens n'a jamais varié.

Leur objectif est de rétablir le trône de David et d'établir la domination juive sur le monde - l'utopie juive.

La dynastie Rothschild a détourné la république américaine et les États-Unis sont devenus la nouvelle Babylone, les forces du Nouvel Ordre Mondial poussant sans relâche leur agenda à un rythme plus rapide que jamais. Ils estiment que la victoire finale est à leur portée, mais seulement s'ils sont capables de détruire l'opposition et de continuer à diviser et à conquérir ceux qui osent contester leur programme.

Ainsi, le sang et le trésor du peuple américain sont jetés dans des conflits mondiaux destinés à faire naître le nouvel ordre mondial. Les guerres menées au nom de l'hégémonie israélienne au Moyen-Orient ne sont en réalité qu'un début. De nombreuses autres guerres de conquête nous attendent. Les nations qui défient le nouvel ordre mondial seront prises pour cible.

Et pour qu'il n'y ait aucun doute sur le fait que l'empire Rothschild et les nouveaux pharisiens considèrent désormais les États-Unis comme la force prééminente dans leur quête d'un imperium mondial, il est essentiel d'examiner ce point : Les propagandistes de l'agenda juif accusent désormais ouvertement les critiques d'Israël (et du favoritisme américain à l'égard d'Israël) d'être non seulement antisémites et anti-israéliens, mais aussi anti-chrétiens et anti-américains, que les sentiments anti-israéliens sont en fait le fondement sous-jacent de l'anti-américanisme et que, à son tour, l'anti-américanisme est inextricablement indissociable des sentiments anti-israéliens, anti-sémites et même *anti-chrétiens*. Ces affirmations extraordinaires sont entretenues aux plus hauts niveaux des médias contrôlés par les Juifs et sont insérées dans le discours du débat public en Amérique.

Dans un certain sens, il y a une part de vérité dans le thème de l'"antiaméricanisme", qui est une forme d'opposition à Israël. De nombreuses personnes dans le monde, préoccupées par le nouvel impérialisme poursuivi par les États-Unis au nom d'Israël, reconnaissent que cette politique n'est pas un "américanisme" mais, en fait, le produit de la dynastie Rothschild et de l'agenda juif historique.

Cependant, comme d'habitude, les théoriciens de l'utopie juive font toujours preuve d'une grande capacité à déformer la réalité pour la faire correspondre à leur vision particulière du monde. En fait, les peuples du monde entier ne sont pas particulièrement "anti-américains" (dans le sens où ils ont un problème avec le *peuple* américain).

Ainsi, parce que les personnes de tous horizons du monde entier comprennent souvent mieux que les Américains qui dirigent réellement l'Amérique, elles éprouvent une certaine sympathie pour les Américains qui se sont laissés manipuler sans relâche par une minorité puissante. Il y a donc très peu d'"antiaméricanisme" au sens général du terme.

En fait, la plupart des gens dans le monde n'ont aucun problème avec les principes de la démocratie, de la liberté et de l'indépendance, même s'ils sont définis de manière très vague. L'idée que le reste de la planète (à l'exception d'Israël) est "anti-américain" est un mythe dangereux propagé dans le but de monter les Américains contre tous ceux qui osent remettre en question le pouvoir juif en Amérique.

Le concept d'"antiaméricanisme" est donc une invention juive. C'est dans le sillage des attentats terroristes du 11 septembre et au cours de la période qui a précédé l'invasion de l'Irak par les États-Unis en 2003 que les médias contrôlés par les Juifs ont commencé à faire de l'"antiaméricanisme", afin d'attiser la soi-disant "guerre contre le terrorisme" dont, disait-on, la campagne de destruction de l'Irak était une composante essentielle.

Les médias ont commencé à informer les Américains que "le monde entier est contre nous" - ou, comme on le disait généralement dans les médias, que "le monde entier est contre nous, les bons Américains, et notre bon ami Israël" : "Le monde entier est contre nous, les bons Américains, et contre notre bon ami Israël". Le thème de l'"antiaméricanisme" rampant a été inculqué aux Américains dans le but de les rendre "anti" tous ceux qui refusaient de soutenir les guerres que le lobby juif exigeait que les Américains fassent. D'une certaine manière, le soutien à la guerre en Irak (en particulier) est devenu l'instrument de mesure permettant de déterminer qui était en phase avec l'ordre du jour global des juifs et qui ne l'était pas.

En tout état de cause, comme on l'a vu, l'"antiaméricanisme" est assimilé à une opposition non seulement à Israël et aux intérêts juifs, mais aussi au christianisme lui-même - un thème vraiment extraordinaire.

Bien qu'il soit sans doute difficile pour l'Américain moyen de comprendre un conflit historique et géopolitique d'une telle ampleur et aux ramifications mondiales manifestement immenses, c'est précisément ce qu'affirme l'un des "intellectuels" les plus réputés de l'élite juive dans un essai audacieux publié dans le numéro de janvier 2005 du magazine *Commentary*, la revue de l'American Jewish Committee.

Dans son essai intitulé "L'américanisme et ses ennemis", David Gelernter, professeur à Yale, affirme que l'"américanisme" lui-même - du moins tel qu'il est défini par Gelernter et ses confrères - n'est rien d'autre qu'une évolution moderne de la vieille pensée sioniste, qui remonte à l'Ancien Testament lui-même. L'Amérique, a-t-il soutenu, est essentiellement le nouvel Israël - un auxiliaire virtuel de l'État d'Israël.

Le fait que la proposition de Gelernter ait été publiée dans *Commentary* - *longtemps édité* par l'"ex-trotskiste" néo-conservateur Norman Podhoretz et aujourd'hui dirigé par John Podhoretz, son fils - signifie beaucoup. Connu pour être l'un des principaux médias à influencer la politique étrangère des États-Unis sous l'administration Bush, *Commentary* est certainement l'une des principales voix - et l'une des plus dures - de l'élite juive au pouvoir, non seulement en Amérique, mais dans le monde entier.

En outre, bien que Gelernter soit un informaticien, ses opinions sur les affaires politiques sont régulièrement publiées en grande pompe dans les pages de tous les magazines et journaux de *l'*élite américaine, du *Washington Post* au *New York Times* en passant par le *Weekly Standard*, le journal "néoconservateur" du baron des médias de l'empire Rothschild, Rupert Murdoch.

Comprendre ce que Gelernter affirme, c'est comprendre l'état d'esprit de ceux qui promeuvent un nouvel ordre mondial, c'est reconnaître que l'Amérique est désormais perçue comme la force qui permettra de réaliser cet imperium juif.

Affirmant que ce qu'il appelle le "sionisme américain" remonte, en termes américains, à l'époque des pères fondateurs puritains et pèlerins, Gelernter note que "les puritains se considéraient comme le nouveau peuple élu de Dieu, vivant dans la nouvelle terre promise de Dieu - en bref, comme le nouvel Israël de Dieu".

M. Gelernter ajoute que "de nombreux penseurs ont fait remarquer que l'américanisme s'inspire du puritanisme, qu'il en est proche ou qu'il s'y mêle", et que "l'un des universitaires les plus impressionnants à l'avoir dit récemment est Samuel Huntington, dans son formidable ouvrage [de 2004] sur l'identité américaine, *Who Are We ?*[4] M. Gelernter déclare à

---

[4] Vieil habitué du Conseil des relations étrangères (CFR), l'antenne new-yorkaise des Rothschild, Huntington est également l'auteur de *La crise de la démocratie,* publié en 1975 par la Commission trilatérale, un groupe de pouvoir du Nouvel ordre mondial allié au CFR, qui suggère qu'il y a *trop* de démocratie en Amérique et qu'elle doit être supprimée. Aux yeux de l'élite, la "démocratie" est un droit accordé uniquement à ceux qui lui sont favorables. C'est Huntington qui a popularisé l'expression désormais célèbre de "choc des civilisations" dans un article paru en 1993 dans la revue du CFR, *Foreign Affairs,* et dans un livre publié en 1996, *The Clash of Civilizations and the Remaking of World Order (Le choc des civilisations et la refonte de l'ordre mondial).* Toutefois, l'expression "choc des civilisations" a été utilisée pour la première fois en 1956 dans une publication universitaire à faible tirage, *The Middle East Journal,* par un théoricien juif et propagandiste anti-arabe et anti-musulman intransigeant, Bernard Lewis, puis dans son livre de 1964, *The Middle East and the West (Le Moyen-Orient et l'Occident).* Lewis a repris son thème du "clash" pour les cercles de haut niveau dans un article intitulé "The Roots of Muslim Rage" (Les racines de la rage musulmane), paru en septembre 1990 dans l'*Atlantic Monthly,* alors propriété du milliardaire juif Mortimer Zuckerman, qui a été pendant plusieurs années le président de la Conférence des présidents des principales organisations juives américaines, l'alliance officielle des principaux groupes de pouvoir juifs américains. En 2004, Huntington, dans son livre *Who Are We ?* (cité par Gelernter) - a publiquement proclamé les racines "anglo" de

l'adresse que le puritanisme du type choisi par M. Huntington est le véritable fondement de l'Amérique et qu'il est le moteur de la pensée américaine depuis les premiers jours de notre histoire. Tout est juif, selon Gelernter : Le puritanisme n'a pas seulement inspiré ou influencé l'américanisme, il s'est transformé en américanisme... On ne peut vraiment comprendre les Pèlerins, ou les Puritains en général, sans connaître la Bible hébraïque et l'histoire juive classique ; connaître le judaïsme lui-même est également utile...

Les premiers adeptes de l'américanisme avaient tendance à définir même leur propre *christianisme* [en insistant sur celui de Gelernter] d'une manière qui le faisait ressembler au judaïsme.

Et il est probablement utile de souligner que Gelernter note que le puritanisme a connu une transition, à tel point que de nombreuses congrégations puritaines sont devenues unitaires. L'ironie de la chose, c'est qu'il y a de nombreux chrétiens - y compris des partisans fondamentalistes d'Israël - qui ne considèrent même pas les unitariens comme des chrétiens (une autre question dont d'autres débattront). (Quoi qu'il en soit, Gelernter laisse entendre que (du moins du point de vue des sionistes) la forme moderne de "puritanisme" qui sous-tend l'"américanisme" est en fait tout sauf chrétienne. Et cela, bien sûr, surprendrait à nouveau de nombreux partisans chrétiens d'Israël qui proclament que l'Amérique est une nation chrétienne faisant sa part pour aider à accomplir les soi-disant promesses de Dieu au peuple juif.

L'évaluation que fait Gelernter de la Bible, telle qu'il la lit, est que les Américains, en particulier, ont "une mission divine envers toute l'humanité" et que trois conclusions peuvent être tirées : "Chaque être humain, où qu'il soit, a droit à la liberté, à l'égalité et à la démocratie. C'est ici que Gelernter a commencé à développer son thème particulier, à savoir que le sionisme fait partie intégrante de ce qu'il appelle l'"américanisme" et qu'il en est inséparable : Résumer le credo de l'américanisme à la liberté, à l'égalité et à la démocratie pour tous, c'est n'énoncer que la moitié de l'affaire. L'autre moitié traite d'une terre promise, d'un peuple élu et d'une mission universelle, divinement

---

l'Amérique et a préconisé d'empêcher certains groupes - les musulmans et les catholiques hispaniques - d'entrer aux États-Unis, au nom de la "lutte contre le terrorisme et l'antisémitisme", puisque les Juifs ont toujours pensé que les catholiques et les musulmans se méfiaient du pouvoir juif et n'étaient pas facilement contrôlables.

ordonnée. Cette partie de l'américanisme est la version américaine du sionisme biblique : en bref, le sionisme américain.

Affirmant que l'"américanisme" (tel qu'il le définit) est un "sionisme américain" - que l'Amérique est une "terre promise" sioniste qui ne fait qu'un avec l'État d'Israël et le sionisme traditionnel lui-même, Gelernter suggère qu'Israël et l'Amérique sont tous deux des États juifs, déclarant :

La contribution d'Israël classique (et du sionisme classique) à l'américanisme est incalculable. Aucun historien ou penseur moderne, à ma connaissance, n'a rendu justice à ce fait extraordinaire... Si nous ne le saisissons pas, nous ne pourrons jamais comprendre pleinement l'américanisme - ou l'antiaméricanisme.

En bref, Gelernter affirmait que "l'antiaméricanisme" est l'opposition à la théologie sioniste qui, selon lui, a joué un rôle considérable en tant que "mortier" qui a "cimenté les fondations de la démocratie américaine". Gelernter a appliqué tout cela à sa vision de l'orientation internationaliste de la politique étrangère américaine qui a commencé à émerger dans son sens le plus grandiose, en particulier sous l'administration de Woodrow Wilson (à cette époque, rappelons-le, l'empire Rothschild a cimenté son pouvoir en Amérique avec l'institution du monopole de la Réserve fédérale sur l'économie et le système politique américains).

Dans son ouvrage de 2007, prétentieusement intitulé *Americanism : The Fourth Great Western Religion* (*L'américanisme : la quatrième grande religion occidentale*), qui est en fait un livre qui reprend son essai paru dans *Commentary*, *Gelernter* écrit La participation de l'Amérique à la Première Guerre mondiale était sa tentative d'agir comme le nouveau peuple élu, de se lancer dans une quête chevaleresque pour parfaire le monde, pour répandre la liberté, l'égalité et la démocratie dans toute l'humanité...

Aucun président n'a parlé le langage de la Bible, de la mission divine et du sionisme américain de manière plus cohérente que Woodrow Wilson... [et] l'américanisme a inspiré sa décision déchirante et historique d'engager l'Amérique dans la guerre...

Avec le temps, il en vint à croire que l'Amérique, devenue une grande puissance, devait se battre pour apporter l'américanisme au monde... Et certains des détracteurs de Wilson se firent un point d'honneur de souligner la composante Ancien Testament des croyances de Wilson comme étant particulièrement odieuse.

Ceux qui lisent l'évaluation par Gelernter de l'internationalisme de Wilson et de sa version de l'"américanisme" ne peuvent s'empêcher de se rappeler - comme ils devraient le faire - le grand projet d'utopie juive tel qu'il a été décrit plus haut dans ces pages. Ainsi, selon l'estimation de Gelernter, l'Amérique est désormais chargée d'établir un nouvel ordre mondial.

Selon Gelernter, les présidents suivants, tels que Franklin D. Roosevelt et Harry S. Truman, ont mené des guerres au nom de l'américanisme. Et Ronald Reagan a affirmé cet "américanisme" lorsqu'il a parlé d'une "ville brillante sur une colline" en citant le livre biblique de Matthieu, dans le même esprit que le père puritain John Winthrop.

C'est Reagan, affirme Gelernter dans *Commentary*, dont "l'utilisation de ces mots a relié l'Amérique moderne à la vision chrétienne humaine, à la vision puritaine, à la vision (en fin de compte) de la Bible hébraïque et du peuple juif, qui a créé cette nation". Aujourd'hui, Gelernter affirme que "le fait que l'américanisme soit le successeur du puritanisme est crucial pour [comprendre] l'antiaméricanisme".

Selon le point de vue judéo-centrique avancé par Gelernter, l'opposition de l'Europe moderne aux projets mondiaux des néo-conservateurs pro-israéliens n'est rien d'autre que la manifestation d'un point de vue de longue date : Au XVIIIe siècle, les anti-américains étaient conservateurs, monarchistes et anti-puritains... Au XIXe siècle, les élites européennes sont devenues de plus en plus hostiles au christianisme, ce qui entraînait inévitablement une hostilité à l'égard de l'Amérique.

C'est ainsi que Gelernter a proclamé avec éclat ... Dans les temps modernes, l'antiaméricanisme est étroitement associé à l'antichristianisme *et à l'*antisémitisme. [souligné par Gelernter]

Et tandis que de nombreux chrétiens américains pourraient être ravis par la discussion de Gelernter sur le christianisme tel qu'il s'applique à sa version de l'"américanisme", il convient de signaler à ces chrétiens que, dans son livre "*L'américanisme : The Fourth Great Western Religion*, Gelernter affirme sans ambages que "vous pouvez croire en l'américanisme sans croire en Dieu, tant que vous croyez en l'homme". La définition que Gelernter donne du "christianisme" (que la plupart des chrétiens affirment être une croyance en Dieu) n'est donc pas celle dont les chrétiens pourraient croire à tort que Gelernter parle lorsqu'il discute du christianisme et de l'"américanisme".

En bref, la version de l'"américanisme" de Gelernter n'est pas du tout le christianisme.

Il s'agit plutôt d'une expression moderne du vieux rêve talmudique babylonien d'une utopie juive : la domination mondiale de tous les peuples par les Juifs. Mais dans le contexte actuel, les Juifs utiliseront l'Amérique et l'"américanisme" pour faire avancer leur programme. La théorie de Gelernter est tout à fait conforme à la suggestion du philosophe juif Max Dimont (examinée dans nos premières pages) selon laquelle l'Amérique est véritablement le nouveau lieu du pouvoir juif, qu'elle est en fait la nouvelle Babylone.

Dans son livre, Gelernter affirme franchement que les États-Unis (à la base de ce qu'il appelle le "sionisme américain") ont désormais le devoir impérial (voire divin) de refaire le monde, que l'"américanisme" est le "Credo" de ce programme mondial, que cette "quatrième grande religion occidentale" est la force motrice qui sous-tend - et qui doit établir - un nouveau régime à l'échelle de la planète : en bref, le Nouvel Ordre Mondial : Nous sommes le seul et unique plus grand garçon [du monde actuel]. S'il doit y avoir de la justice dans le monde, l'Amérique doit la créer... Nous devons poursuivre la justice, aider ceux qui souffrent et renverser les tyrans. Nous devons répandre le Credo.

Tout cela reflète l'état d'esprit de ceux qui dictent aujourd'hui la politique américaine au nom d'un grand projet visant à faire avancer leur agenda mondial.

Ce qu'il représente n'est rien d'autre que le nouvel ordre mondial contre lequel les patriotes américains ont mis en garde pendant des générations, un projet qui est un véritable "antiaméricanisme" dans sa définition la plus élémentaire.

Le résultat final, dans le grand plan, est l'établissement d'un empire mondial dirigé depuis l'Amérique, qui est maintenant la nouvelle fondation - la nouvelle Babylone - de l'utopie juive : le nouvel ordre mondial.

Alors que la "vraie" Jérusalem, en Palestine occupée, peut servir de capitale spirituelle au sionisme international, l'Amérique fournira l'argent, les armes et les jeunes hommes et femmes qui se battront et mourront pour rendre le monde sûr pour la richesse et la suprématie juives, tout cela au nom de l'"américanisme", qui est maintenant le grand masque juif.

Ainsi, en fin de compte, la thèse que nous avons explorée - à savoir que l'empire Rothschild et les nouveaux pharisiens ont revendiqué l'Amérique comme leur nouvelle base de pouvoir - n'est pas une horrible "théorie de la conspiration antijuive" remplie de haine.

En fait, comme nous l'avons vu, selon la vision juive du monde, l'Amérique est le fondement même du sionisme mondial au XXIe siècle.

Cette conclusion est inéluctable.

Les faits qui mènent à cette conclusion sont devant nous - trop visibles.

En fin de compte, la seule véritable question qui subsiste est de savoir ce que les Américains - et d'autres dans le monde - ont l'intention de faire à ce sujet...

En 1940, l'agence de presse allemande World Service a évalué avec précision la situation de l'Empire britannique et, rétrospectivement, les commentaires allemands ont reflété de manière prophétique la situation de l'Amérique d'aujourd'hui.

Remplacez le mot "anglais" par "américain" dans les paragraphes suivants et *réfléchissez aux parallèles choquants dans la réalité américaine moderne ...*

Les hommes d'État de la ploutocratie anglaise ne sont donc que les députés et les administrateurs de la classe dirigeante composée de Juifs et d'une aristocratie fortement judaïsée, qui sont en possession de l'énorme richesse de l'Empire britannique.

Ils ne sont d'ailleurs rien d'autre que les directeurs généraux d'une immense entreprise de haute finance, avec un seul objectif en vue, celui d'accroître la richesse de cette entreprise dans les plus brefs délais et dans la mesure la plus large possible.

Par conséquent, les hommes d'État anglais sont soit eux-mêmes de grands capitalistes, fortement intéressés par de nombreuses entreprises industrielles, soit ils sont achetés par le capitalisme financier juif-anglais et doivent obéir aveuglément aux diktats de la clique ploutocratique juive-anglaise.

Au cours de cette même période tragique, l'iconoclaste américain Ezra Pound a décrit la guerre en cours en Europe comme une "guerre contre la jeunesse - contre une génération" qui, selon lui, était le résultat naturel de "l'âge des principaux proxénètes de guerre".

Pound a dénoncé avec énergie l'idée que les jeunes Américains devraient bientôt partir à la guerre pour faire avancer l'agenda capitaliste juif : Je ne veux pas que mes compatriotes âgés de 20 à 40 ans aillent se faire massacrer pour entretenir les rackets de Sassoon et d'autres juifs britanniques à Singapour et à Shanghai. Ce n'est pas l'idée que je me fais du patriotisme américain... Les hommes qui ont hiverné à Valley Forge n'ont pas souffert ces mois de froid intense et de faim... dans l'espoir que... l'union des colonies serait un jour en mesure de susciter des guerres entre d'autres pays afin de leur vendre des munitions.

Les fauteurs de troubles préféreraient vous lancer dans une guerre de dix ans et tuer cinq ou dix millions de jeunes hommes plutôt que de laisser la discussion sur la réforme monétaire fleurir sur les premières pages des journaux américains.

Pound a dit à ses compatriotes américains qu'ils devaient comprendre l'ennemi : "Ne mourez pas comme une bête". Si vous êtes décidé à être coulé au milieu de l'Atlantique ou du Pacifique ou brûlé dans le désert, sachez au moins pourquoi on vous le fait. Mourir sans savoir pourquoi, c'est mourir comme un animal...

Pour mourir comme un être humain, il faut au moins savoir pourquoi on vous le fait.

En 1899, le parti allemand de la réforme sociale adopte des résolutions qui reflètent la puissance de l'empire Rothschild et propose que "la question juive devienne une question mondiale résolue en commun avec les autres nations...". La 'vraie' conférence de paix sera celle où les peuples du monde s'occuperont de la position des Hébreux". D'ici là, selon les réformateurs, il appartiendra à chaque nation de s'occuper elle-même de la puissance de l'argent.

Adolf Stoecker, la grande voix allemande du nationalisme, propose une solution au problème. La solution est entre les mains du peuple juif : Israël doit renoncer au désir d'être le maître... Il doit renoncer à la présomption que le judaïsme sera la religion de l'avenir puisqu'il appartient complètement au passé. Et que les chrétiens insensés ne renforcent plus la nation dans ses ténèbres. Lorsqu'Israël l'aura reconnu, il renoncera comme il se doit à sa prétendue mission...

En bref, tout dépend des Juifs. Vont-ils renoncer à leur prétention d'être le peuple élu de Dieu et rejoindre enfin la communauté des hommes ?

Abandonneront-ils la quête de l'utopie juive ou les Juifs risqueront-ils l'inévitable combat - et la défaite dévastatrice - *que* "l'Autre" leur infligera ? Le choix leur appartient.

UNE LETTRE DE L'AUTEUR...

Chère lectrice, cher lecteur :

Lorsque j'ai pris conscience, dans mes jeunes années, de la nature du processus politique américain, j'ai cru à tort qu'il s'agissait d'une question de "démocrate contre républicain", puis j'ai évolué vers l'idée qu'il s'agissait en fait d'une question de "libéral contre conservateur".

J'ai fini par comprendre que ces vieilles étiquettes ne signifiaient rien du tout : que le pouvoir de l'argent était ce qui dictait véritablement la vie politique en Amérique et dans le monde entier.

Cependant, il m'a fallu de nombreuses années pour comprendre que la véritable bataille se déroule en fait entre le Bien et le Mal et j'ai fini par réaliser que ceux qui sont aux commandes du pouvoir de l'argent sur notre planète aujourd'hui - ceux qui font pression pour un Nouvel Ordre Mondial (une plantation mondiale sous leur contrôle) - représentent ce Mal.

Ce volume, THE NEW BABYLON, est mon modeste effort, fondé sur le travail de beaucoup d'autres, pour rassembler les preuves qui le démontrent.

Je ne saurais dire à quel point j'apprécie les mots gentils et les encouragements que je continue de recevoir de mes lecteurs.

Meilleurs vœux et que Dieu vous bénisse !

MICHAEL COLLINS PIPER

C'EST MICHAEL COLLINS PIPER

Il ne fait aucun doute que Michael Collins Piper est l'une des principales cibles du lobby israélien aujourd'hui ...

Qualifié de "Voltaire américain", Michael Collins Piper est véritablement l'auteur que le lobby israélien adore détester.

Attaqué à plusieurs reprises par des propagandistes d'Israël, Piper ne se laisse pas abattre, bien que sa vie ait été menacée par Irv Rubin, chef violent de la Ligue de défense juive, un mouvement terroriste.

Un jour, après avoir découvert que son téléphone était sur écoute, Piper a ironisé en disant : "Ce n'est pas le Vatican qui m'a mis sur écoute".

Dans le style de son arrière-arrière-grand-père combatif et haut en couleur, le célèbre constructeur de ponts "Colonel" John Piper - père de substitution et premier partenaire commercial du géant industriel Andrew Carnegie -, l'auteur au franc-parler se réjouit de toute occasion de confronter ses nombreux détracteurs, bien que ceux-ci refusent généralement de débattre avec lui.

Comme son ancêtre, Piper est un bâtisseur de ponts à sa manière : Ces dernières années, il a donné des conférences dans le monde entier, dans des endroits aussi divers qu'Abu Dhabi (Émirats arabes unis), Moscou (Russie), Kuala Lumpur (Malaisie), Tokyo (Japon), Téhéran (Iran) et dans tout le Canada. Les partisans de la guerre et de l'impérialisme à l'esprit policier ont été troublés par les efforts énergiques de Piper pour forger des liens de compréhension entre les peuples de toutes les croyances et de toutes les couleurs.

Amoureux des chiens, des chats et de tous les animaux, progressiste américain à l'ancienne dans la tradition de LaFollette-Wheeler, Piper rejette les étiquettes "libéral" et "conservateur", qu'il considère comme archaïques, artificielles et source de division, des mots à la mode manipulés par les médias et conçus pour supprimer la dissidence populaire et le libre examen. À une occasion, Piper s'est vu offrir une mission lucrative dans une opération secrète de renseignement en Afrique, mais il l'a refusée, préférant son indépendance - une position conforme à son héritage ethnique : un autre des arrière-arrière-grands-pères de Piper était un Amérindien de sang pur.

Puisant une grande partie de ses écrits dans sa bibliothèque de quelque 10 000 volumes, dont de nombreux ouvrages rares, Piper contribue régulièrement à l'*American Free Press,* l'hebdomadaire national basé à Washington, et à la revue historique *The Barnes Review.* Un critique des médias a salué M. Piper comme l'un des 25 meilleurs écrivains sur l'internet. En 2006, M. Piper a commencé à animer un commentaire radiophonique sur l'internet, que l'on peut désormais consulter à l'adresse suivante : michaelcollinspiper.podbean.com.

Tout au long de sa carrière, M. Piper a ouvert la voie à plusieurs histoires majeures. En 1987, il a été *le premier* à révéler le coup monté par le ministère de la justice contre Budd Dwyer, trésorier de l'État de Pennsylvanie, qui a conduit au suicide public choquant de ce dernier. Piper a également été *le premier* à révéler que Roy Bullock, basé à San Francisco, était un agent de la Ligue anti-diffamation (ADL), un intermédiaire du Mossad israélien, impliqué dans l'espionnage illégal de citoyens américains. C'était *sept ans* avant que *le New York Times* ne confirme le lien de Bullock avec l'ADL. *L'ADL ne pardonnera jamais à Piper le rôle essentiel qu'il a joué en première ligne pour démasquer Bullock.*

Piper a été le *seul* journaliste à oser affirmer que l'attentat d'Oklahoma City était une opération "false flag" du Mossad visant à impliquer Saddam Hussein - un projet déraillé par les enquêteurs américains qui ont rejeté les machinations d'Israël, optant à la place pour une autre dissimulation de "fou solitaire". Le travail de pionnier de Piper sur le rôle d'Israël dans le 11 septembre a été repris par les chercheurs de vérité et condamné par les défenseurs d'Israël pour son exactitude.

Autre titres

www.ingramcontent.com/pod-product-compliance
Lightning Source LLC
Chambersburg PA
CBHW071637270326
41928CB00010B/1958